比较政治学研究（学术辑刊）

主　编：李路曲
执行编辑：陈　媛　李　辛　吕同舟　周幼平

学术委员会
（中方学术委员以姓氏笔画为序）
宁　骚（北京大学）　　　　张小劲（清华大学）
李路曲（上海师范大学）　　杨光斌（中国人民大学）
杨雪冬（中共中央编译局）　陈　峰（香港浸会大学）
周淑真（中国人民大学）　　徐湘林（北京大学）
曹沛霖（复旦大学）　　　　常士䦂（天津师范大学）
景跃进（清华大学）　　　　谭君久（武汉大学）
〔英〕克特·理查德·路德 Kurt Richard Luther（英国基尔大学）

●本辑刊由上海市教委重点学科J50406资助

比较政治学研究

主编 李路曲
主办 上海师范大学《比较政治学研究》编辑部

总第12辑
2017年第1辑

中央编译出版社
Central Compilation & Translation Press

目 录

卷首语 …………………………………………………………… 1

制度变迁分析的新发展：渐进转型模式 ………………… 段宇波 / 1
谁能落实财政问责？内部监督 vs. 外部监督…………………………
……………………………………… 任超然　耿　曙　郭圣莉 / 26
为什么历史（仍然）重要：城市政治分析中的时间
　　和时间性……………〔美〕乔尔·拉斯特　著　滕白莹　译 / 51

马来西亚民主化和政治转型的进程与特色 ……… 李　辛　凌　海 / 75
威权下的成长：韩国劳动体制演变的政治经济分析 …………………
…………………………………………… 张彦华　张振华 / 117
民主化背景下国家治理的嬗变：埃及与突尼斯的比
　　较研究……………………………………………… 潘　沛 / 135

后发国家如何推动选举政治走向成熟
　　——政治风险视角下的渐进民主 ………………… 叶长茂 / 158

中亚家族的政治角色 ···〔美〕凯瑟琳·柯林斯 著 魏娟玲 译／180

政党会终结吗？民主国家政党行动主义和党员的衰退
................〔英〕保罗·惠特利 著 陈 鹏 编译／207
比较视野下政党政治与政治发展研究新进展
——兼评《政党政治与政治发展》················ 张飞龙／227

《比较政治学研究》投稿须知／243
《比较政治学研究》投稿格式／245

Contents

Foreword ·· 1

New Development of the Institutional Change Analysis:
    Pattern of Gradual Transition ································ Duan Yubo / 24

Who Implements Financial Accountability? Internal Supervision
    vs. External Supervision ········· Ren Chaoran, Geng Shu, Guo Shengli / 49

Why History (Still) Matters: Time and Temporality in Urban
    Politics Analysis ·· Joel Rast / 74

The New Political Transition Paradigm: "Within the System" of
    Democratization in Malaysia ····················· Li Xin Ling Hai / 116

Growing during the Authoritarian: The Political Economy in the
    Evolution of Korean Labor System ··· Zhang Yanhua Zhang Zhenhua / 134

The Changes of State Governance in the Context of Democratization
    —A Comparative Study of Egypt and Tunisia ······················ Pan Pei / 157

How to Promote the Development of Election Politics in Less
 Developed Countries
　　—Progressive Democracy from the Perspective of Political Risk　⋯　Ye Changmao / 179
The Political Role of Clans in Central Asia ⋯⋯⋯⋯⋯⋯ Kathleen Collins / 205

Is the Party Over? The Decline of Party Activism and Membership
 across the Democratic World ⋯⋯⋯⋯⋯⋯⋯⋯⋯⋯ Paul F. Whiteley / 225
New Progress in the Study of Party Political and Political
 Development under the Comparative Perspective
　　—Reviews on the "Party Political and Political Development"　⋯　Zhang Feilong / 242

Submission Guidelines for *Comparative Politics Studies* / 243
Submission Formats for *Comparative Politics Studies* / 245

卷首语

时光荏苒，《比较政治学研究》已然走过8个年头。作为聚焦比较政治学的专业辑刊，我们欣喜地发现，无论是从数量上还是从质量上，近年来国内学界的比较政治学研究呈现方兴未艾之势，尤其是一批青年学者开始崭露头角。2017年也是我刊发展历程上的重要一年。今年我刊首次被《中文社会科学引文索引》（CSSCI）收录，这既是对过往成绩的肯定，也是对未来工作的鞭策。我们将不忘初心，秉持办刊宗旨，一如既往地为学界同仁服务！

本辑共收录十篇文章。从方法上看，既有理论研究，也有实证研究；从主题上看，涵盖了制度变迁、民主转型、政党制度等经典命题，还针对某些具体问题进行了阐释。

关于制度变迁的探讨深受学界关注。早期历史制度主义的缺陷在于对制度演化过程的系统分析不够，因而理论上呼唤着一种立足内生性变量角色的制度变迁解释。渐进转型由此进入了研究议程。段宇波在《制度变迁分析的新发展：渐进转型模式》一文中，辨析了渐进转型模式的内涵及其分歧，进而提出"包容性的渐进转型"这一概念，同时系统分析了渐进转型变迁机制，并探讨了具体模式及相关实践。财政问责通常有两条路径，即依赖于政府部门的内部监督和由公众为主的外部监督。任超然、耿曙、郭圣莉立足于此，基于IBP（国际预算项目）对各国财政透明评估结果的比较研究发现，后者的效果并不特别明显，而前者则由于相互竞争和彼此节制的存在，能够为"财政透明"提供更可靠的保障。乔尔·拉斯特则通过对城市政治分析领域的梳理发现，学者往往更加关注当下或近期发生的现象，对于检验长期过程的历史研究，尤其是关于时间的特定因果机制，还有待进一步深化。作者因此呼吁，研究者应当更加关注城市政治分析中的时间和时间性。

民主转型是比较政治学的经典命题。李辛、凌海等发现马来西亚政治转型的典型特征是在一党长期执政的威权主义体制内推进民主化，从而使得转型过程更具有渐进性和稳定性；马来西亚的政治制度结构，是其能够实现"体制内"民主转型的主要原因；在类型学的意义上，这种"体制内"民主转型模式，为其他国家推进民主化提供了参照。张彦华、张振华借助对韩国劳动体制演变的政治经济分析发现，伴随着威权体制的转型，韩国政治经济配置的变化深刻地影响着劳动体制的属性，这一变化反过来又对韩国民主化的样式以及转型后韩国劳动政治的形态产生影响。潘沛立足埃及与突尼斯两个相异案例的对比发现，民主化之后国家治理走向良性发展的关键，在于诸多政治力量实现相互妥协。

基于问题意识的讨论同样颇具价值。叶长茂借助对"后发国家推动选举政治如何走向成熟"这一问题的观察，发现带有强对抗特征的高度竞争性选举未必具有普遍适用性；对于诸多缺乏竞争传统的后发国家而言，避免政治风险的重要途径是从低度竞争性选举起步，并逐步增加竞争程度。这种解读某种意义上也印证了渐进转型的理论逻辑。凯瑟琳·柯林斯则以"为何族群、民族和宗教认同没有导致中亚地区的暴力冲突"以及"为什么和什么时候有些认同比其他认同更突出"为逻辑起点，借助对中亚吉尔吉斯斯坦、乌兹别克斯坦和塔吉克斯坦等国的考察，发现家族承担着重要的政治角色，能够起到维持社会稳定和阻止族群、民族或宗教冲突的作用。

政党因其在现代政治生活中的关键地位，吸引了学界广泛的关注。近年来的观察显示，欧洲政党行动主义和党员的长期衰退已然成为事实。保罗·惠特利考察了关于这一现象的两种代表性解释：其一，"国家俘获"说，即政党和国家联盟关系带来的国家过度规约会抑制基层志愿活动；其二，伴随新型参与行为的不断扩展，特别是交易式参与、消费者参与和互联网参与的发展，为公民在传统参与形式外拓展了新的渠道。作者结合2004年国际社会调查项目数据建构了多层分析模型，最终结果验证了"国家俘获"说。张飞龙在《比较视野下政党政治与政治发展研究新进展——兼评〈政党政治与政治发展〉》一文中，从比较研究中的"问题与主义"之辨入手，强调应当以"问题意识"为优先，并围绕"西方政党政治与政治发展研究新议题""东亚政治发展模式论析""比较视野中的中国政治发展"等方面展开论证，还就新加坡"廉政"的关键以及中新两国政党组织形态对比等问题进行了发散式思考。

比较政治学研究编辑部

2017年6月

制度变迁分析的新发展：渐进转型模式

段宇波[*]

【内容摘要】 随着制度变迁理论认识的深化，历史制度主义形成了更丰富的制度变迁模式。本文从四个方面对广义的、多维度的渐进转型模式进行具体的划分。首先辨析了渐进转型模式的内涵及其分歧，提出了包容性的渐进转型概念；进而分析渐进转型背后的本体论，在进化变迁和演化变迁之间寻找支撑体系；随后探讨了渐进转型的"变异、选择和复制"机制并进行了系统的分析；最后探究了渐进转型制度变迁的五种模式及其实践。

【关键词】 历史制度主义；制度变迁；渐进转型；模式

一、渐进转型变迁的辨析

早期的历史制度主义对制度演化过程的系统分析和关注不够，急需一个能够理解内生性变量角色的制度变迁过程，渐进转型因此进入了研

---

[*] 段宇波：男，山西沁源人，政治学博士，山西财经大学公共管理学院讲师，研究方向为比较政治与政策分析。

究议程。这种非线性的多重过程和结果的变迁模式在名称上也不尽相同，如演化变迁、内生性的变迁、渐进变迁、间接变迁、多样性变迁，等等，其中比较有代表性的主要包括渐进变迁和演化变迁。前者突出了变迁速度和剧烈程度，后者突出了漫长的时间和对行动者作用的淡化。我们倾向于将其概括为渐进转型的变迁模式。

渐进转型关注了五个维度的问题：第一，渐进转型的时间视域多久比较合适？第二，转型的节奏有多快或者多慢就可以定义为渐进？第三，何种规模大小的变迁就可以定义为渐进转型？分析单元多大比较合适？第四，在渐进转型中，行动者作为内生性因素扮演了什么作用？行动者干预到什么样的程度可以称为演化？第五，渐进转型的结果如何？会带来什么样的制度秩序和后果？这五个不同的问题反映了渐进变迁不同的概念关注点，受到演化理论影响的渐进转型其实包含了五层含义：渐近变迁、演化变迁、内生变迁、互动变迁、转型变迁。

第一层含义即渐进变迁，强调的是变迁速度，反映的是速度快慢。与渐进的变迁相对应的是急剧的变迁，渐进变迁的急剧、爆裂、对抗性程度，反映变迁的速度和节奏维度。第二层含义是演化变迁，强调变迁中的路径依赖和文化历史的长期影响。与演化变迁相对应的是设计变迁的概念，设计变迁强调短期博弈与设计性，二者形成了目的性的时间概念和演化性的时间观念的深层冲突，反映了变迁的时间维度。第三层含义是内生性变迁，是相对于外生性的概念，反映的是内生性因素决定变迁的逻辑机制。制度变迁的内生性过程通过细微的方式改变制度，自我反省的行动者（self-reflexive actors）通过渐进的方式调整给定制度实践、规则、惯例和认知图式（cognitive schema）的约束。行动者认知能力、理念和决策是内在决定因素和机制，反映变迁的内在动力维度。第四层含义是互动变迁，突出了行动者的作用，强调行动者的制度竞争、冲突和学习，社会选择机制，个体行为如何转化成集体行为，制度变迁必须是在群体层次上变异、竞争和保存制度，是群体互动的结果，反映了变迁的范围和规模维度。第五层含义是转型变迁，强调变迁的结果重要性，相对于渐进的、缓慢的、内生的、互动的几种过程因素而言，制度变迁同样会产生重要的制度后果，进化的效果或者重要影响，在结果上体现出渐进转型的复杂性，反映了变迁的结果维度。

如表1所示，制度变迁类型上实现了变迁过程和结果的统一，广义的渐进转型包含了过程的渐进和结果的渐进，渐进转型不同于断裂和替代，但其涵盖范围囊括了调整再生、存续和回报等多种过程和结果。

表1 制度变迁的类型：过程和结果

过程\结果类型	结果类型	变迁的结果	
		连续	间断
变迁的过程	渐进	通过调整再生	渐进转型
	突变	存续和回报	断裂或替代

资料来源：Wofgang Streeck, Kathleen Thelen, "Introduction: Institutional Change in Advanced Political Economies", in Wofgang Streeck, Kathleen Thelen (eds.), *Beyond Continuity: Institutional Change in Advanced Political Economies*, New York: Oxford University Press, 2005, pp. 1 – 39.

总之，渐进转型事实上囊括了内生的、演化的，渐进的、互动的和转型的变迁五个方面的概念要素，使得渐进转型概念具有了较强的包容性。我们认为渐进转型得以统领杂乱的变迁概念，实现了变迁过程的渐进性和变迁结果的转型性特征统一，统称这些概念为渐进转型模式。进一步讲，渐进转型是以广义进化论的生物演化理论为本体论，对断裂均衡、路径依赖和关键节点等模式所做出的修正，综合了演化变迁和设计变迁。渐进变迁背后的本体论值得我们去关注，渐进转型的五层含义都在演化理论中找到了对应的特性，有理由也有必要认真审视渐进转型背后的"广义进化论"本体论。

二、以"广义进化论"为本体论的渐进制度变迁争论

对本体论的关注源自于政治学家突破传统的学科边界，开放地对待自然科学中的有益成分。从演化或进化（Evolution）观点看待制度变迁，

渐进转型的本体论包含的复杂性、理念性、竞争性。在系统的演化理论中，渐进变迁有两种截然不同的观点：一种是进化论，如路易斯和斯坦默所说的"广义达尔文主义"（generalized Darwinism），这种观点将演化看作是"渐进变迁"，制度的变迁是进化的过程，任何变迁的过程都是"改善"和"进步"的结果。一种是演化论，完全自然状态的制度演化过程，认为变迁的结果可能好也可能坏，只是一个过程而已。这种观点将制度演化类比为生物演化，并无明确的演化目标。对比而言，社会制度必定是存在一定的进化机制，不同的只是人类的理性和认知影响进化的速度和范围，这种本体论争论贯穿了制度变迁的分析过程。

制度演化理论

演化本质上是历史现象，不重视历史影响的演化理论是贫瘠的。历史以某种方式与将来的环境相关但又不是决定论的，演化思维强调"历史重要性"。历史制度主义将演化理论看作是写"散文"，运用历史偶然性事件解释后期政治生活的特征，演化理论能够精炼、扩展、提升和充实历史制度主义的结论。

在生物学上，达尔文将演化定义为"血统的修改"（descent with modification）[①]，与演化相关的概念还包含了"传代"（generation）、"进步"、"发展"、"转型"（transformisme）、"递变"（transmutations）等多重含义，相比较而言，演化的内涵要大于变迁，变迁是有方向的，演化则是没有方向的，演化是自然过程。从本体论的角度看，演化可以运用更宽泛的语言描述变迁。

在历史制度主义中，拉斯提克（2009）认为演化理论可以被定义为：可被观察的单元模型产生的变迁引起了相关环境中可被替代的群体层面变迁。丹尼尔·丹尼特（Daniel C. Dennett）认为演化理论聚焦于大量系统的、不能控制的（unguided）规则在微观层面的互动，复杂世

[①] 也有翻译为"带有饰变的由来"，或后代渐变、继承变异，指出了人类基因变异的渐进性。

界的模式化的、不连续的互动,能产生宏观层面的变迁轨迹和更高的功能性秩序。[①] 微观层次的个体单元之间不可控制的、竞争性的互动,形成更高层级演变的机制。演化理论因此具有以下几个特征。

其一,突出不可知性和不确定性。不可控制的基础单元个体的竞争互动和演化过程,它们相互作用变成更高层次的机制,组成较大单元的、整体的演化机制。类似在生物演化中,生物体(organisms)或基因层次的竞争性压力驱动的选择和结果的分配,基础单元的变迁形成局部极大值(local maxima),会对其制度的"邻居"产生重要的影响,在更高的种群(species)层次形成演化过程,但在整体层次上表现为细微的演化变迁。当然,演化不能对所有的结果负责,不能做出具体的预测,演化的结果是大规模的和不可控制的规则互动的结果。演化理论反对理性逻辑效应,反对功能性的语言,反对科学思维的制度变迁,认为彻底的演化才是解释制度变迁的关键。

其二,突出行动者在制度演化中的作用。与自然学科的演化理论不同,社会科学的"历史转向"源自于文化研究,演化理论需要考察时间和历史,社会科学打破传统学科边界,突破了自然科学领域对演化理念的独属。历史制度主义认为人类作为最重要的行动者在演化中所起的作用是完全不同的,行动者能够想象和建构未来,能够为了长期利益而牺牲短期成本,好的行动者和坏的行动者的区别就是发现制度演化是否具备条件。在社会科学领域,行动者设计规则和改变演化进程要远远大于自然科学中的演化过程。

其三,稳定的演化机制。从动力学的角度看,演化政治模型需要解释演化产生的具体机制,解释效率、稳定、发展和革命等重要问题,演化论中的核心机制是自然选择,解释结果必须满足相应的逻辑。从机制上,演化理论更准确的理解功能的相似性和低层次的调整、理解相对稳定环境的约束和刺激、理解历史沉淀的偶然性,这三种条件都具备,演

[①] Ian S. Lustick, *Historical Institutionalism and Evolution: Tropes without Theory*, in APSA 2009 Annual Meeting Paper, 2009, Adapted from paper presented at the "Do Institutions Evolve?" workshop, Schumann Center in the European University Institute, Florence, Italy, 2009.

化可能发生。演化是变异（variation）、选择（selection）和保持（retention）过程中的不同竞争性因素的相互作用。大量单元性的轨迹变异、选择和替代过程是价值无涉的。演化是中立的，大量的不能控制的竞争互动的结果。在一定程度上，变异、选择和保留是物质性作用的结果而不是理念的结果。

其四，演化理论是群体层面的分析。在生物演化论中种群是自然选择的基本单位，群体层面（population levels）的分析具有不确定性，不管这种群体层面的变迁模式是渐进的还是剧烈的，都要可以被观察；变异、竞争和选择不仅发生在自然物种之间，还发生在人类文化、语言、绘画、宗教、理念和知识等群体层次演化传递过程中。不管被认为是进步的还是不受欢迎的，都要反映时间范围和观察者的偏好，这个概念并没有给出变迁转型的具体演化机制的单元累积过程，只是强调了要重视演化中不可知（agnostic）因素的效力。拉斯提克为演化理论解释政治制度和现象提供了方法论，主张在群体层面而非个体层面思考，关注结果的分配而非单纯地看结果。

总之，演化理论强调了自然的力量，如长期发展过程中人类免疫系统对疾病、细菌的抵御，在太阳暴晒下塑料的颜色缓慢褪色，"水滴石穿"等自然发展过程。反对"改良"和"进步"，这种框架也运用生物学和基因的途径研究政治学，系统性的、偶然性、不可预测性和非控制性，但是忽略了行动者对制度的建构和创新作用，这在逻辑上存在问题，没方向的变迁模型是暂时的，演化只是决定了"基因重组"，真正决定制度变迁方向的是行动者的建构和价值。

制度进化理论

与制度演化相对应，进化理论同样关注了制度的长期趋势，强调改善或进步的变迁。进化与行动者的创造性密切相关，突出了制度创新的作用，制度进化是行动者参与的、有价值设定的、多因素互动的过程。

首先，制度进化具有价值导引和设定。人类创造或者改造某种制度一定具有价值设定，价值导向指引制度变迁是一种必然的选择。因此，纯粹的制度演化并不存在，制度演化也一定是制度进化的过程。当然，只要是进化的观点，那么一定会有一个目标设定，制度变迁就会有价值取向，有一定的政治标准。进化论的潜台词是制度可以被设计并具有方向，人类高度的主观能动性使得制度设计成为必然选项，但是这种设计又受到人类认知的影响、环境的限制，甚至群体规模和博弈形式的制约，这种设计是集体行动的结果，环境会给予制度变迁以压力，但行动者也会主动选择变迁路径，这种制度传递过程虽然不存在生物学上的"基因因素"，但是"非基因"的制度变迁其实有"文化基因"在起着重要支配作用。"进步"意味着对演化过程进行价值结果的构建，例如现代化理论所承载的发展，将演化视为发展进步，预示着一个过程或阶段的结束。韦兰认为人类正是在不断的理性实践中构建了学习的理性模型，他发现了学习在制度实践中的积极作用。在当今世界，自由主义和保守主义形成的价值判断主导了制度学习和制度移植的过程，在维护多样性和差异化的同时蕴涵着制度的一元化价值导向。而且以一种文化的"隐性的非遗传基因"实现传递，并将不同的行动者纳入到制度行动的基因谱系中，行动者在个体层次上形成高度差异化的认知倾向。

其次，人类的认知和理念创新。进化理论为制度变迁中的理念留下了充分的空间，"普遍达尔文主义"（universal Darwinism）是内生性制度变迁的基础，渐进式的制度变迁被理解为是一种社会进化的过程。与生物进化论不同，由于人类具有很强创新能力，渐进变迁有强烈的设计成分，"人类社会系统中的这些特点意味着，进化遗传不仅能够通过基因复制在垂直层面上发挥作用，还能够通过政治制度和其他非基因遗传系统的'获得性'遗传在水平层次上进行"[1]。进化论者避免使用自然选择作为制度变迁机制，而是突出了理性设计的机制作用。制度设计和政治理性能够使得行动者克服演化压力和渐进变迁过程。

在路易斯看来，人类的创新能力和高度的能动性是制度变异的重要

---

[1] 〔美〕奥赖恩·A. 路易斯、〔意〕斯文·斯坦默：《制度如何演进：进化论与制度变迁》，王丽娜、马得勇译，载《甘肃行政学院学报》，2014年第2期。

来源，人类创造性和认知能力是解释复杂制度变迁的关键。制度变迁与人相关，人类的认知不断的突破组织形式的制约，并与特定的情形相结合，制度进而得以完善。换言之，人类对制度的建构和传承是一种集体行动的过程，行动者对规则不断的质疑、颠覆和创造，制度进化因此是冲突的结果，变异则是制度多样性和差异性的来源。既然人类的认知能力和决策能力是决定制度选择的关键，制度是持续性的反复试验的结果，是不断地"试错"（trial and error）和学习的过程，那么探寻制度规则和文化图式（schemas），进一步推进制度的变异、选择和复制，则反映了行动者代际学习和推理的过程。当然，制度变迁的变异机制并不是随机的，变异背后的机制形成是有规律联系的演化过程，经过选择的制度不断地被复制，得以保存下来。最终，人类的沟通和互动决定了制度进化的路径，不断固化成人类的集体规范和制度行为，进而成为认知图式，这种惯例、图式和框架在行动者的记忆中传递，不断被重现拆装，形成制度体系建构的重要部分，导致信仰、规范和惯例得以传承，形成关键机制。

再次，制度进化是不完美变迁的过程。制度进化论强调了制度的变异、选择和复制的复杂过程。将社会选择作为制度变迁的核心机制，具有很强的目的性和结果导向。因此，最终是制度选择的结果。这种进化论的制度观，不仅体现在行动者的理念和认知层面，也体现在结构和制度选择层面，还体现在行动者对环境的适应性和回应方面。不同的制度、不同的行动者和生态环境之间在相互影响中不断进化和发展，形成了不完美的变迁过程。不完美变迁的来源于几种情形：首先，承认制度存在于一定的生态系统中，复杂的系统变迁是由多重因素共同决定的，变迁往往从局部开始变化；其次，变迁是多轮博弈而非一次完成，单次变异和复制并不能产生长期性的变迁，单个的变迁也不能引起结构性变化，制度变迁的过程每一次都是不完美的，是不断地修补、完善的过程，变迁过程中遗留的问题常常是下一次变迁的突破口；第三，制度变迁一直处于一种不均衡的状态，这种不均衡成为推动制度变迁的动力。当然也存在博弈双方势均力敌、反对派力量很强大导致变迁部分达到效果，并不能完全实现变迁目标，带有不完整性；第四，理念的路径依赖强大，固有观念难以突破，导致制度和理念运行不匹配。

最后，制度进化是复杂互动过程。制度变迁的焦点是规则结合体还是规则的互动？李·西格尔曼（Lee Sigelman）指出，制度变迁是一种集体行动的"互动演化"（coevolution）①，需要多重行动者的不断互动来完成，这种"互动范式"（interactionist paradigm）强调制度、理念和利益形成的制度复合体是互动的结果，是行动者能动和结构变动张力作用的结果，自上而下的结构整合过程和自下而上的能动建构过程，行动者正是在结构性压力和能动性回应之间形成了因果选择机制，这种选择和变异过程，为我们分析解释内生性的制度变迁提供了机会。

互动的形式可以多样化，机制可以变化，但是宽泛的制度观规则不再是严密的制约体系，而是相互依赖的规则复合体，行动者之间、行动者和环境之间、制度复合体和规则供给三种关系的变动在不同的历史空间和时间结构中，形成多层次多时空的制度分析，正是行动者基于不同的集体互动和情境假设，制度呈现出不完美的螺旋式的变迁进程。结构和能动、时间和空间、需求和供给之间的互动形成了制度变迁的"互动模式"。制度变迁的不完美性、突变性和互补性，为我们探析制度变迁整体的复杂态势提供了可能，不完美性使得制度具有持续的变迁动力，突变性则是体现了制度的自我繁殖能力，变异的因素是多样的，制度的互补性体现在制度子系统相互耦合、交织甚至冲突的过程，这种互补性在宏观上的无效率的，制度变迁会"停滞"或非常缓慢的变迁，这种互补性以复杂性为前提，在冲突和摩擦中，制度体系稳定性提高，变迁即缓慢的调整。

制度演化和制度进化的区别和争论

进化论和演化论二者分享了共同基础，都承认"变异—选择—复

---

① Lee Sigelman, "The Coevolution of American Political Science and the American Political Science Review", *American Political Science Review*, Vol. 100, No. 4, December 2006, pp. 463-478.

制"机制,都承认制度强大的惯性作用。但二者相比较存在几个差异:第一,演化理论是中性的,没有明确目的,无固定目标和方向,对制度过程更加宽泛、自由的界定;而进化理论是有价值目标的,有目的和计划的,具有发展的方向,假设出现"意识形态的终结"。第二,演化理论和进化理论都承认存在制度竞争,但是演化理论认为制度竞争是不可控制的群体行为,各种制度单元的互动的结果是不确定的;而进化理论承认人类对制度的设计可以调节进程,实现制度不完美的进化。第三,演化理论强调了制度变迁的随机性,制度变迁是双向的,可以变好也可以变坏,制度从有序变为无序,也可能退化;制度进化是单向度的,优胜劣汰,制度变得更好是进步的过程,强调了制度变迁的必然性假设。第四,制度演化主张制度多样性存在,制度的差异化是变异、适应和社会选择的结果,制度竞争是自然的淘汰过程,从时间的角度看,制度竞争是"公平的",良莠不齐的制度都可能在制度竞争中胜出,制度存在强调的是制度对环境的适应性,随机变异,环境选择。强调了制度演化是"自发秩序",否认对制度的人为干预;制度进化认为制度是由低级到高级、简单到复杂、由少到多的进化过程,这种进化具有渐进性,人作为高级动物,认知和能力的复杂使得制度趋向复杂性,制度的复杂性和人类认知的复杂性相匹配,制度在进化中"更聪明""更复杂",强调制度进化是"自发秩序"和"建构秩序"的结合,强调有限度的制度干预。

渐进转型背后的进化本体论支持

在目的论和放任式的变迁中,进化论占据了上风,因为行动者对制度的设计持续存在,制度变迁的导引价值持续作用。人类有可能通过文化移植实现制度快速变迁,实现文化和制度的跨代移植。跨越社会历史发展阶段,人类可以改变制度演化进程,直接植入新的制度形式,实现跨代遗传式的制度设计,如印第安人直接现代化进入现代制度体系。因为人类的主动设计和短期视角,制度的演化要比生物演化快速,基因密码可以断裂、跨越,人类的主观能动和创造性使得渐进制度变迁能够压缩时间和空间，特别是对制度的再设计，行动者试错的过程缩短，汲取教训的能力变得很强，渐进变迁也可以快速地发生，而非漫长地演化。

按照进化论的观点，制度变迁使得制度功能优化、结构合理，产生制度绩效，运行机制趋于完善、效率更高、运行更有序，更适应环境的变化，具有较好的拓展性和回应性，带来良性的政治秩序和稳定。制度变迁是一种异质化的制度发展路径，是去除同质化的过程。"制度的替代、转换与交易的过程，通常是一种效率相对较低的制度安排向另一种效率相对较高的制度安排的变迁"①，综合演化和进化观点，强调多因素、多重变量、复杂性、整体性的转型变迁。

这种"折中"的制度变迁模式试图综合、全面地分析变迁问题，相比较简单的断裂均衡假设、漫长的路径依赖模式、急剧的关键节点变迁，渐进转型是更为复杂的变迁过程，是整合了利益、理念和制度的内生性变迁机制，形成了最丰富、最具解释力的、整合性的制度变迁理论框架。

可以讲，"广义进化论"为制度变迁的渐进转型模式提供了最强大的理论支持，行动者回归和理念回归将个体利益和价值理念整合到制度分析中，为理解制度变迁中复杂的人类认知和动机打开了一扇门，特别是行动者的偏好，不再是历史情境的反馈和制度的单向塑造。理念和偏好成为重要的制度变迁动力。首先，理念在指导行动者行动中居于主导地位，理念的建构形成意识形态和核心价值，成为行动者行动的关键因素。其次，学习是重要的制度变迁方式，处理行动者和环境、历史因素的关系，向其他行动者学习，包括代际交流和学习。行动者理念和利益的重叠和冲突，是导致制度规则不完美变迁的重要原因。行动者、制度和环境之间的互动成为制度变迁的重要机制。

---

① 卢现祥：《论制度变迁中的制度供给过剩问题》，载《经济问题》，2000年第10期。

三、渐进转型的变迁机制

从变迁机制看,渐进转型的制度变迁反映制度子系统不同的制度变异、选择和复制比率,正是这种竞争性环境中的比率差异导致了制度演化的多样性。制度演化和制度进化共享是"变异—选择—复制"基本逻辑。其具体机制包括:

第一,制度变异。制度的"基因"环境是多样化的、系统的,所有的制度路径是处于"冻结"(frozen)状态的,变迁往往从打破冻结的变异开始,生物学上的偶然冻结(Frozen Accidents)理论①和路径依赖理论相似,认为是偶然现象在进化过程中被固定化下来,这被理解为路径依赖理论的变体,运用适应性(adaptiveness)或者偶然性成功解释早期制度的形成导致后期的稳定均衡,由于该模型的功能性和选择性优势,早期确立的偶然性成功冻结发展路径使得后期失去变迁的动力,在"适应值曲面"(fitness landscapes)②作用下,进入了冻结状态。历史制度主义的路径依赖与该模型相似,可供选择的历史结果的开发是有限的,边际调整的回报附带结果具有高风险和高成本,演化的压力导致主导性的变量发生细微的变化。③变异是设计、演化和竞争选择综合作用的结果,制度演化是不断地产生制度缺陷、产生新的制度摩擦、填补制度空隙、不断产生制度动力的系统复杂互动过程,制度的不完美是制度变迁的持续动力。在渐进转型视角下,人居于制度演化的中心位置,人的主观意识和

---

① 克拉克(1968)发现遗传密码关系的建立是完全偶然的,这种关系一旦建立就保持冻结并保持不变,但这种解释至今没有得到科学的认证。

② 一般的科学家认为生物体的演化源自于早期变异,持基因中心演化观点,而且由于基因突变具有规律性,因此复杂的演化过程可以简化成数字模型,早期的达尔文科学家使用线性的模型,例如每一对偶基因定下一个"选择系数",借此估计对偶基因在每一代世中的基因频率,现今则多用非线性的方式分析,例如一种适应值曲面用以表示生物个体繁殖能力与其特征的关系。

③ Mark Blyth, "Great Punctuations: Prediction, Randomness, and the Evolution of Comparative Politics", *American Political Science Review*, Vol. 100, No. 4, December 2006, pp. 493–498.

建构能动，导致制度变异充满复杂性，人类制定、修复规则并不断完善规则的过程。制度的变异是斗争和回应环境的结果，也是制度多样性和适应性的原因，"文化基因"在制度群的突变，决定了制度群基因突变的概率。

第二，制度选择。制度选择要在多样性状态空间（state space）做出，"状态空间"可以理解为将所有可能的结构或行为置于普遍法则之下。[①] 变迁的发生是状态空间中那些看起来不可接近的情形和规则开始发挥作用，变迁往往是将制度挤压到状态空间的临界点，封闭过去的路径并打开将来预期的过程。在进化论看来，制度选择包含了复杂的规则识别和有助于集体利益的合作策略，制度竞争的"多重选择"其本质还是处理不同行动者与历史情境的关系问题，制度规则回归了其解决集体行动问题和实现群体利益整合的本意，包括环境选择、制度预期选择和行动者选择，包括个体行动者、群体行动者、地方制度行动者、系统行动者、国际化的行动者等，从微观到宏观的制度主体的选择层次，不同行动者之间观念的冲突和利益的比较，形成一种多层级的制度选择系统，为制度演化提供了体系框架。系统层次的制度考量形成制度比较，使得制度与环境、行动者复杂互动成为可能。在结构上，制度选择在其本质上是自然选择机制和社会选择机制的整合。制度选择是在相互竞争中实现优胜劣汰，是多种制度竞争选择的过程。制度变迁的目标在两个维度被衡量：制度绩效和制度适宜性。制度绩效体现了制度的经济、社会目标的协调程度，制度整合性和动员能力体现出差异，包括有效性和绩效支持，制度整合能力反映制度体系中理念的流动性、制度对资源的调动能力、创新能力；制度适宜性和心理基础联系紧密，强调制度变迁的心理结构，反映了制度弹性和对环境的回应性，以及改革预期和不断

---

① 以下棋为例，下棋比赛的规则应该能够涵盖所有的状况，尽管有些规则在千万次的比赛中也许从没有真正使用过，但规则仍然存在在下棋比赛的状态空间中。这些潜在的规则也许只有在非常熟练的棋手在高水平的比赛甚至激烈的对抗中遇到危险时才会有可能激发出来。参见 Mark Blyth, "Great Punctuations: Prediction, Randomness, and the Evolution of Comparative Politics", *American Political Science Review*, Vol. 100, No. 4, December 2006, pp. 493–498.

试错机制。

第三,制度复制。制度复制最核心的特征是不完美的复制,正是这种不完美的复制,推动了制度变迁的持续变化,形成"无意识的"制度抽象机制被代际传递。从制度复制的角度看,社会学意义上的"图式"(schemas)或"惯例"(routines)成为制度规则传递的手段和方式、行动者的心理结构和认知模式,有助于实现制度阐释和行动者的统一。在路易斯看来,制度复制与图式或惯例传递不同,"复制意味着批判的接受和遵守规则,只要个体在其概念内涵和规则的实施方面存在差异,那么不完美的复制(因而变异)便会在系统内部延续。"① 复制机制包含着行动者创造性地、有意识地解决集体行动难题,通过认知观念结构的传递,实现制度规则不完美复制。这一切归结于行动者创造性的学习能力,文化基因的创新突变,理念结构在行动者认知决策中的作用,理念、价值观和信念对制度结构的塑造。正是人类主观的创造性,可以不停地对制度进行再设计。

综上,我们可以发现,广义进化论者的制度变迁机制可以分为三个部分:变异、选择和复制,主要分析了制度的心理基础,在认知框架所决定的制度塑造和扩展过程中,政治图式在行动者之间传递。制度的变迁是一种集体行动的心理结构,不断地进行变异、选择和复制的混合博弈过程,这是制度变迁的内生性机制。这种文化结构的传递,在不同的历史文化情境中,表现出多样性和混合性,在历史交织中不断前进。制度变异的过程不是线性的,而是多重作用的结果。

这种进化论的制度变迁模式强调竞争和自然选择的作用,制度变迁遵循"进化法则",这种变异、选择和复制都不是随机的过程,有必然存在性,规律是客观的。当然,不是所有的变异都能导致持续的选择和复制,制度变异失败导致制度衰竭普遍存在,不符合环境要求和制度规律的制度变异将自动终止。

---

① 〔美〕奥赖恩·A. 路易斯、〔意〕斯文·斯坦默:《制度如何演进:进化论与制度变迁》,王丽娜、马得勇译,载《甘肃行政学院学报》,2014年第2期。

四、渐进转型的制度变迁模式

演化论和进化论的争论形成了渐进转型变迁模式的本体论,既不是等同于完全的生物演化过程,也不是纯粹的设计进化论,而是一种包容性的制度演化观,在具体的制度变迁模式上形成了"变异—选择—复制"的机制,行动者、制度和环境的共同演化和复杂互动,也涉及理念、制度和利益的重构,在回应行动者和环境的过程中,形成了几种渐进制度变迁模式。

1. 渐进转型制度变迁模式的分类

就渐进转型的制度变迁模式而言,斯崔克和瑟伦对制度变迁做了更加细致的一种类型划分。① 同样,渐进转型的制度变迁有很多种分类方法,介于断裂均衡、路径依赖和关键节点之间,形成制度变迁的谱系。如图1所示,本文倾向于按照斯崔克和瑟伦的五分法为基础,系统地对渐进转型的制度变迁模式进行分析。

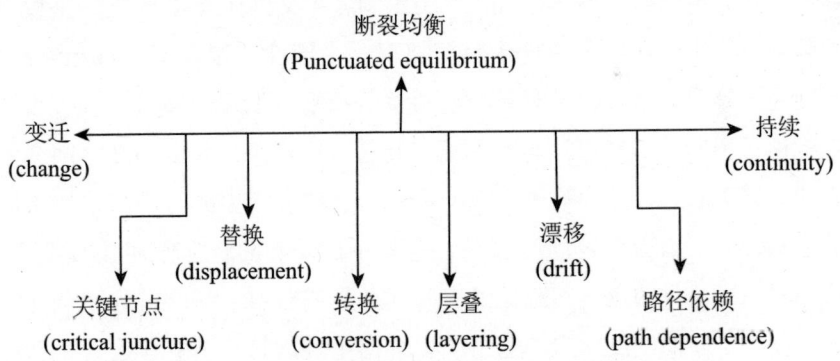

图1 制度变迁的各种变迁模式

资料来源:黄宗浩:《历史制度论的立场方法与理论构建》,载《问题与研究》,2010年第3期。

---

① Wofgang Streeck, Kathleen Thelen (eds.), *Beyond Continuity: Institutional Change in Advanced Political Economies*, New York: Oxford University Press, 2005, p. 31.

（1）替换，指现存规则被新的规则代替，发现和触发替代性的制度形式，对现存制度是偏离、变异的。该方式表明新旧制度会展开竞争并实现替换，这种替代过程可能是激进的也可能是缓慢地，更多的是渐进的发生，往往从制度体系的边缘行动者对现有制度的挑战和反抗开始。包括几种具体形式：首先，边缘到中心，制度体系中的"失败者"和第一轮博弈的出局者，挑战现有制度，这种替代是竞争性的。从最无关紧要的制度和程序入手，边缘性制度的微调过程；第二，底层到顶层，低层对制度的接受逐渐传导到制度体系中高层行动者，这种替代是实践性的；第三，精英到大众，新的先进的制度理念和设计由精英扩散到大众的过程，这种替代是扩散性的。

替换代表"潜伏"的制度变为主导，也即相对边缘的制度缓慢的替代成为主导的制度。制度行动者的"背叛"成为其主要的特征。制度的不连贯为行动者行为的偏离留下了充分的空间，是在现存制度情境中"重新发现或激发出休眠的或者潜在的制度资源"。这种模型常常反映在新旧制度的冲突、现代制度对传统制度的替代或外国的制度对本土制度的"入侵"上。"替换"式的变迁是整体的制度变迁，社会学制度主义强调认知规范因素的整体性替代，历史制度主义则认为"替换"是权力的整体再平衡。在这种变迁逻辑框架下，主导性的制度被修订和终结，制度脆弱且容易断裂，是对新制度的激活和重新发现的缓慢过程，表现在行动者不断地"叛逃"传统制度，在替换变迁中，新旧制度之间会发生冲突甚至对抗，因为具体情境的不同，这种冲突中的行动者按照不同的逻辑行动，因为多种制度共存、竞争，行动者的行动空间比较宽松，行动者基于自身的成本和利益做出制度选择或合成。新的行为隐藏在旧的制度中，新旧制度激烈的竞争产生了内生性的替代。总体而言，替换不是对现存制度的修补，而是做出完全不同的制度安排。

（2）层叠，层叠是新制度嵌入到既存的制度框架中，新制度不会替代旧的制度，但是功能或方式上与旧的制度实现叠加。产生新的制度但是不废除现存的制度，引入新的规则覆盖旧的规则或者与现存规则并存。逐渐改变原有规则的结构行为，层叠是对现存规则的修补和妥协的过程。其本质并没有对制度和规则做全盘的修订，也没有改变原有制度的核心逻辑，层叠的程度则是由新旧制度的双方参与力量对比所决定的，主要包括：第一，功能性的重叠，部分功能的修订和变化，包括增补性的层叠和删减性的层叠；第二，区域性的层叠，制度体系重要组成部分的层叠，局部的制度变迁，如村民自治对我国基层治理结构的制度变革；第三，结构性的层叠，对原有制度结构的部分改造；第四，形式化的层叠，新旧制度仅在形式上实现重叠，即"挂羊头卖狗肉"，制度形式的层叠，但是实际操作完全迥异。将新的规则嫁接到相对稳定的制度框架中，事实上也能引起制度轨迹的变化。

层叠反映了新旧制度不同的变迁速度和增长率。这个过程是在回报增长和锁定效应作用下，借用希科勒把新的因素嫁接到现有制度框架中的定义，新的因素不会直接破坏旧的制度体系，但会对制度体系产生整体性影响。为避免旧制度的抵制，层叠对制度做了新的分层，但是新的因素的增长速度远超过了旧有制度体系变迁的速度，逐渐改变了个体行动者的行为选择，新制度在旧制度的边缘快速增长，从边缘逐渐蚕食旧制度的核心，吸取了旧制度的支持程度，新旧制度平行运行、互动并对接，这两种制度体系既有协作又有冲突，新旧制度之间相互妥协，逐渐破坏现存制度，新的安排被创造。

(3) 漂移，是指现存规则的变迁是由于环境的变化引起的。漂移被定义为"相关决策者对正式规则的调整失败，但环境发生变化改变了这些规则的社会效应至少被部分行动者所认可，漂移发生在规则的结果已经改变但是没有改变规则本身的情形"。漂移作为一种机制，发生在多重的情境中，在动态的环境和正式的制度规则不匹配的情形下，面对剧烈的经济和社会变迁，正式制度失去了调整性，制度僵化得到强化并处于稳定的现状，对环境回应的失败可能会导致替代性的政策结果，看起来"什么都不做意味着做了很多"。[①] 在雅各布·哈克（Jacob S. Hacker）

[①] Jacob S. Hacker, Paul Pierson & Kathleen Thelen, "Drift and Conversion: Hidden Faces of Institutional Change", in James Mahoney, Kathleen Thelen (eds.), *Advances in Comparative-Historical Analysis*, Cambridge: Cambridge University Press, 2015, p. 184.

等人看来，漂移不仅是政治互动，要求至少具备四个条件：第一，制度或政策的环境变化调整事实上影响了制度政策的效果；第二，这种环境变迁的结果被认同；第三，替代性规则出现将缓解这种环境结果发生的程度，即对环境结果进行潜在的修复；第四，部分行动者致力于更新规则或屏蔽规则。①

由环境变迁引起的漂移，这种变迁强调了规则依然存在，但是其能力减弱，行动者没有回应环境或回应失败引发的变迁。反映了制度对环境的敏感性，这种环境包括经济、政治环境和社会背景等，政策或制度设计因为环境的变化做出强化和调整，抑或面对调整的阻力和困难。漂移引发变迁的动力大都来自于外部：第一是技术变迁，为政策结构调整提供了新的可能性，如金融规制、技术经济等发展；第二是人口统计学的快速发展；第三是经济的快速增长。第四是工会等社会组织的发展程度加深。如2000年以后，中国人口结构的宏观情境发生变化的情形下，计划生育政策的规则维持性降低，环境改变必须对人口政策调整，人口制度事实上发生了漂移。情境的断裂引起了漂移的发生，环境已经发生转变但是制度政策没有及时做出调整，引发了制度变迁。

（4）转换，是指规则仍然具有原有形式，但是以新的方式应用，现存制度被重新确定新的目标、功能和意图。制度是满足多重意图的工具，具有多重功能，与制度相关的内外部的行动者围绕其目标和功能展开竞争，行动者对制度阐释的差异来自于制度的模糊性，模糊性来自于制度功能、结构、资源和能力的差异。从模糊性和多重性的角度，行动者赋予制度和政策新的意图，重新对制度做出界定。这种模式是行动者断裂引起制度变迁，现存制度和政策的转型由行动者重新定位、再诠释和再分配的过程，规则创设者试图调整新的结果，往往是行动者采取直接的制度再造形式失败，或者寻求替代性变迁时面对巨大的障碍而选择的方式。转换的发生要具备四个条件：第一，制度和规则具有充分的延

---

① Jacob S. Hacker, Paul Pierson & Kathleen Thelen, "Drift and Conversion: Hidden Faces of Institutional Change", in James Mahoney, Kathleen Thelen (eds.), *Advances in Comparative-Historical Analysis*, Cambridge: Cambridge University Press, 2015, p. 184.

展性，能够适应多样性的制度结果；第二，多种制度结果之间存在着竞争关系；第三，政治行动者有能力调整制度和政策服务于新的制度功能；第四，仍然能适度保持正式规则的形式。制度不仅具有多重效应，这些效应通常很难预测，特别是制度效应是经过很长时间缓慢积累和变异并与制度环境密集交换的结果，行动者很难直接调整或颠覆制度的原意和功能。

第一，转换一方面是指重新部署现存制度并赋予其新的意图，这种新的意图要附属于旧的制度结构，重新定位和诠释制度规则和实际执行之间的缺口；另一方面是新的行动者群体加入到制度联盟中，改变了行动者的范围，强调制度能力的再开发，对涵盖行动者的扩展，对最初制度设计的再突破。制度设计可能受到行动者有限理性的制约，也有各种各样的意外情况会出现。行动者并没有被包含在最初的制度设计中，制度变迁使得行动者联盟发生变化；第二，制度规则本身包含着意图的多样性和模糊性，制度是各种意图的妥协，这种模糊性导致制度内涵可以被不断地诠释和重新挖掘。规则的模糊性定义为制度行为提供空间。第三，规则可能会被自下而上的破坏所颠覆。重新定位制度资源，通过政治竞争超越了现存制度的意图和功能，弥补制度设计和制度实践之间的缺口。第四，随着时间的长期变化，制度所处的情境条件和行动者联盟都会发生变化。这四种原因使得转换极易形成新的意图。

（5）衰竭，是指制度经过长时期发展逐渐衰败。[①] 制度衰竭更多地用来分析制度崩溃，在广义上属于制度变迁的范畴，衰竭来自于制度资源的腐蚀和现有制度体系的不适应，制度随着时间的变化而渐进衰败或者"枯萎"，对资源的消耗是该变迁方式最重要的特征，制度不断地自我消耗和破坏外部的环境，直至资源消耗殆尽，随着回报递减，变迁的成本越来越低，直至制度停止"生长"。在这种类型中，制度本身的安排就埋下了破裂的种子，由行为刺激或者对规则的操作使得规则逐渐失

---

① Wofgang Streeck, Kathleen Thelen, "Introduction: Institutional Change in Advanced Political Economies", in Wofgang Streeck, Kathleen Thelen (eds.), *Beyond Continuity: Institutional Change in Advanced Political Economies*, New York: Oxford University Press, 2005, pp. 1–39.

去和现实社会的完整联系，制度变迁模式是缓慢的自我毁灭过程，是自我毁灭和自我强化共同作用的结果。这种资源衰竭的过程使越来越多的行动者预期和特殊制度条件冲突，逐渐剥夺了制度的合法性和预测性。

渐进制度变迁模式的评价

不同于外生冲击和剧烈的制度结构变迁，演化制度变迁的制度框架强调，缓慢的、渐进的、内生性、增量变迁也能导致重大的政治转型。渐进转型的制度变迁并没有否定制度过程中的路径依赖和正反馈效应，甚至也不反对特殊情形下的断裂均衡模式和关键节点的作用，只是更加关注制度变迁的长期连续性，关注不同的制度动力的次序，不同的制度因素的互动过程组合，多重方式的制度变迁。在制度变迁和制度稳定之间进行桥接，从关注时间断点到长期持续，对制度产生和制度复制的断裂进行弥合。不再是关注单一孤立的制度变迁过程，综合了权力冲突论和组织同形论，在激烈的权力关系和温和的文化规范之间寻找平衡点。

在渐进变迁中，替换发生在新的模型出现和扩散中，替代现存的组织形式和实践安排，替换相对速度快，覆盖范围广，替代变迁是脆弱的。常常面临着巨大的成本和风险，面临着强大的不确定性和路径依赖的问题，面对着集体行动问题，非常容易转化成其他渐进制度变迁形式。衰竭也是明确地指向旧规则的结束，对于渐进转型而言，最有意义的是转换、层叠和漂移这三种方式。

层叠是新的制度构造建立在已有制度框架内，引入了新的制度需求，是对现有制度的修补过程。因为多种变迁机制的发展速度不同，往往通过边缘行动逐渐蔓延到制度的核心，最终的变迁结果也是一种替代。例如德国的手工业部门和工业部门采用了不同的技能培训和资格认证体系，源于手工业部门的技能培训和资格认证体系和工业部门的技能培训体系相互冲突又相互借鉴，最终形成了德国职业培训体系的标准化和统一化建设。

转换提示我们制度演化被制度内在调整所塑造，行动者为过去的理念提供新的意图，通过对问题的再诠释和强化，有助于我们理解正式立法程序之外的政治斗争和冲突。制度变迁受到信息权力系统、差异化的资源和组织能力影响,政治竞争常常是组织化程度较高和占有较多信息资源的行动者最终改变政策,更具有推动制度变迁的能力;而占有信息较少、组织化程度低的行动者推动制度变迁的能力较小。当然,改革的失败者并不会被消灭,除非下一轮斗争中新的行动者能登上舞台,按照自己的议程推进改革。缺少良好的社会基础和资源的集团将避免对主流制度展开正面的攻击,倾向于以"隐藏"的方式寻求变迁,对繁文缛节的制度和规则做出自己的解读。因此,激烈的、突破性的、整体的制度变迁不是唯一的变迁方法,这有助于我们理解理念和社会权力结构的变迁。

漂移来自社会环境的变化。尽管外部环境的变化导致制度能力的变化,但是行动者故意的忽视、有意识地过滤了制度的持续性,制度变迁的结果受到这种战略性的忽视环境变迁带来的调整,不是有意识地去改变相应的制度规则,而是面对环境的变化有意识地维持规则不变。事实上,制度的稳定是相对的,制度的相对稳定是正反馈和回报增长不断强化的过程,常常面临表面上伪装的稳定,漂移也是一个缓慢孕育的过程。不同于替代的新旧制度模式的对抗冲突,也不同于层叠变迁中行动者积极地对制度进行"小修小补",漂移是保守的政治力量故意不决策的结果,也就是消极地拒绝新制度规则适用的范围,有意识地允许外部环境对制度的腐蚀,最终导致旧制度规则腐蚀殆尽。

在发达工业社会中,这几种变迁形式变得非常普遍,成为重要的制度变迁模式,对这几种模式的比较性分析,完善了制度变迁的分类。这些"隐藏"的制度变迁模式发生的时机、方式和原因,增进我们对制度变迁的理解。统一的视角分析变迁模式,这些分类改变了我们对行动者在不同的政治场域中斗争和冲突的假设,关注了长期博弈中行动者对制度预测、监督和影响的过程,关注行动者如何利用现存制度存在的机会和资源,扩大自己的利益和行动的影响。

渐进转型的制度变迁模式更加成熟,更具有包容性,能够对前面几种制度变迁模型进行综合创新,能够将理念、制度和利益结合在一起,制度既是结构约束的行动者,也是制度竞争、选择与互动的建构者。解释力更强,解释的范围和弹性更大,理念将结构环境、行动者和制度的张力整合在一起。理念的扩展和制度选择机制提供了更为复杂的理性模型,填补了制度变迁的微观基础,不完美的复制机制解释了制度的持续和变迁的统一,行动者和理念的作用得到强化,突出了制度主体在制度演化中的重要作用。

当然,对于渐进转型的制度变迁的复杂性、变异和互动性的探索刚刚开始,模型还不成熟,渐进转型的制度变迁并没有从根本上解决制度设计和意外后果的问题。渐进变迁的不足是时间跨度大,变迁的速度慢,变迁的成本虽然低,但是变迁充满不确定性,变迁的效果不明确。

渐进转型制度变迁的运用

在比较政治学中,对发达国家政治经济领域政治制度的理论分析有三种:第一种是福利国家范式;第二种是资本主义多样性理论,第三种是历史制度主义渐进变迁框架。前两种理论是对于发达国家政治经济发展最具影响力的框架,第三种范式则比较好地整合了前两种范式,关注了在缺少外部冲击的情况下,渐进制度变迁如何发生,多重行动者在不同的行动逻辑之间转换,制度回应不同的政治、经济和文化环境,渐进转型的制度变迁强调了长期积累性与内生性,成为解释发达国家政治经济进程的重要工具。①

"美国社会政策研究是历史制度主义最重要的孵化器",美国的社会保障区别于其他西方发达国家之处在于其公共政策项目支出较少。这是由一系列紧密相关的问题所决定的,高度倚重私营部门的行动者和税收工具,而不是政府直接提供服务,美国福利国家的独特设计塑造其政治社会政策,表现在从20世纪70年代开始美国的社会政策向右倾的分配性结果转变。

---

① Alan M. Jacobs, "Social Policy Dynamics", in Orfeo Fioretos, Tulia Falleti & Adam Sheingate (eds.), *The Oxford Handbook of Historical Institutionalism*, Oxford: Oxford University Press, 2016, p. 291.

美国例外主义（American exceptionalism）之谜长期占据美国社会保障政策领域，与普遍的工业化逻辑不同，美国在社会保障各种险种投资甚少，更突出的是，美国是发达国家中几乎唯一没有提供普遍医疗保险的国家。有人认为这是美国独特的文化价值决定的，也有认为是其劳工组织和政治左派力量较弱。历史制度主义从文化价值和权力资源理论进行了解释，文化主义者认为盎格鲁-撒克逊的自由主义文化，权力资源理论认为美国没有激进的工人运动的原因，其理论解释面临着历史困境，因为在20世纪早期美国的工人组织和贸易组织力量远强于其他发达国家。随着历史制度主义研究的深入，更多的学者发现美国例外主义是由结构差异所引起的。不同于欧洲国家劳资冲突的利益结构，美国的福利政策是其独特制度结构和文化价值的反应，例如美国的社会保障支出费用总量接近其他发达国家，但是在支出费用结构上，个人和企业主承担比重较大。美国的社会保障制度安排是传统的男性负担的雇佣模型，随着家庭结构的变化和女性劳动力的广泛参与，出现了女性劳动力和社会保障制度之间的缺口，女性劳动者面临着社会保障的风险。面对新的形势，保守派抵制政策创新如幼儿保育和父母生育保障的政策发展，面对新的环境，失业社会保险出现了政策"漂移"。

同样，退休金政策存在显著的个体化风险而发生制度"层叠"，在不能废除职业退休金规则覆盖利益的情况下，保守派通过增加个人储蓄投资的工具为公司和个人创建了渐进的扩张机会。在这种情况下，最初的、传统的退休支持体系被逐渐地转移、分配给广大劳动者来分担，进而产生了政策"替代"，这个过程中没有经过任何主要立法的修改，使得本来应该由公司和雇主承担的风险悄无声息地转嫁给普通劳动者。同理，美国很多分配性的制度变迁都发生在正式的制度框架之外，实质性的变迁往往是保守派在核心的政策领域无法抵制制度变迁的诉求时，通过不引人注目的方式或者领域完成的，最终引发包括调整边际税率或者金融规制的方式进行，利用这种隐蔽性的方法实现部分集团的利益，这时候"漂移"变迁就出现了，结果在无关紧要的政策领域进行了核心的改革。

美国社会保障政策还反映了跨越时空的资源分配,在现在和将来之间进行跨时空的选择,重新分配利益。运用共时性的观点考量制度变迁,制度好像没有发生变化,但是从历时性的角度看,制度已经发生了巨大变化。例如最低工资的调整和延迟退休时间的缓慢变化平摊在每年几乎可以忽略不计,但是几十年积累之后就会产生重要的转型作用,会对不同时空的行动者产生影响。提升工资税和退休金的标准在短期内会增大当前行动者的经济成本,但是会对将来的工人、雇主和退休者带来较大的收益,退休政策的时空作用得以体现。这也是政策"漂移"的一种方式。再如,1960年,美国的社会救助项目转型引入人种平等的工具也是一个社会政策"转换"的典型例子。再如瑟伦对德国工会参与职业技能培训体系的管理和德国工业部门的联合的分析也是"转换"的典型例子,正是工会作为核心行动者进入制度体系,行动者联盟变化,造就了技能培训体系功能和布局出现内生性的转型。这种变迁模式要么是设定了新的目标,要么是引入了新的行动者改变制度角色或者制度的核心目标。

总体而言,渐进转型模式都趋向于从长期视角分析制度变迁的复杂性,从不同的角度摒弃了制度线性变迁的简单假设,都转向揭示制度变迁的内生性过程,消除解释机制的片面性,逐渐发展成为稳定成熟的、具有解释力的变迁模式。

New Development of the Institutional Change Analysis: Pattern of Gradual Transition

Duan Yubo

Abstract: With the deepening of the understanding of institutional change theory, historical institutionalism has formed a richer pattern of institutional change. This article illustrates a specific division of the generalized, multidimensional Gradual transition model from four aspects. Firstly, it analyzes the connotation and divergence of the gradual transition model, and puts forward the concept of inclusive transition. Then it analyzes the ontology behind the gradual transformation, and finds the support system between Gradual evolution and evolutionary evolution. Then it explores the "variation, selection and replication" mechanism, and conducts systematic analysis for this mechanism. Finally, it explores five patterns and practice of the gradual transition system.

Keywords: Historical Institutionalism; Institutional Change; Gradual Transition; Pattern

谁能落实财政问责?
内部监督 vs. 外部监督

任超然　耿　曙　郭圣莉[*]

【内容摘要】 一般而言,通向财政问责之路主要有两条,一是分权,依赖于政府部门的内部监督;一是竞争,由公众为主的外部监督体现。两者之中何者更加重要?因为财政透明为财政问责的前提,所以本文由此处入手,来探究是内部监督还是外部监督更能保障财政透明,进而落实财政问责。根据传统看法,外部监督与财政透明最为相关,但是本文基于IBP(国际预算项目)对各国财政透明评估结果的比较研究发现:由于一般公民可以搭便车,存在转嫁监督责任的心理,再加上缺乏判读财政信息必须具备的专业知识,社会外部监督的效果并不特别明显。反而政府部门之间由于相互竞争节制,既具有相互监督的激励,也具备彼此节制的能力,为"财政透明"提供了更可靠的制度保障。当然,如果能强化内部监督,外部监督的作用会更加重要。

【关键词】 财政透明;财政问责;内部监督;外部监督

---

[*] 任超然:华东理工大学社会与公共管理学院讲师,研究方向为公共财政;耿曙:浙江大学公共管理学院社会学系研究员,博士生导师,研究方向为比较政治经济;郭圣莉:华东理工大学社会与公共管理学院教授,博士生导师,研究方向为比较政治。

一、引言

一般而言,通向"财政问责"之路主要有两条①,一个是"分权制衡"(checks and balances),一个是"竞争选举"(electoral accountability)。这两个大方向,完整体现在所谓的"立宪民主"的体制中:分权制衡靠立宪,而竞争选举则属于民主。若就问责的机制而言,前者有赖"内部监督"(部门之间),后者则为"外部监督"(社会监督)。但两者之中谁更重要?对此,本研究将以攸关重大的"财政问责"为考察对象,观察上述两种问责机制的作用。

根据目前有关善治(good governance)的文献,良好的治理有赖于问责(accountability),而问责的前提为透明(transparency)②,也因此,问责与透明便成为通往善治的关键。同样的,财政纪律也必须依靠财政问责来落实,充分的"财政透明"是实现财政问责的前提和必要条件,也因此,目前涉及财政问责的文献,莫不呼唤更充分的"财政透明"。并且对于多数发展中国家,财政透明度偏低已经成为实现财政问责的桎梏,但财政透明度又如何提高?根据前述的框架,究竟是内部监督,还是外部监督更能保障财政透明,落实财政问责呢?此即本研究关注的焦点。

根据传统看法,外部监督与财政透明最为相关。毕竟,一方面,公众有赖于信息透明,才能落实问责,来监督政府的作为。另一方面,定期的竞争选举则可以督促政府信息公开,从而成为落实政府监督最有力

---

① Schedler, Andreas, Larry Diamond and Marc F. Plattner (eds.), *The Self-Restraining State: Power and Accountability in New Democracies*, Boulder, CO: Lynne Rienner, 1999; Fox, Jonathan, "Civil Society and Political Accountability: Propositions for Discussion", in *Institutions, Accountability and Democratic Governance in Latin America*, The Helen Kellogg Institute for International Studies, University of Notre Dame, 2000, pp. 8 – 9; 马骏:《实现政治问责的三条道路》,载《中国社会科学》,2010 年第 5 期,第103—120 页。

② 俞可平:《治理和善治:一种新的政治分析框架》,载《南京社会科学》,2001 年第 1 期,第40—44 页。

的力量。但是本研究通过跨国比较发现，一般公民由于可以搭便车，会存在转嫁监督责任的心理，加上缺乏判读财政信息的专业知识，社会外部监督的效果并不特别明显。反而政府部门之间相互竞争节制，既具有相互监督的激励，也具备彼此节制的能力，从而为财政透明和财政问责提供更可靠的制度保障。当然，若能强化上述内部监督，外部监督才可以更加有效。

本文的后续部分安排如下：第二节将对"财政问责"进行初步的考察，重点在财政问责及其监督机制上。第三节则将介绍本文的经验研究，包括数据来源与模型设定。第四节汇报实证模型结果，对于落实财政透明来说，第一，外部监督的影响不明显；第二，内部监督的作用则非常显著；第三，外部监督需要有通过内部监督起作用；最后，体制特质若能配合内部监督，其影响将更为重要。第五节，我们将对上述的发现进行讨论，并与相关理论进行对话。第六节为本文结论。

二、如何落实财政问责？
内部监督、外部监督与财政透明

从1990年代以来，学界对公共治理（governance）的关注日益增多，尤其对于如何通向问责与善治之路，更是文献探究的焦点。这些研究大多认为，问责与善治是相辅相成、缺一不可的关系，而公开和透明则是其先决条件[①]。毕竟，不透明的政府很难是负责任的政府，而求善治于不必负责的政府无异于缘木求鱼。因此但凡涉及治理或善治的文献，大多以能否公开或透明作为达成善治的指标。针对"财政问责"的研究也不例外，"财政透明"成为相关文献一致的呼声。但如何才能确保财政

[①] Hood, Christopher and David Heald (eds.), *Transparency: The Key to Better Governance? Proceedings of the British Academy*, Oxford & New York: Oxford University Press, 2006; Piotrowski, Suzanne J., *Governmental Transparency in the Path of Administrative Reform*, Albany: State University of New York Press, 2007.

透明，学者对此却语焉不详、莫衷一是。若根据前述政府问责的思路，我们不妨如此设问：究竟是竞争选举还是分权制衡更有利于确保财政透明？这正是本研究的核心问题。而本节便将针对涉及这一主题的相关文献进行扼要的检阅。

（一）从财政纪律到财政透明

从 20 世纪 70 年代中期开始，巨大的财政赤字便在世界各国尤其是一些 OECD（经合组织）国家持续出现，而且部分国家的债务规模相当庞大，甚至远超过正常岁入所能弥补的范围。90 年代中期，澳大利亚、新西兰、英国等国家开始陆续推动财政改革，包括节约开支、限制举债、避免财政赤字与预算浮滥等一系列政策，希望能够硬化预算约束，强化财政纪律，从而解决财政危机。

追根究底，财政纪律之所以不彰，预算赤字之所以持续出现，学者的观点集中在两个方面：其一涉及"官僚预算最大化"的观点，即官员倾向于最大化预算规模，以此来获得更大的权力和更多的寻租机会[1]；其二，认为民众则存在"财政幻觉"（fiscal illusion），只看见公共支出带来的好处，而低估公共支出所负担的成本[2]。最终导致预算大量消耗，行政效率低下，而作为获利一方的政府，当然希望对此有所掩饰，单方面凸出公共支出的成果。换言之，就是因为财政信息的不透明，公众对大量的财政浪费一无所知，才造成财政纪律的不彰，赤字举债接踵而来。也因此从 20 世纪 90 年代以来，在各国财政改革的方案中，财政透明的地位备受关注。

财政透明有助于约束财政纪律，例如哈迈德（Hameed）的研究发现，国债的信用排名与其财政透明度正相关，高透明度的国家往往拥有

---

[1] Niskanen W. A., "Bureaucrats and Politicians", *Journal of Law and Economics*, 1975, pp. 617–643.

[2] Oates, Wallace E., "Lump-Sum Intergovernmental Grants Have Price Effects", in Mieszkowski, Peter and William H. Oakland (eds.), *Fiscal Federalism and Grants-in-Aid*, Washington, DC: Urban Institute, 1979, pp. 23–30.

良好的财政纪律,所以越透明越能使市场对其还款能力有信心①。吉姆泽科(Jarmuzek)对27个前社会主义国家的研究也发现,财政透明度和债务存量存在负相关关系②。

进一步来看,财政预算体现国家政策,公共预算是国家治理的核心,国家的治理能力很大程度上取决于政府预算的能力。从规范的角度来说,政府应该满足公共偏好,实现公众利益。所以政府只有尽可能地畅通公共偏好的表达机制,才能在进行公共决策的时候更有效率。只有信息公开,公众才能参与预算决策,监督政府财政,形成良好的政策,提高国家治理能力。所以,政府财政信息公开是实现良好政府治理的前提。反之,倘若缺乏财政透明,一方面政府财政纪律无法确保,另一方面政府职责也无法有效实现,所以透明是善治的必要条件。也因此,近年学界对公众对获取政府预算信息的关注越来越多。所以本文将从"财政透明"入手,探寻监督机制对于财政问责的作用。

(二) 如何落实财政透明:"内部监督" vs."外部监督"

财政透明既然对于财政问责以及善治攸关重要,那到底何种因素能够有效促进透明,约束财政纪律,达到善治目的?已有文献有诸多解释,有的专注于经济体系和社会结构,研究社会监督,有的分析政治体制,探究政党竞争对财政透明的影响。本文认为这些研究可以大致分为两类:或者偏重于社会的外部监督,或者偏重于政府的内部监督,进一步来看,前者的力量来自社会,受经济社会结构的影响比较大;后者的压力来自政府部门之内,受到政治体制与权力分划的制约较深。我们不妨将两者结合比较,观察到底何种监督机制更能确保作为财政纪律前提的"财政透明"。

本节的以下部分从已有研究入手,逐一考量经济社会结构解释和体

---

① Hameed, F., "Fiscal Transparency and Economic Outcomes", *IMF Working Paper*, 2005.
② Jarmuzek, Mariusz, "Does Fiscal Transparency Matter? The Evidence from Transition Economies", *Warsaw, Poland: Center for Social and Economic Research*, available at: http://www.cerge-ei.cz/pdf/gdn/RRCV_77_paper_03.pdf, 2006.

制解释两类文献,并最终归结于监督机制的比较分析。

1. 经济社会解释

社会经济解释着重于社会监督,因为政府的经济绩效需要接受公众问责,政府选择性进行财政信息公开:根据经济表现决定信息公开的多少。通常来说,为了扩大政府规模,政府会提高透明度,因为高透明环境下选民问责政府更加容易,所以偏好于更多公共物品的供给。政府的规模由中位数选民的偏好来决定,因透明减小了信息不对称,选民更偏好大的政府支出规模,所以偏好大政府的国家偏好更透明的财政[1],也就是说为争取更多的资源必须要给选民公布更多的财务信息,借以得到选民的信任[2]。而较大的行政机构也更容易满足提高财政透明的要求[3]。而怀迪(Heuty)和卡利茨(Carlitz)的研究提供了一个很好的反例证明。他发现资源依赖型国家由于其收入的取得是通过国有资源而非税收,传统的公民问责机制无法发挥作用,所以财政透明度较低[4]。

2. 体制解释

政党竞争无形中会提高一国的财政透明度[5],因为政党在竞选中的争取选民行为会放大现行的不良制度环境,使得选民能够认清现状并做出选择,从而促成新的良好的制度生成。对于选民来说,如果能够知晓

---

[1] Bastida, Francisco and Bernardino Benito, "Central Government Budget Practices and Transparency: An International Comparison", *Public Administration*, Vol. 85, No. 3, 2007, pp. 667 – 716; Alt, J. E., D. D. Lassen and D. Skilling, "Fiscal Transparency, Gubernatorial Popularity, and the Scale of Government: Evidence from the States", *State Politics and Policy*, 2002, pp. 230 – 250.

[2] Ferejohn, John, "Accountability and Authority: Towards a Model of Political Accountability", in Przeworski, Manin and Stokes, Democracy, *Accountability and Representation*, Cambridge & New York: Cambridge University Press, 1999, pp. 31 – 53.

[3] Caamaño-Alegre, José, et al., "Budget Transparency in Local Governments: An Empirical Analysis", *International Studies Program Working Paper*, 2011.

[4] Heuty, Antoine and Ruth Carlitz, "Resource Dependence and Budget Transparency", Revenue Watch Institute, 2009.

[5] North, Douglass C. "Institutions and a Transaction-Cost Theory of Exchange," in James E. Alt and Kenneth A. Shepsle (eds.), *Perspective on Positive Political Economy*, Cambridge & New York: Cambridge University Press, 1990; Esteller-Moré A, Polo-Otero J., "Analysis of the Causes of Fiscal Transparency: Evidence from Catalonian Municipalities", unpublished paper, 2008.

更多的政府财政信息就有助于更清楚地知道自己缴纳的税收被用在何处,所以选民会倾向于选择透明的制度安排,这就促成了财政透明度的提高。在位的政党为了各种政党的目标(partisan goal)或者非政党的目标(non-partisan goal),都会有提高财政透明度的激励[1]。因为选民(委托人)拥有各种资源,公共部门(代理人)为了争取这些资源必须要给选民公布更多的财务信息,借以得到选民的信任。民主水平越高,政治竞争就越激烈,所以财政透明度就越高。安德莉亚,冲和吉伦(Andreula, Chong and Guillen)研究了治理因素与财政透明的关系,同样发现良好的治理能够促进财政透明[2]。

另外,腐败与透明度负相关。在腐败和寻租行为频发的环境下,通常政府会趋向于尽可能地隐瞒财政信息,而清廉的环境下,预算透明度才有可能得以提高。巴斯蒂达(Bastida)和贝尼托(Benito)的跨国研究也支持了这一结论。腐败程度越高,对一国的财政透明度的阻碍越大[3]。另外,不透明也为腐败提供了滋生的土壤。

综上所述,我们可以发现现有文献倾向于强调结构对于财政透明的促进作用,但若进一步探讨,究竟结构的力量如何作用于促进财政透明呢?这就是本文所关心的"机制"问题了。根据上述的论点,若从机制的角度观察,其实我们可以看出两种"机制",一种是通过社会发展进步、选民意识觉醒,进而关注政府绩效,监督政府运作,这个机制为"外在监督",但另一方面,学者也讨论到作为专业"代理人"的不同的公共部门,会因为彼此竞争资源,而产生政治竞争,结果是诉诸一般民众,公布更多的财政信息。从这个角度来说,直接发挥监督作用的机制,其实是政府部门的相互监督,而其前提是分权与制衡。这个机制是

---

[1] Alt J. E., D. D. Lassen and S. Rose, "The Causes of Fiscal Transparency: Evidence from the American States", IMF Staff Papers, 2006.

[2] Andreula, N., Alberto Chong and Jorge Guillen, "Institutional Quality and Fiscal Transparency", IDB Working Paper, 2006.

[3] Bastida, Francisco and Bernardino Benito, "Central Government Budget Practices and Transparency: An International Comparison", *Public Administration*, Vol. 85, No. 3, 2007, pp. 667 – 716.

"内部监督"。

3. 本文视角：财政透明与内部—外部监督

综上，目前涉及财政问责的文献，莫不呼唤更充分的"财政透明"，而促成"财政透明"的机制，又可以大致分为两种，但究竟是"内部监督"，还是"外部监督"更能保障"财政透明"，落实"财政问责"呢？这就是本研究关注的焦点。

最直接来看，"外部监督"应该与"财政透明"息息相关。毕竟，一般公众依赖于透明的信息，才能落实问责，监督政府作为。一方面，定期的竞争选举则是逼使信息公开，落实政府监督最有力的力量。另一方面，政府部门之间的相互节制，既可能具有相互监督的激励，也应该具备彼此节制的能力，因此也能为财政透明提供可靠的制度保障。那么，两种机制何种更能发挥作用？还是需要两者相辅相成呢？对于一个发展中国家而言，何种机制更为优先迫切呢？鉴于上述的疑问，本文进行了跨国数据的比较研究。

三、检测监督机制成效：模型与变量

模型设置

本文的研究样本为国家层面的面板数据，因此我们的计量模型设置如下：

$$FT_{it} = \alpha_i + \beta_1 Leg_{it} + \beta_2 Sai_{it} + \beta_3 Edu_{it} + \beta_4 Netuser_{it} + \gamma Z_{it} + \varepsilon_{it}$$

其中，下标 i 代表国家，i = 1, 2, ⋯, 59, t = 1, 2, ⋯, 5。Z_{it} 代表控制变量，α_i 是常数项，ε_{it} 是残差项。β_i 为系数矩阵。

基于此模型，我们将进行跨国面板数据的定量检测。

变量说明

"财政透明"是本文的因变量。对此，IMF（国际货币基金组织）、

OECD、IBP（国际预算项目）等很多国际组织都设计了若干指标和原则进行评估和调查。其中1998年IMF颁布的《财政透明度守则》包含了实行财政公开透明的4个指导原则，即政府作用和责任的澄清；公众获得信息的可能性；预算编制、执行和报告的公开；对真实性的保证。OECD于2001年在总结成员国经验基础上形成了《预算透明度最佳做法》（简称《做法》），从而为成员国和非成员国提高预算透明度提供一个参考性工具。《做法》将预算透明度的内容以报告形式列示出来，首先指出政府应该编制和公布的与预算有关的报告种类以及各种报告的内容。其次强调了预算报告中应特别需要详细列示的具体信息，如经济预测指标、税收支出、金融债务和金融资产、非金融资产、雇员养老金债务以及或有债务。最后给出了保证预算报告质量和完整统一性的措施。[①]

其中IBP主导的预算开放指数报告从2006年开始就对中央政府的财政透明度进行的独立、非政府的评估。IBP的财政透明度评估遵从预算公开所普遍接受最佳实践准则，设计了123个多选问题，通过问卷调查了各国7份重要的预算文件中公众所能够获得的预算信息的数量，并且包括对立法和外部审计机构制度和表现的评估。最后对问卷中91个用于评估公众预算信息的获取的问题答案进行平均后就构成了开放预算指数。

本文选用了该项调查的结果，因为IBP从2006年开始隔年进行的调查为我们提供了跨年度的连续观测样本。本文选取开放预算指数作为财政透明度的衡量指标，能够充分利用面板数据的优势：可以提供截面和时间序列两个维度的信息，增加了数据信息，使估计和预测的准确性得

[①] 针对财政透明度的度量问题，现有文献已有一些表述。柯彼茨和克雷格（Kopits and Craig, 1998）将财政公开透明定义为：最大程度地公开政府的结构和职能、财政政策的目的、公共部门的账目以及政府项目。有关政府活动的信息要可靠、全面、易懂，并具有国际比较性，这些信息的获取没有难度。这样，公众和金融市场就可以准确地评估政府的财政状况和政府活动的成本及收益，并判断其对未来社会经济发展的含义。阿尔蓝特和拉森（Alt and Lassen, 2006）在对OECD国家财政透明度进行研究时，构建了一个财政公开指数，他们将财政透明归纳为四个方面：第一，将尽可能多的预算信息包括在尽可能少预算文件中；第二，预算语言的使用要清楚、易懂，没有歧义；第三，具有独立于政府之外的机构了解并掌握政府预算信息；第四，对预算进行充分的说明。

到很大提高，同时能够增加各个变量的变异性，有效地减少共线性的危害，使我们的模型结果更具有稳健性。本研究选择连续3年都进行调查的共59个国家进行分析。

能够提高财政透明度促进财政纪律的"监督机制"是本文的核心解释变量，这其中包括外部监督与内部监督两个方面。对于"外部监督"，我们选用两个指标：一个是媒体自由。媒体作为是监督政府的制度设计中的一个重要的"看门狗"[①]。在媒体自由度高的国家，一方面，公众可以获知政府信息，可以起到对政府监督问责的威慑作用；另一方面，公众意愿可以通过媒体表达，从而起到监督作用。另外，随着信息技术和电子政务的发展，信息传播的成本也大大降低，也在一定程度上更加强化了自由媒体的政府监督作用。但是，如果媒体与国家、利益集团或者其他群体达成妥协，公民社会舆论监督功能也会受到极大限制。其二，教育水平。公民可以为公共政策出谋划策、参与讨论，并最终形成公共舆论，从而能够与公共权力对抗，对国家权力泛滥和乱用起到有效的抵制和修正作用。通常来说，公众受教育水平越高，相对来说有更多的知识，通常也更关心社会事务，监督政府的意识越强烈，所以平均教育水平越高的国家，公众越可能关注公共事务，从而更可能要求获知更多的财政信息，问责政府，也就越可能对政府施加压力，要求信息公开。所以说，可以使用一个国家的人均受教育水平来衡量其外部监督的水平，整个社会的教育水平越高，公众监督就越有效。

而政府部门之间的"内部监督"是我们另外一个重要解释变量，我们用议会参与和审计独立来衡量，对于立法参与的指标，若立法机构在预算的制定过程中如果能够较多地参与其中，或者在与行政机构的预算博弈中有比较大的谈判权力，能够制衡行政机构，从而也就能够真正问

---

① Besley, T., T. Burgess and A. Prat, "Mass Media and Political Accountability", in R. Islam et al (eds), *The Tight to Tell: The Role of Mass Media in Economic Development*, Washington, DC: The World Bank, 2001, pp. 45–60; Djakov, S., et al., "Who Owns the Media?", *Journal of Law & Economics*, Vol. 46, No. 2, 2003, pp. 215–225; Donhue, G. A., P. J. Tichenor and C. N. Olien, "A Guard Dog Perspective on the Role of Media", *Journal of Communication*, Vol. 45, No. 2, 1995, pp. 115–132.

责财政,取得财政公开。也就是说在预算制定过程中,立法机构越能够参与其中,有越多的发言权,就越能够制衡行政,起到比较大的监督作用。议会可以通过设计行政结构和程序来影响行政机构的决策,消除代理人的机会主义行为,另外,立法机构可以主动推动预算改革,打破原有预算博弈中的僵局,通过改变自身的被动局面,增强对资金使用者的问责,硬化预算约束。另外,相对独立的审计机构也是政府内部一个重要的监督部门。通常来说,独立的审计对于行政机构资金使用情况的监督作用是显而易见的,其作用不容小觑。并且今年来发展起来的绩效审计更是从财政资金的使用效率上给予预算资金更加有力的监督。这两个指标的数据来源于 IBP 的问卷中对于议会和审计机构对于财政预算和财政纪律的监督和问责能力的测量。

  本研究的控制变量可以分为以下两类:第一类为政府体制特征,包括政治自由和腐败水平,前者衡量一个国家的政治权利和公民自由,后者反映了社会的不满情绪和公众要求政府问责的意愿。第二类为经济社会变量。首先,我们控制了发展水平,艾斯兰姆(Islam)的研究表明,高收入国家通常会披露更多的政府信息,国家的收入水平和制度设计之间也存在强的正相关关系[1]。库兹曼等人(Kurtzman el al.)的一项实证研究也表明国家层面的信息公开和人均 GDP 之间存在正相关[2]。另外,富国会更多地把信息通过网络公布[3],因为较为发达的国家可以提供较多的财力来支持相关法律设计和技术供给[4]。其

---

[1] Islam, R., "Dose More Transparency Go Along with Better Governance?", *Economics and Politics*, Vol. 18, No. 2, 2006, pp. 121 – 167; Islam, R., "Do more Transparent Governments Govern Better?", World Bank Policy Research Working Paper, 2003.

[2] Kurtzman, J., G., Yago and T. Phumiwasana, "The Global Costs of Opacity-Measurig Business and Investment Risk Worldwide", *MIT Sloan Management Review*, Vol. 46, No. 1, 2004, pp. 38 – 44.

[3] La Porte, T. M., C. C. Demchak, and M. De Jong, "Democracy and Bureaucracy in the Age of the Web-Empirical Findings and Theoretical Speculations", *Administration & Society*, Vol. 34, No. 4, 2002, pp. 411 – 446.

[4] Neuman, L. and Calland, R., "Making the Law Work: The Challenge of Implementation", in A. Florini (ed.), *The Right to Know: Transparency for an Open World*, New York: Columbia University Press, 2007, pp. 179 – 213.

次，国债存量作为财政纪律的一个重要衡量指标会对财政透明产生影响。另外，政府规模作为政府的开支水平的衡量，是政府公布财政信息多少的一个关键因素之一，我们用政府支出占 GDP 的比重来衡量。表 1 汇报了本研究相关变量的界定，表 2 报告了这些变量的描述性统计结果。

表 1　本研究相关变量的界定

变量	描述	来源
财政透明	来源于 IBP，通过加权平均计算问卷中 91 个问题得分而来。2006 年、2008 年、2010 年、2012 年隔年公布	机构名称：International Budget Partnership，www.internationalbudget.org
政治自由	该指数包括两部分，政治权利（political rights）和公民自由（civil liberties）。时间从 2006—2010 年，根据得分分三类，自由（Free）部分自由（Partly Free）和不自由（Not Free）	机构名称：自由之家，www.freedomhouse.org
腐败水平	各国公民根据其对公共部门腐败程度的感受进行打分，得到腐败水平指数（CPI），评估各国公职人员的贪污、回扣和反腐力度，时间为 2006—2010 年	机构名称：透明国际，www.transparency.org
立法参与	衡量立法机构在预算过程中的参与程度和监督力度。来源于 IBP 调查问卷 12 项问题的得分。该指标得分未计入财政透明度指数，取值同财政透明度指数	机构名称：International Budget Partnership，www.internationalbudget.org
审计独立	衡量最高审计机构的独立性，评估其审计权力和报告公开权力的大小，以及是否拥有独立的经费来源和人事任免权。来源于 IBP 调查问卷 10 个问题的得分，该指标得分未计入财政透明度指数，取值同财政透明度指数	机构名称：International Budget Partnership，www.internationalbudget.org

续表

变量	描述	来源
媒体自由	媒体自由指数：衡量一个国家的媒体自由程度，包括媒体的法律环境、政治压力对媒体报道的影响力度和影响信息传播的经济因素。由自由之家每年公布，时间为2006—2010年	机构名称：自由之家，www.freedomhouse.org
教育水平	人均受教育年数，时间为2006—2010年	机构名称：Human Development Report Office, HDI database
债务水平	政府净债务/GDP，时间为2006—2010年	机构名称：国际货币基金组织，IMF database
政府规模	政府支出/GDP，时间为2006—2010年	机构名称：国际货币基金组织，IMF database
发展水平	人均GDP，时间为2006—2010年	机构名称：国际货币基金组织，IMF database

表2　本研究相关变量描述性统计

变量	观测数	均值	标准差	最小值	最大值
财政透明	236	48.76	22.33	0.36	93.16
腐败水平	236	3.87	1.79	1.6	9.6
政治自由	236	5.95	1.81	1.52	9.93
立法机构	236	49.33	20.18	0	91
审计独立	236	55.36	26.76	0	100
媒体自由	236	46.39	18.5	10	84
人均受教育年数	236	7.68	2.92	1.3	13.3
人均GDP	236	14.19	17.58	0.28	100.89
净债务/GDP	236	42.76	32.18	−30.57	154.85
政府支出/GDP	236	31.42	10.24	12.75	66.36

资料来源：作者自制。

四、社会监督抑或政府监督：财政透明的计量检测

根据研究目的，本文采用随机效应模型，对于随机抽样而言，样本可以视为对总体的判断，从而应当选择随机效应，并且豪斯曼检验的 F 值为 33.27，支持随机效应模型选择。另外，沃尔德检验结果强烈拒绝"组间同方差"的假设，模型通过 Frees 提出的自相关检验，不存在组间的截面相关；对于组内自相关的检验本文采用伍德里奇（Wooldridge）提出的检验方法，其 F 值为 617.576，强烈拒绝不存在"一阶自相关"的原假设，所以扰动项采用 AR（1）的形式。

模型检测结果

首先，在模型（1）和（2）中，我们同时放入两种监督机制指标[①]，来看它们的作用效果。在模型（3）和（4）中，我们加入外部监督和政治体制的交互项，来观察两种外部监督的作用效果，而在模型（5）-（8）中我们考察两种监督机制的交互作用。回归结果如下。

观察表 3 中的三个回归模型检测结果，我们有如下发现。首先，体制特质对财政透明度的影响显著：政治自由和腐败水平分别在 0.01 和 0.05 的水平上显著。其中，政治自由增加 1 个等级，平均而言，财政透明度得分上升 6.658，腐败水平和财政透明呈负相关，也就是说腐败水平每下降 1 单位，透明度增加 3.130。

---

① 选取议会参与与审计独立作为内部监督的代理变量。按照伍德里奇（2010）的证明，如果代理变量满足条件（1）与所要代理的解释变量相关，（2）与随机误差项不相关，此时，我们就可以得到模型参数的无偏估计量（至少是一致的），也就是说此时代理变量前面的系数可以看做是原解释变量对被解释变量的影响程度。首先，根据前面的论述，议会参与和审计独立与内部监督高度相关，媒体自由和教育水平与外部监督高度相关。其次，与随机误差项不相关属于一般性的假设。所以在这个基础上，我们可以得出结论：统计模型中对于议会参与和审计独立两个变量参数的估计应该是无偏的，反映了内部监督对财政透明度的影响，媒体自由和教育水平的估计系数反映了外部监督对财政透明度的影响。

表3 内外部监督对财政透明影响的检测

	模型(1)	模型(2)	模型(3)	模型(4)
体制特质				
政治自由	6.658*	6.126*	6.405*	7.432*
	(2.786)	(2.797)	(2.714)	(2.915)
腐败水平	-3.130**	-3.055**	-2.582*	-5.043*
	(1.045)	(1.025)	(1.137)	(2.587)
内部监督				
审计独立	0.139*	0.121*	0.129*	0.133*
	(0.0697)	(0.0689)	(0.0701)	(0.0701)
议会参与	0.363***	0.367***	0.359***	0.361***
	(0.0697)	(0.0694)	(0.0697)	(0.0701)
外部监督				
媒体自由	0.0938	0.0600	0.461	0.269
	(0.129)	(0.127)	(0.324)	(0.211)
教育水平	0.346	0.370	0.739	0.693
	(0.590)	(0.579)	(0.734)	(0.680)
其他控制变量				
债务水平	0.156		-0.668	-0.900
	(10.19)		(10.27)	(10.31)
政府规模	-1.035		-1.148	-1.436
	(14.92)		(15.05)	(15.03)
人均GDP	-3.736		-3.790	-3.518
	(3.293)		(3.319)	(3.311)
交互项				
政治自由*媒体自由			-0.172	
			(0.131)	
政治自由*教育水平			-0.656	
			(0.731)	
腐败水平*媒体自由				0.0495
				(0.0468)

续表

	模型（1）	模型（2）	模型（3）	模型（4）
腐败水平*教育水平				0.0786
				(0.225)
_cons	-9.243	-6.477	-9.75*	-8.66
	(13.05)	(12.81)	(13.97)	(16.44)
Within_R^2	0.0961	0.1054	0.0972	0.0973
Between_R^2	0.6760	0.6570	0.6788	0.6778
Overall_R^2	0.6198	0.6039	0.6230	0.6219
n	236	236	236	236

注：（1）* $p<0.05$，** $p<0.01$，*** $p<0.001$
（2）括号里为标准差。

其次，衡量内部监督的审计独立和议会参与两个指标是显著的，也就是说，内部监督对财政透明的增加有显著的作用。审计独立性评分增加1分，财政透明度增加0.139分，议会参与的评分每增加一个单位，财政透明度的评分增加0.363分。此外，衡量外部监督的指标：媒体自由和教育水平并不显著，也就是说它们对于财政透明度的提高没有显著的影响。

另外，其他的控制变量并不显著，根据已有文献中的讨论，作为财政表现的政府规模和债务水平对财政透明度的影响并不明确。在模型（2）中，我们在不放入这些控制变量的时候 R^2 也没有明显的上升，但是为了模型的完整性，我们仍然将其作为控制变量放入。

最后，在模型（3）和模型（4）中，我们放入了体制特征与外部监督的交互项，来看不同的体制特征下，外部监督是否会显著影响到透明度的变化。在模型（3）中，我们加入的是政治自由与媒体自由、教育水平的交互项，但是它们都不能显著地影响财政透明度。在模型（4）中，在加入腐败水平和媒体自由、教育水平之后，交互项不显著，并且其他的变量的显著性也没有明显的变化。据此，我们可以得出结论：外部监督对于财政透明度的影响不会因为不同的体制特征而对财政透明度有显著的影响。

在上述发现基础之上,我们也关心为何体制特征能够发挥作用以及两种监督机制之间的相互关系如何。因此,我们做了进一步的检测。其结果报告如表4。在模型(5)—模型(8)中,我们加入了内部监督和外部监督的交互项:其中除了模型(8),立法参与和媒体自由,立法参与和教育水平的交互项都在0.1水平及以上显著为正。由此我们可以看出立法机构在外部监督的配合下,可以发挥更大的效果,换句话说,外部监督可以通过内部监督来有效地促使财政透明度的提高。

表4 内外部监督对财政透明影响的相互作用

	模型(5)	模型(6)	模型(7)	模型(8)
体制特质				
政治自由	6.581*	6.714*	6.376*	6.422*
	(2.706)	(2.712)	(2.719)	(2.801)
腐败水平	-3.673**	-3.523*	-3.909**	-3.945**
	(-1.019)	(-1.050)	(-1.089)	(-1.066)
内部监督				
审计独立	0.129*	0.168**	0.101*	0.100*
	(0.0670)	(0.0604)	(0.0705)	(0.0627)
议会参与	0.368***	0.349***	0.357***	0.325***
	(0.0676)	(0.0631)	(0.0656)	(0.0671)
外部监督				
媒体自由	0.020	0.203	0.175	0.025
	(0.181)	(0.109)	(0.142)	(0.233)
教育水平	0.319	0.308	0.316	0.384
	(0.513)	(0.529)	(0.574)	(0.597)
其他控制变量				
政府规模	0.431	0.540	0.735	0.682
	(10.76)	(10.21)	(10.29)	(10.74)
债务水平	-1.204	-1.823	-1.864	-1.223
	(15.61)	(15.03)	(15.19)	(15.78)
人均GDP	-3.286	-3.705	-3.581	-3.985
	(3.087)	(3.579)	(3.262)	(4.015)

续表

	模型（5）	模型（6）	模型（7）	模型（8）
交互项				
教育水平*审计独立	0.011*			
	(1.952)			
媒体自由*审计独立		0.094***		
		(3.691)		
教育水平*议会参与			0.076**	
			(2.105)	
媒体自由*议会参与				0.020
				(1.901)
_cons	9.077	8.513	8.262	7.997
	(10.298)	(11.616)	(12.968)	(8.362)
Within_R2	0.0917	0.0954	0.0925	0.0984
Between_R2	0.636	0.6437	0.6463	0.6378
Overall_R2	0.628	0.6749	0.6308	0.6225
N	236	236	236	236

注：(1) * $p<0.05$，** $p<0.01$，*** $p<0.001$
　　(2) 括号里为标准差。

通过以上实证研究，我们发现：第一，体制特征会影响到一个国家财政透明度的高低，民主程度作为反映一个国家选举制度的指标能够通过某些机制影响到一个国家的财政透明，而腐败水平从一定程度上反映了社会不满情绪，这种社会不满能够促使政府最终改善它的财政透明情况。

第二，外部监督对于财政透明度的影响并不显著，也就是说，无法仅仅通过外部监督来有效地促进财政透明，并且这种无效并不会因为不同的制度特质而不同。换言之，一个国家即便存在定期的选举制度民主化水平比较高，但是仍然无法透过外部监督发挥应有作用。外部监督陷入了困境当中。与之相反，立法机构和审计机关作为内部监督，却可以有效发挥监督作用，提升财政信息公开水平。

第三，虽然单独考虑外部监督的作用发现其并不明显，但是却可以透过内部监督推动一个国家的财政透明。也就是说外部监督只有通过内部监督的渠道才能找寻到出路，从而走出其监督困境。并且民众要求信息公开的意愿提供了议会和审计部门促进信息公开的所必需的激励，从而使得内部监督发挥更大的作用。

为什么会存在外部监督的失灵？而为什么同样的问题对内部监督而言却不存在？或者内部监督为什么可以发生作用？为何内部监督需要外部监督提供激励？而这种激励又是如何发生作用的？我们将在接下来的一节里讨论它们的发生与作用的机制。

五、外部监督、内部监督与财政透明：发现讨论

本研究发现对于财政问责和信息透明来说，内部监督的作用要强于外部监督，当然若两者相辅相成，效果更为突出。但为何如此？两种机制的背后，又是什么样的制度结构在发生作用。本节将进一步对此展开讨论。

外部监督与财政透明

根据我们的实证结果，"外部监督"对于财政问责并未产生明显积极的效果，其原因主要有两个，一是激励不足，二是权力不对称。

首先，公共监督的成果属于社会共有，具有类似"公共品"（public goods）的性质，具有非排他性（non-exclusive）。当一种非排他性的公共品由集体提供时，集团内理性的个体的理性选择是"搭便车"，由别人去承担公共品供给的成本，而自己可以免费获得该公共品。并且随着集团规模的增加，监督变得更加困难，于是这种搭便车的现象会越来越严重，最终导致公共品无法提供①。要求政府提供更多的财务信息，从而

---

① Olson, M., *The Logic of Collective Action: Public Goods and the Theory of Group*, Cambridge: Harvard University Press, 1965.

减少委托人和代理人之间信息不对称,从本质上来说是一种公共品,具有非排他性,只要有人促成信息公开,大家都会因此受益,所以最终大家都有搭便车的动机,最终社会监督政府进行信息公开可能无效的。

也因此,唐斯(Downs)认为选民存在"理性的无知",即出于理性的计算而在政治上不积极。① 理性的政治参与人会评价自己的政治行动的成本和受益,然后采取适当的行动。因为大多数政治结果属于公共物品,个人不需要做出任何努力就可以共享这些成果。对于政府的信息公开更是如此。另外个人要求政府信息公开所带来的好处可能仍然很小,首先,要求政府进行信息公开的活动不一定能成功,其次,即使成功,作为纳税人所掌握的信息有限,可能对于进一步的政治行动不见得更有用,而在随后的投票过程中,由于个人的选票对于最终结果的达成作用并不大,而使得个人要求政府信息公开的兴趣消失殆尽。当然,不排除有人是利他主义者或者基于其他的原因而愿意提供对于政府信息公开的监督,但是他们可能通过其他的方式比如加入利益团体等等。

其次,同样重要的是监督与被监督双方权力是否对称,否则也会导致监督失效。一方面,政府财政信息由政府的财务报告进行披露,在这一过程中,涉及相关的财务知识,需要一定的专业背景。另一方面,财政信息涉及各方政府花销,若非相关背景难以进行评判。监督双方权力不对称增大了社会监督的成本。在公众对政府的监督中,存在着权力的不对等:作为被监督方的政府通常来说是权力的优势方,拥有国家机器;但是公众作为监督者在这一过程中处于弱势地位。处在弱势一方的公众在行使监督权时,失败的概率相当大,并面临巨大的风险。在民主程度不高的国家,这一不对等现象可能更加严重,而且一旦公权力被异化,公众的监督权力和政府的垄断强制力之间的差距就会越来越大,最终导致监督失效。

---

① Downs, Anthony, "An Economic Theory of Political Action in a Democracy", *Journal of Political Economy*, Vol. 65, No. 2, 1957, pp. 135 – 150.

综合上述，因为外部监督存在激励不足、权力和信息不对称，所以不容易透过社会的外部监督，强化财政监督，其最明显的表现就是"外在监督"对本该直接相关的"财政透明"影响并不显著。

内部监督与财政透明

根据类似的框架来观察政府的内部监督，我们可以清楚地发现，若从激励角度来看，各个政府部门在竞争资源和权力博弈的过程中，往往会存在相互"制衡"（checks and balances）的需求。换言之，这个古典的"制衡"观点，提供了我们从激励角度看，相关部门（例如政府与议会）为何相互监督的最好说明。这样的相互监督，必然涉及通过"信息公开"为手段来竞争权力资源，例如议会透过曝光信息来节制官僚，减少其自由裁量权。翻开议会、王权斗争的历史，国会议员之所以力争"言论免责权"，其意义便在此。反之，政府部门不论出于权力扩张的目的，还是与议会斗争的需要，都会进行相关信息的公开。另外，审计机构作为财政支出的监督部门，对于财政支出的事后审计监督则是更有效支出监督，这种监督提供了一个更强的权力制衡，尤其是近些年来兴起的绩效审计，提供了更强的监督行为。

另外，从相互监督、制衡的能力上来看，通常来说，相对于公众，政府部门拥有更多人员、专业、资源与权力，可以有效地进行相互的节制与监督。也就是说，政府部门间的相互监督，权力不对等和信息不对称的现象就没有那么严重。例如立法机构通常有专业人员如预算委员会负责预算的审查，而审计机构的专业性就更加不言而喻。专业信息不再是一个约束条件。

但是，这种内部监督却可能走向第二条路：政府内部的制衡并不必然导致面向公众的信息公开，部门之间可以相互妥协，财政信息仅在内部公开，也仍然不会损害政府部门之间的权力争夺。那到底是什么原因导致了面向公众的信息公开？此外，内部监督为何又与外部监督以及体制特征相互强化呢？

内部监督与外部监督

根据我们的研究，加入交互项的模型显示外部监督强化了内部监督的效果，也就是说因为存在选举问责，政府内部监督的问责效果会更为显著。这对我们观察上述两种监督机制的关系，产生了较大的帮助。

首先，因为存在"社会/公众问责"机制，立法机构的代表有再次当选的激励，会尽力争取选民，从而外部监督通过内部监督增进了财政透明度。但是在这一竞选过程中，也存在一个难题：人们希望议员能够充分代表选民，当选民与议员对财政状况和原则的见解不同时，选举尤其会使预算问题复杂化。选民要求"免费的午餐"，也就是所希望能够在减税的基础上也要增加公共服务，同时又要保持预算平衡，毫无疑问，行政机构会告知议员这是不可能实现的。如此一来就要摆脱困境，两难之中的议员们的最优策略莫过于公开财政信息，如若财政资金使用得当，公开财政信息会提高公众满意度；若发生公共资金滥用，仍然公开信息，公众认为立法机构起到了应有的监督作用，仍然获得支持。另外，对于选民而言，政府公布更多的财务信息本身就意味着政府的税收资金使用谨慎且高效。即使在非民主的国家，由于缺乏定期选举，政府之间的权力博弈过程中，各个部门也可能会尽力讨好公众，以获得更多的支持。

换言之，在前文中，我们发现公众（监督方）在对抗行政部门（被监督方）时存在权力和信息的不对称，这些使得监督成本过大，导致监督失效。但是如果通过"内部权力制衡"，博弈者的权力配置就会发生改变。公众可以通过议员选举来传达意见，民选议会则出于选举激励和权力博弈的双重压力，最终实现财政问责。从这个角度来说，外部监督不能说不发生作用，只不过因为搭便车与权力不对称的关系，无法直接发生作用，必须要通过政府的内部监督才能发生或更好的发生作用。面向公众的选举也施压于议会，而议会则雇佣专业会计审计人员，来从事各种财政预算监督，并随时向公众公开信息。从这个角度看，两种监督机制的作用，其实与古典政治学者了解的相去不远，只不过其发生作用的方式,与先哲了解的不太相同,必须通过我们实证研究,加上"政治经济学"式的分析,这两种监督机制的关系才更为清晰。

六、结论

从更宏观的角度来看两种问责机制,其实它们背后是两种政治哲学与政改方向,根据达尔(Dahl)多年前提出的经典架构①,这两种问责机制,强调"社会监督"的做法,会比较依赖庶民力量,优先引进"竞争选举",然后可能走向"民粹政治"(populist democracy);反之,侧重"政府监督"的思路,则会首重"分权制衡",期待于精英力量,最后会倾向"自由民主"(liberal democracy)。两条不同的道路,可以表现为图1。

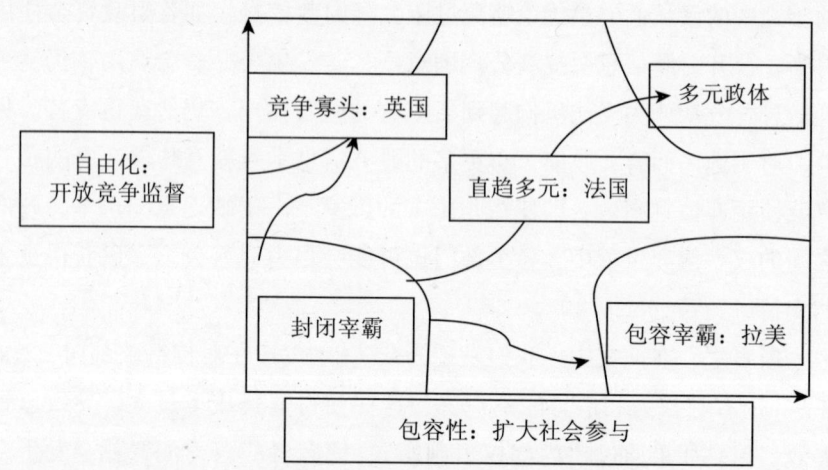

图1 达尔讨论政治转型的分析架构
资料来源:修订自 Dahl, R., *Polyarchy: Participation and Opposition*, New Haven: Yale University Press, 1971。

针对上述问题,在本文中,我们探讨了从20世纪70年代中期开始

---

① Dahl, R., *Polyarchy: Participation and Opposition*, New Haven: Yale University Press, 1971。

的各国的财政透明化过程中,各国内部监督和外部监督机制的作用效果。我们发现,内部监督对财政透明存在显著的效果,而外部监督却无法独自发挥效果;然而外部监督却可以强化内部监督的效果。也就回答了我们已开始提出的问题究竟是竞争还是分权更有利于确保财政透明。

  这些结果使我们得出了两点结论:第一,要约束财政纪律,实现政府透明,更有效的来源在于"权力制衡",也就是说,政府内部的分权是政府问责的关键。通过政府内部的分权制衡,可以避免问责政府过程中的激励不足和权力不对等,从而保障"财政透明",最终落实"财政问责"。第二,选举问责的监督机制也是强化财政问责的一个重要因素,为政府最终向公众问责提供基础。

  更进一步说,通过这个对于财政透明、财政监督的研究,我们可以发现,就各国经验的比较而言,强化"内部监督"是远远强于发展"外部监督"的成效,约束财政纪律更有效的来源在于"权力制衡",证诸于诸如拉美、菲律宾等空有"民粹选举"的治理经验,中国的治理改革,究竟路在何方,应该相当清楚了。

Who Implements Financial Accountability? Internal Supervision vs. External Supervision

Ren Chaoran, Geng Shu, Guo Shengli

Abstract: In general, there are two roads leading to fiscal accountability. One is checks and balances; the other one is electoral accountability. If on the mechanism of accountability, the former depends on internal supervision and the latter depends on external supervision. But which is more important? In this regard, this paper will study the effect of the two accountability mechanisms on fiscal accountability. According to conventional wisdom, external and fiscal transparency is the most closely related. However, based on IBP's investigation about fiscal transparency, this study found that the effect of social supervision is not particularly significant. There are two reasons: one is free-rider problem; the other one is that the average citizen does not have enough professional knowledge. However, the effect of internal supervison is significant, because government departments need to compete with each other, so they have both ability and incentive to insight each other. Certainly, if we strengthen external supervision, internal supervision can play better.

Keywords: Fiscal Accountability; Fiscal Transparency; External Supervision; Internal Supervision

为什么历史（仍然）重要：
城市政治分析中的时间和时间性*

〔美〕乔尔·拉斯特 著 滕白莹 译**

【内容摘要】路径依赖、政策反馈、时机和序列，以及间断式或渐进式变化的研究，推动了学者对时间和历史因素影响政治和社会结果的讨论，并为其提供了全新的理论视角。本文讨论了历史因素在社会科学调查中的重要作用，这一点经常被城市政治学家和社会学家所忽视，因为相对于真正的历史视角，他们更习惯关注当下或近期发生的现象。本文还检验了时间的特定因果机制，并展示它们将如何在城市研究中提升学者对城市政治进程的认识。

【关键词】路径依赖；政策反馈；制度分层；制度转变；政策漂移

在 20 世纪五六十年代"行为主义革命"的影响下，社会科学领域

---

* 原文出版信息：Joel Rast, "Why History (Still) Matters: Time and Temporality in Urban Politics Analysis", *Urban Affairs Review*, Vol. 48, No. 1, 2012, pp. 3-36。编译内容有删减。原文采用文内注的形式，因出版需要，统一修改为脚注。——译者注

** 乔尔·拉斯特（Joel Rast）：美国威斯康星大学密尔沃基分校（University of Wisconsin-Milwaukee）副教授。滕白莹：外交学院外交学与外事管理系讲师，日本早稻田大学政治经济学部访问学者。

开始出现所谓的"历史转向"(historic turn)。① 行为主义者将自然科学严谨的研究方法引入社会科学领域，用个体行为取代国家结构或社会进程作为研究重点②，并开始收集调查数据、运用日趋复杂的统计技术进行分析。到20世纪60年代，越战和民权运动引发了美国社会的动荡，进而触发了更多新议题。③ 不同于当时多元的、非历史（ahistorical）的主流观点，一种明显带有历史和建构主义导向的"新制度主义"出现了。④《美国政治发展研究》(Studies in American Political Development)、《政治与社会》(Politics & Society)、《社会科学历史》(Social Science History)、《政策历史杂志》(Journal of Policy History) 和《历史社会学杂志》(Journal of Historical Sociology) 等刊物，开始向从事美国政治发展、历史制度主义、历史社会学和理性选择研究的新一代具备历史意识的学者抛出橄榄枝。在社会学领域，历史研究方法凭借美国社会学协会（American Sociological Association，ASA）在1983年成立的比较与历史社会学部（Comparative and Historical Sociology）而走上制度化轨道。1990年，美国政治科学协会（American Political Science Association，APSA）也成立了政治与历史部。尽管从未对战后非时间性的（atemporal）、以变量为中心的路径形成威胁，但如今历史研究法也广泛出现在社会科学的各领域中。

---

① McDonald, T. J. (ed.), *The Historic Turn in the Human Sciences*, Ann Arbor: University of Michigan Press, 1996; Bates, R. H., A. Greif, M. Levy, J. Rosenthal and B. R. Weingast, *Analytic Narratives*, Princeton, NJ: Princeton University Press, 1998, pp. 10 – 11.

② Seidelman, R. and E. J. Harpham, *Disenchanted Realists: Political Science and the American Crisis, 1884–1984*, Albany: State University of New York Press, 1985; Robertson, D. B., "The Return to History and the New Institutionalism in American Political Science", *Social Science History*, 1993 (17), pp. 1 – 36.

③ Robertson, D. B., "The Return to History and the New Institutionalism in American Political Science", *Social Science History*, 1993 (17), pp. 1 – 36; Smith, R. M., "Science, Non-science, and Politics", in T. J. McDonald (ed.), *The Historic Turn in the Human Sciences*, Ann Arbor: University of Michigan Press, 1996, pp. 119 – 59.

④ March, J. G. and J. P. Olsen, "The New Institutionalism: Organizational Factors in Political Life", *American Political Science Review*, 1984 (78), pp. 734 – 49; Evans, P. B., D. Rueschemeyer and T. Skocpol (eds.), *Bringing the State Back In*, Cambridge, UK: Cambridge University Press, 1985; Katznelson, I., "The State to the Rescue? Political Science and History Reconnect", *Social Research*, 1992 (59), pp. 719 – 38; Immergut, E. M., "The Theoretical Core of the New Institutionalism", *Politics & Society*, 1998 (26), pp. 5 – 34; Hall, P. A. and R. Taylor, "Political Science and the Three New Institutionalisms", *Political Studies*, 1996 (44), pp. 936 – 57.

城市研究像其他社会科学分支一样，同样具有悠久的历史学传统。两次世界大战期间，芝加哥学派的城市社会学家曾设计了高度情境化的案例，用以考察贫困、帮派活动、流动人口、移民文化等社会现象。①"二战"后，著名行为主义政治科学家罗伯特·达尔（Robert Dahl）使用历史方法完成了研究纽黑文市的专著《谁统治?》(Who Governs?)。② 20 世纪六七十年代关注社群权力的学者们也围绕富含深刻历史性的案例展开论述。③ 到 20 世纪 80 年代，新一代的城市政治经济学家开始从历史角度解释全球化浪潮中城市地位的变迁。④ 在城市体制方面，包括克拉伦斯·斯通（Clarence Stone）的《体制政治》(Regime Politics) 等，同样从历史角度解释战后城市治理的模式。⑤

---

① see Wirth, L., *The Ghetto*, Chicago: University of Chicago Press, 1928; Zorbaugh, H. W., *The Gold Coast and the Slum*, Chicago: University of Chicago Press, 1929; Thrasher, F. M., *The Gang*, Chicago: University of Chicago Press, 1927; Anderson, N., *The Hobo*, Chicago: University of Chicago Press, 1923; Cressey, P. G., *The Taxi-Dance Hall*, Chicago: University of Chicago Press, 1932.

② Dahl, R. A., "The Behavioral Approach in Political Science: Epitaph for a Monument to a Successful Protest", *American Political Science Review*, 1961 (55), pp. 763 – 72; Dahl, R. A., *Who Governs? Democracy and Power in an American City*, New Haven, CT: Yale University Press, 1961.

③ see E. G., Wolfinger, R. E., *The Politics of Progress*, Englewood Cliffs, NJ: Prentice Hall, 1974; Wildavsky, A., *Leadership in a Small Town*, Totowa, NJ: Bedminster Press, 1964; Gaventa, J., *Power and Powerlessness: Quiescence and Rebellion in an Appalachian Valley*, Urbana: University of Illinois Press, 1980; Katznelson, I., *City Trenches: Urban Politics and the Patterning of Class in the United States*, Chicago: University of Chicago Press, 1981.

④ see Shefter, M., *Political Crisis/Fiscal Crisis: The Collapse and Revival of New York City*, New York: Basis Books, 1985; Swanstrom, T., *The Crisis of Growth Politics: Cleveland, Kucinich, and the Challenge of Urban Populism*, Philadelphia: Temple University Press, 1985; Kantor, P. and S. M. David, *The Dependent City: The Changing Political Economy of Urban America*, Glenview, IL: Scott, Foresman, 1988; Mollenkopf, J. H., *The Contested City*, Princeton, NJ: Princeton University Press, 1983; Squires, G. D. (ed.), *Unequal Partnerships: The Political Economy of Urban Redevelopment in Postwar America*, New Brunswick, NJ: Rutgers University Press, 1989; Fainstein, S. S., N. I. Fainstein, R. C. Hill, D. R. Judd and M. P. Smith, *Restructuring the City: The Political Economy of Urban Redevelopment*, New York: Longman, 1986.

⑤ see Stone, C. N. and H. T. Sanders, "Reexamining a Classic Case of Development Politics: New Haven, Connecticut", in C. N. Stone and H. T. Sanders (eds.), *The Politics of Urban Development*, Lawrence: University Press of Kansas, 1987, pp. 159 – 81; Elkin, S., *City and Regime in the American Republic*, Chicago: University of Chicago Press, 1987; Ferman, B., *Challenging the Growth Machine: Neighborhood Politics in Chicago and Pittsburgh*, Lawrence: University Press of Kansas, 1996; DeLeon, R. E., *Left Coast City: Progressive Politics in San Francisco, 1975 – 1991*, Lawrence: University Press of Kansas, 1992; DiGaetano, A. and J. S. Klemanski, *Power and City Governance: Comparative Perspectives on Urban Development*, Minneapolis: University of Minnesota Press, 1999.

尽管如此,当代城市政治学家和社会学家的"历史转向"依然不够普遍和明显。在过去十年里,发表在《城镇事务综述》(Urban Affairs Review)、《城市与社群》(City & Community)(美国政治科学协会和美国社会学协会的城镇研究官方杂志)和城镇事务协会(Urban Affairs Association)的官方刊物《城镇事务杂志》(Journal of Urban Affairs)上真正运用历史研究方法的文章寥寥无几。在近几年的城市事务协会年会、美国政治科学协会和美国社会学协会城市分部的年会论文集里也出现类似的情况,它们关注的重点依然是新近发生的案例、以调查和数据集为基础的大样本和横断面研究(cross-sectional studies)。

根据保罗·皮尔森(Paul Pierson)的观察,社会科学中的历史解释可以采取多种形式。① 在有的学者看来,历史是一个装满各种经验材料或"数据点"(data points)的内存,用来检验长期有效的模型。② 所以,理性选择学者回归历史是为了随时从内存中调取现实中没有的案例。在城市研究的文献中,体制论者(regime theorists)也会采取这种方法。③ 对另外一些学者而言,历史最有趣的地方在于其特殊性而不是普遍性。所以,研究美国政治发展的学者希望对一些令人疑惑的,或值得关注的历史事件的结果提供解释。皮尔森认为,这样的研究对我们理解政治和社会历史很有意义。然而,若想进一步将历史经验引申,却无从确保它们和当代的关联性。④

---

① Pierson, P., *Politics in Time: History, Institutions, and Social Analysis*, Princeton, NJ: Princeton University Press, 2004.

② Sewell, W. H., "Three Temporalities: Toward an Eventful Sociology", in T. J. McDonald (ed.), *The Historic Turn in the Human Sciences*, Ann Arbor: University of Michigan Press, 1996, pp. 245 – 80; Pierson, P., *Politics in Time: History, Institutions, and Social Analysis*, Princeton, NJ: Princeton University Press, 2004.

③ see Rast, J., "Governing the Regimeless City: The Frank Zeidler Administration in Milwaukee, 1948 – 1960", *Urban Affairs Review*, 2006 (42), pp. 81 – 112; Stone, C. N. and H. T. Sanders, "Reexamining a Classic Case of Development Politics: New Haven, Connecticut", in C. N. Stone and H. T. Sanders (eds.), *The Politics of Urban Development*, Lawrence: University Press of Kansas, 1987, pp. 159 – 81.

④ Pierson, P., *Politics in Time: History, Institutions, and Social Analysis*, Princeton, NJ: Princeton University Press, 2004.

历史调查的第三种路径——也是本文所关注的——是时间和时间性对解释社会和政治结果的作用。① 该流派的学者强调，有的社会进程需要较长的历史周期才能"发挥作用"（work themselves out）。② 如果仅根据非时间性的横断面来判断，则会歪曲结论。例如在《体制政治》中，斯通描绘了战后亚特兰大这个商业主导的、少数族裔占多的、热衷社区运动的城市不断增长的原因。短时间的横断研究或许产生与"权力的第三层面"相一致的证据③，即行为体可能会在某种意识形态的干预下，被迫认同与其利益不一致的治理安排。然而如果关注更长的历史周期，斯通发现反对派可以通过调整偏好、与城市精英和解等方式来配合政权统治，这样反而会为他们达到抗争目标创造机会。而且，这种认同是真心的，不是被迫的。作为城市体制理论的重要观点，斯通的"社会性生产"（social production）权力模型，正是在更长的时间跨度上，用历史学观点理解过程的成果应用。

当然，检验长期过程的历史研究并不是新鲜事物。卡尔·马克思、亚当·斯密等现代社会科学的奠基者都曾使用过这些方法，并引起后辈的纷纷效仿。然而，最近学者们关注的是怎样对时间进程塑造结果的因果机制进行检验与说明。例如，越来越多关于路径依赖和关键节点的文章指出，当前的政策和制度，在某种情况下取决于过去发生的、看似偶

---

① see Abbott, A., "Transcending General Linear Reality", *Sociological Theory*, 1988 (6), pp. 169 – 86; Abbott, A., *Time Matters: On Theory and Method*, Chicago: University of Chicago Press, 2001; Pierson, P., *Politics in Time: History, Institutions, and Social Analysis*, Princeton, NJ: Princeton University Press, 2004; Isaac, L. W., "Transforming Localities", *Historical Methods*, 1997 (30), pp. 4 – 14; Aminzade, R., "Historical Sociology and Time", *Sociological Methods & Research*, 1992 (20), pp. 456 – 80.

② Sewell, W. H., "Three Temporalities: Toward an Eventful Sociology", in T. J. McDonald (ed.), *The Historic Turn in the Human Sciences*, Ann Arbor: University of Michigan Press, 1996, p. 246.

③ Gaventa, J., *Power and Powerlessness: Quiescence and Rebellion in an Appalachian Valley*, Urbana: University of Illinois Press, 1980; Lukes, S., *Power: A Radical View*, London: Macmillan, 1974.

然的事件。① 大量政策反馈的文章将政策看作因变量的做法，可能会误导读者，因为政策完全可以通过改变政治行为者的偏好与能力，进而在一段时间之后影响政治格局。② 其他学者则更关注历史事件发生的时机或序列，强调事件发生的顺序也会对事件结果产生影响。③

我会在文中分别对这些机制和过程等进行检验，说明它们对于理解城市政治过程的作用。特别是"城市治理安排"的概念，我将它定义为既包含政策和制度那样的正式结构，又包括体制或增长联盟（growth coalitions）那样的非正式结构。本文将从路径依赖谈起，接下来从理论上明确事件或过程发生的顺序会影响最终结果的判断。随后为城市时间进程中关于"制度发展是间断式还是渐进式"的辩论提供建议。最后对方法论进行简要总结。

---

① Pierson, P., "Increasing Returns, Path Dependence, and the Study of Politics", *American Political Science Review*, 2000 (94), pp. 251-67; Collier, R. B. and D. Collier, *Shaping the Political Arena: Critical Junctures, the Labor Movement, and Regime Dynamics in Latin America*, Princeton, NJ: Princeton University Press, 1991; Mahoney, J., "Path Dependence in Historical Sociology", *Theory and Society*, 2000 (29), pp. 507-48; Mahoney, J., *The Legacies of Liberalism: Path Dependence and Political Regimes in Central America*, Baltimore: Johns Hopkins University Press, 2001; Goldstone, J. A., "Initial Conditions, General Laws, Path Dependence, and Explanation in Historical Sociology", *American Journal of Sociology*, 1998 (104), pp. 829-45; Capoccia, G. and R. D. Kelemen, "The Study of Critical Junctures: Theory, Narrative, and Counterfactuals in Historical Institutionalism", *World Politics*, 2007 (59), pp. 341-69.

② Pierson, P., "When Effect Becomes Cause: Policy Feedback and Political Change", *World Politics*, 1993 (45), pp. 595-628; Pierson, P., "Public Policies as Institutions", in I. Shapiro, S. Skowronek and D. Galvin (eds.), *Rethinking Political Institutions: The Art of the State*, New York: New York University Press, 2006, pp. 114-31; Skocpol, T., *Protecting Soldiers and Mothers: The Political Origins of Social Policy in the United States*, Cambridge, MA: Harvard University Press, 1992; Huber, E. and J. D. Stephens, *Development and Crisis of the Welfare State: Parties and Policies in Global Markets*, Chicago: University of Chicago Press, 2001; Weir, M., "When Does Politics Create Policy? The Organizational Politics of Change", in I. Shapiro, S. Skowronek and D. Galvin (eds.), *Rethinking Political Institutions: The Art of the State*, New York: New York University Press, 2006, pp. 171-86.

③ Pierson, P., "Not Just What, But When: Timing and Sequence in Political Processes", *Studies in American Political Development*, 2000 (14), pp. 72-92; Hacker, J. S., *The Divided Welfare State: The Battle over Public and Private Social Benefits in the United States*, Cambridge, UK: Cambridge University Press, 2002; Orren, K. and S. Skowronek, *The Search for American Political Development*, Cambridge, UK: Cambridge University Press, 2004.

一、路径依赖

最近，城市治理安排（urban governing arrangements）引起了城市研究学者的广泛关注。过去几十年，学者们关注过城市治理中商业和市民领袖的角色，并发现在治理决策制定过程中，城市官员与商业和市民精英之间的密切关系。[1] 为什么城市治理安排要采用这种形式呢？多元论者、马克思主义者，以及最近的体制论者，纷纷从功能主义（functionalist）的角度，即通过治理安排表现的功能对其进行解释。[2] 多元论者认为城市治理是对相互冲突的利益进行调和并将其转化为公共政策的场域。[3] 马克思主义者认为，城市治理就是在冲突累积的压力与合法性之间求取平衡。[4] 体制论者则将城市治理视为能够克服集体行动问题的多议题和公私伙伴关系（体制）的产物。[5] 所以，我们可以根据治理安排表现出来的功能解释其存在的原因和表现形式。但是，功能主义者简单地认为"从制度表现的功能推断其产生的根源"是令人怀疑的。[6] 皮尔森说，"我们

---

[1] Stone, C. N., *Regime Politics: Governing Atlanta, 1946–1988*, Lawrence: University Press of Kansas, 1989; Logan, J. R. and H. L. Molotch, *Urban Fortunes: The Political Economy of Place*, Berkeley: University of California Press, 1987; Molotch, H. L., "The City as a Growth Machine: Toward a Political Economy of Place", *American Journal of Sociology*, 1976 (82), pp. 309–32.

[2] Hall, P. A., *Governing the Economy: The Politics of State Intervention in Britain and France*, New York: Oxford University Press, 1986.

[3] Banfield, E. C. and J. Q. Wilson, *City Politics*, Cambridge, MA: Harvard University Press and MIT Press, 1963.

[4] Hill, R. C., "Fiscal Crisis and the Political Struggle in Decaying Central Cities in the United States", in W. K. Tabb and L. Sawers (eds.), *Marxism and the Metropolis*, New York: Oxford University Press, 1978, pp. 213–40; Kennedy, M. D., "The Fiscal Crisis of the City", in M. P. Smith (ed.), *Cities in Transformation: Class, Capital, and the State*, Beverly Hills, CA: Sage, 1984, pp. 91–110; O'Connor, J., *The Fiscal Crisis of the State*, New York: St. Martin's, 1973.

[5] Stone, C. N., *Regime Politics: Governing Atlanta, 1946–1988*, Lawrence: University Press of Kansas, 1989.

[6] Thelen, K., *How Institutions Evolve: The Political Economy of Skills in Germany, Britain, the United States, and Japan*, Cambridge, UK: Cambridge University Press, 2004, p. 36.

需要回到过去来看"(we need to go back and look),而不是将起源与效果直接联系起来。①

最近几年,想要突破功能主义局限的学者转而关注路径依赖的方法。从字面来理解,路径依赖是指过去会对将来的事情产生影响。② 然而多数学者对此持更为谨慎的态度。例如,詹姆斯·马奥尼(James Mahoney)将路径依赖定义为"特指那些由偶发事件引起的,对制度模式或事件连锁具有决定性影响作用的历史序列。"③ 在这个概念中,路径依赖指特殊的时间序列,而序列的结果(outcome)可以追溯到遥远过去的关键选择点,或是"关键节点"(critical junctures),在关键选择点又可引申出多种轨迹。然而,一旦选择了一种解决方案(或者说"路径"),正反馈过程(positive feedback processes)的机制就会被激活,新的治理安排会不断复制,并抵制与最初方案相违背的选择。④ 这意味着即使是次优的解决方案也会被"舍弃"。还有人指出政策和制度的发展或许也有类似路径依赖的性质。⑤ 路径依赖是与功能主义完全相反的理论,它揭示了治理安排的形式也许在很大程度上是由遥远的、与其现实功能几乎无关的历史事件决定的。

路径依赖认为新轨迹启动的关键节点非常重要,它将直接影响事件的结果。一般来说,分歧或危机会破坏当前的安排,并为创新和改革提

---

① Pierson, P., "Increasing Returns, Path Dependence, and the Study of Politics", *American Political Science Review*, 2000 (94), pp. 264.

② Sewell, W. H., "Three Temporalities: Toward an Eventful Sociology", in T. J. McDonald (ed.), *The Historic Turn in the Human Sciences*, Ann Arbor: University of Michigan Press, 1996, pp. 245 – 80.

③ Mahoney, J., "Path Dependence in Historical Sociology", *Theory and Society*, 2000 (29), pp. 507.

④ Pierson, P., *Politics in Time: History, Institutions, and Social Analysis*, Princeton, NJ: Princeton University Press, 2004; Levi, M., "A Model, a Method, and a Map: Rational Choice in Comparative and Historical Analysis", in M. I. Lichbach and A. S. Zuckerman (eds.), *Comparative Politics: Rationality, Culture, and Structure*, Cambridge, UK: Cambridge University Press, 1997, pp. 19 – 41.

⑤ North, D. C., *Institutions, Institutional Change and Economic Performance*, Cambridge, UK: Cambridge University Press, 1990; Pierson, P., *Dismantling the Welfare State? Reagan, Thatcher, and the Politics of Retrenchment*, Cambridge, UK: Cambridge University Press, 1994.

供机遇，这就是关键节点产生的时机。① 关键节点兼具开放性和偶然性，而且初始事件会对结果产生长期影响。但到了路径依赖的后续阶段，选择的范围会越来越窄。整个动态过程可以用波利亚瓮（Polya urn）模型来表示。② 假设瓮中有四个颜色不同的球，我们每次从中随机取走一个球，再放回两个与之颜色相同的球，直到填满为止。在开始的几轮，最终结果是不确定的。然而，数学概率原理会使一种颜色迅速占据优势，令随后几轮的选择结果维持在均衡状态。在实验中，早期的选择会"被记住"③，他们不会随着时间而被删去或者消逝；而且，开头的几轮选择过程对最终结果的决定作用——远超后面。

但并非所有的历史序列都遵循路径依赖原理，只有那些结果有迹可循的，以及无法用当前的社会或政治变革理论预测或解释的偶然事件才算。④ 例如，许多学者都认为当今城市体制的起源可以追溯到20世纪四五十年代，源于负投资、白人迁徙、劣质房屋以及房价下跌等问题而造成的。⑤ 为应对这些问题，商业和市民领袖与城市官员联合起来形成长期的工作伙伴关系，或曰"体制"，共同关注城市的再发展问题。在很多城市，即使后来危机已经解决，这些体制依然被保留。所以，如果我

---

① Collier, R. B. and D. Collier, *Shaping the Political Arena: Critical Junctures, the Labor Movement, and Regime Dynamics in Latin America*, Princeton, NJ: Princeton University Press, 1991.

② Arthur, W. B., *Increasing Returns and Path Dependence in the Economy*, Ann Arbor: University of Michigan Press, 1994; Goldstone, J. A., "Initial Conditions, General Laws, Path Dependence, and Explanation in Historical Sociology", *American Journal of Sociology*, 1998 (104), pp. 829 – 45.

③ Pierson, P., *Politics in Time: History, Institutions, and Social Analysis*, Princeton, NJ: Princeton University Press, 2004, p. 18.

④ Mahoney, J., "Path Dependence in Historical Sociology", *Theory and Society*, 2000 (29), pp. 507 – 48.

⑤ Stone, C. N., *Regime Politics: Governing Atlanta, 1946 – 1988*, Lawrence: University Press of Kansas, 1989; Stone, C. N. and R. K. Whelan, "Through a Glass Darkly: The Once and Future Study of Urban Politics", in R. Dilworth (ed.), *The City in American Political Development*, New York: Routledge, 2009, pp. 98 – 118; Salisbury, R. H., "Urban Politics: The New Convergence of Power", *Journal of Politics*, 1964 (26), pp. 775 – 97; Teaford, J. C., *The Rough Road to Renaissance: Urban Revitalization in America, 1940 – 1985*, Baltimore: Johns Hopkins University Press, 1990.

们用路径依赖的观点来理解当代城市体制,就必须证明其产生于战后城市危机(或其他时期)的关键节点,如果没有那一连串的问题存在,治理安排将会呈现另一种形式。否则,就只能用功能主义而不是历史学的观点来解释了,因为这是为解决城市治理问题而做出的均衡策略。① 体制到底算不算真正的路径依赖,需要我们对案例进行逐一的分析。例如,商业参与治理是很常见的,而且形式多样,从临时的、基于项目的联合到长期的、多议题伙伴关系的形成。② 战后初期的合作属于后者。如果没有这些条件,商业领袖耗费时间和资源投入战后重建项目的动机就会减弱。随着影响的扩大,战后治理安排的形式也会产生变化。

当然,因关键节点而形成的治理安排不会自动复制。因此,路径依赖的研究需要关注被选中的发展轨迹的延续机制。尽管其中有些已被学者们识别,但若想研究治理安排机制的复制,仍需从政策反馈的角度出发。政策反馈是指政策对后续政治活动的影响。通常,横断面研究只将政策视为政治过程的结果。然而,政策具有因果关系双向影响的特点,即政策既是政治动员的原因又是其结果。③ 政策在一定程度上可通过影响公民和利益集团的目标和能力达到塑造政治过程的目的,因为这从动机和资源上提高了政治动员的能力。④ 同时,行为体一旦从某次创制权

---

① Goldstone, J. A. , "Initial Conditions, General Laws, Path Dependence, and Explanation in Historical Sociology", *American Journal of Sociology*, 1998 (104), pp. 829 – 45.

② DiGaetano, A. and J. S. Klemanski, *Power and City Governance: Comparative Perspectives on Urban Development*, Minneapolis: University of Minnesota Press, 1999.

③ Hacker, J. S. , *The Divided Welfare State: The Battle over Public and Private Social Benefits in the United States*, Cambridge, UK: Cambridge University Press, 2002; Campbell, A. L. , *When Policies Make Citizens: Senior Political Activism and the American Welfare State*, Princeton, NJ: Princeton University Press, 2003; Mettler, S. , *Soldiers to Citizens: The G. I. Bill and the Making of the Greatest Generation*, New York: Oxford University Press, 2005; Huber, E. and J. D. Stephens, *Development and Crisis of the Welfare State: Parties and Policies in Global Markets*, Chicago: University of Chicago Press, 2001.

④ Skocpol, T. , *Protecting Soldiers and Mothers: The Political Origins of Social Policy in the United States*, Cambridge, MA: Harvard University Press, 1992; Pierson, P. , "When Effect Becomes Cause: Policy Feedback and Political Change", *World Politics*, 1993 (45), pp. 595 – 628.

中尝到甜头，自我强化程序就会利用其优势地位来扩大影响力①，从而进一步增强行为体的实力和话语权，使他们有机会推动更多的议题。当反馈程序按照此种自我强化的模式展开，在关键节点上出台的政策就会得到贯彻。

政策出现正反馈循环不是必然的。在全民计划和有入息审查（means-tested）的项目中，反馈效果不尽相同。全民计划，例如社会保障、退伍军人权利法等，不仅为受益人提供资源、提升其议政能力，还为他们传递有关公民权利和政治效能的积极信息②，即"政治游戏是公开、公平、可以获胜的"，从而增强他们捍卫自身利益的信心③。相反，那些诸如抚养未成年儿童家庭援助（AFDC）计划等有入息审查的项目（有收入限制的），却经常使申请人感觉被歧视和控制，甚至觉得自己不应该获得这些补助。④ 这样的项目不但无法产生正反馈循环，反而导致民众参与政策的热情出现螺旋式下降。

政策反馈的确可能改变政治生态，前提是要赋予政治过程充足的运作时间。在一项对美国公平住房和社区再投资政策演变的研究中，马拉·西德尼（Mara Sidney）向我们揭示了联合抗争对1968年的《公平住房法》（Fair Housing Act）和1977年的《社区再投资法》（Community

---

① Mahoney, J., "Path Dependence in Historical Sociology", *Theory and Society*, 2000（29）, pp. 507 – 48.

② Campbell, A. L., *When Policies Make Citizens: Senior Political Activism and the American Welfare State*, Princeton, NJ: Princeton University Press, 2003; Mettler, S., "Bringing the State Back in to Civic Engagement: Policy Feedback Effects of the G. I. Bill for World War II Veterans", *American Political Science Review*, 2002（96）, pp. 351 – 65.

③ Mettler, S. and J. M. Stonecash, "Government Program Usage and Political Voice", *Social Science Quarterly*, 2008（89）, p. 275.

④ Soss, J., "Lessons of Welfare: Policy Design, Political Learning, and Political Action", *American Political Science Review*, 1999（93）, pp. 363 – 80; Sharp, E. B., "Local Government, Social Programs, and Political Participation: A Test of Policy-Centered Theory", *State and Local Government Review*, 2009（41）, pp. 182 – 92; Mettler, S. and J. Soss, "The Consequences of Public Policy for Democratic Citizenship: Bridging Policy Studies and Mass Politics", *Perspectives on Politics*, 2004（2）, pp. 55 – 73; Schneider, A. L. and H. Ingram, *Policy Design for Democracy*, Lawrence: University Press of Kansas, 1997.

Reinvestment Act) 的影响。① 全国公平住房和民权组织的行动促成了《公平住房法》的调整,此举不但增强了联邦政府的执法权,还创设了一项为非营利组织提供永久拨款的法案以确保其执法能力,提高了参与者捍卫公平住房政策的能力。《社区再投资法》也经历了类似的正反馈循环,倡导团体成功迫使当局同意对金融活动施行更为严格的数据披露制度,提高了该团体监督金融机构借贷活动的能力。在这个案例中,正反馈程序强化了政策效力。而且,由于激励机制要求权利主张者需在"原政策框架内"活动而不是寻求激进的变革,因此原始政策设计中的缺陷也就不会再被放大。②

从路径依赖的角度研究城市政治过程的前景非常广阔,我们在很多城市的案例中都可以发现路径依赖或自我强化反馈程序的影子,但是此类研究总体数量不多,而且在使用概念时还存在混淆之处。例如,帕拉斯和詹宁斯(Pallas & Jennings)发现,纽约市每名学生的教育开支在2000年到2005年一直保持稳定,他们认为这可以作为证明路径依赖的证据。③ 但问题是,他们没能说明这种路径类型是什么时候、怎样产生的。因此,我们难以确定这段时间的支出模式是否真是由过去某次偶然事件而引发的自我强化——造成了路径依赖——或完全是另一种因果关系在起作用。例如,我们认同教育开支可以反映一个地区社群人口数量的变化,然而变化的速度相对缓慢,而且支出模式需要一段时间之后才会和人口变化同步。如果截取的时间太短,教育支出必然是稳定的。不论结果的原因为何,真正的问题在于路径依赖的初始阶段会对最终结果产生决定性的影响,因此不对早期事件的时间顺序分析而妄下路径依赖的结论是没有任何说服力的。

但也有人批评路径依赖的观点,认为它未能阐明那些在关键节点创

---

① Sidney, M. S., *Unfair Housing: How National Policy Shapes Community Action*, Lawrence: University Press of Kansas, 2003.

② Sidney, M. S., *Unfair Housing: How National Policy Shapes Community Action*, Lawrence: University Press of Kansas, 2003, p. 151.

③ Pallas, A. M. and J. L. Jennings, "A Multiplex Theory of Urban Service Distribution: The Case of School Expenditures", *Urban Affairs Review*, 2010 (45), pp. 608 – 43.

制的制度或政策安排是如何确立下来的。① 而且，政策反馈和自我强化过程的工具性不足，只能作为替代性的解释方案。例如，在一项对六个欧洲城市的交通政策研究中，皮弗雷格（Pflieger）等人认为"现存的制度将会一直持续下去，并随时间演进而自我强化"②。但对于新的制度安排又是如何被重复的问题，却避而不答。即使机制被解释地再详细不过，学者们仍会将注意力集中在关键节点上，而不是这些事件的历史遗产上。在马丁·霍拉克（Martin Horak）对1989年之后布拉格制度变迁的分析中，他反对理性选择理论将制度视为均衡解决方式的观点，认为正是当时复杂而不稳定的决策环境迫使政治领导者只能提出短期的过渡方案，而无暇对民主机制进行长期规划，因此导致布拉格民主转型的失败。③ 然而，有关次优政策和制度是如何、为何被重复的，霍拉克的分析就不那么有说服力了。例如，在交通政策方面，他认为城市公共交通系统受到忽略应归咎于市民团体与公职人员之间的矛盾。然而，市民对交通政策的不满为何没能推动交通政策的改革，我们却不得而知。因为公私合作不畅并不必然导致政策的惰性。

因此，恰当地使用路径依赖理论至少要做到两点。第一，必须把结果与过去的某个偶然节点或关键节点联系起来。马奥尼（2006）说，初始偶然事件非常重要，因为不论次优性还是不可预测性等路径依赖的特征，都是"由于路径依赖序列上最开始发生的意外、小事件等造成的"④。第二，必须详细解释假定为关键节点的结果是如何随时间演进而复制的。在有关治理安排的研究中包含了政策、制度，或制度性安排的

---

① Thelen, K., "Historical Institutionalism in Comparative Politics", *Annual Review of Political Science*, 1999 (2), pp. 369–404.

② Pflieger, G., V. Kaufmann, L. Pattaroni and C. Jemelin, "How Does Urban Public Transport Change Cities? Correlations Between Past and Present Transport and Urban Planning Policies", *Urban Studies*, 2009 (46), p. 1423.

③ Horak, M., *Governing the Post communist City: Institutions and Democratic Development in Prague*, Toronto: University of Toronto Press, 2007.

④ Mahoney, J., "Analyzing Path Dependence: Lessons from the Social Sciences", in A. Wimmer and R. Kossler (eds.), *Understanding Change: Models, Methodologies, and Metaphors*, New York: Palgrave, 2006, pp. 134–35.

延续机制。但是,制度的延续性并不意味缺少变化。"路径依赖"是"发展轨迹"的另一种说法,与关键节点相关并受其限制。① 西德尼(2003)在《公平住房法》中的分析与路径依赖的解释是一致的,因为修正案扩大了联邦公平住房政策的影响,而不是对其进行重构。② 这就是说,如果修正案使原法案发生彻底变化,这就不应该属于路径依赖的理想案例了。

二、时机和序列

事件在路径依赖序列中发生的先后次序会对事件结果产生不同影响,这是横断面研究无法企及的。在伊拉·卡兹尼尔森(Ira Katznelson)对劳工和社区政治的经典研究《城市堑壕》(City Trenches)中,作者提出一个问题:为何欧洲强大的社会主义、社会民主主义或劳工党派传统会在美国遭遇滑铁卢?③ 很多学者认为是由于美国的自由主义传统和缺乏明显的阶级分化导致的。④ 然而,卡兹尼尔森却从历史角度对此重新解释。他认为,造成美国政治分裂和工业化的并不是因为缺少激进的工人阶级,而是工会将其战斗力局限在了工作场域之内。"城市堑壕"体系按照几次关键事件的发生顺序,在工作政治和社群政治之间划出一条明显的分界线。在美国,工业化出现的时机是在白人男性获得投票权、国家对待公会活动的态度相对温和之际。反观 19 世纪欧洲工人阶级的很

---

① Pierson, P., *Politics in Time: History, Institutions, and Social Analysis*, Princeton, NJ: Princeton University Press, 2004, p.135; Thelen, K., "How Institutions Evolve: Insights from Comparative Historical Analysis", in J. Mahoney and D. Rueschemeyer (eds.), *Comparative Historical Analysis in the Social Sciences*, Cambridge, UK: Cambridge University Press, 2003, pp. 208 – 9.

② Sidney, M. S., *Unfair Housing: How National Policy Shapes Community Action*, Lawrence: University Press of Kansas, 2003.

③ Katznelson, I., *City Trenches: Urban Politics and the Patterning of Class in the United States*, Chicago: University of Chicago Press.

④ Hartz, L., *The Liberal Tradition in America: An Interpretation of American Political Thought Since the Revolution*, New York: Harcourt, Brace, 1955.

多个人权利和社会权利都被统治阶级所剥削。而通常民主化改革发生在工业化的初级阶段之后,所以19世纪欧洲工人的政治诉求,针对的既是资本家也是国家,进而产生了一个具有自觉阶级导向的政党。

艾米·布里奇斯(Amy Bridges)在她关于进步时代城市改革的研究中,同样从事件发生顺序的角度解释了为什么西南部的城市改革运动比作为城市改革运动发源地的老工业城市更为成功。① 她认为这取决于两个关键过程的时机——强党派组织和工业化发展——是发生在城市改革运动之前还是之后。在改革先于党派组织和工业化发生的西南部,当时尚未存在政治老板和庇护主义的现象,这就为改革者创造了机遇,而东北部的情况恰好相反。另外,进步时代西南部城市落后的经济状况,为商业改革提供了有利条件,这远比工业化处于鼎盛期的东北部更为有利。

以上两个事例均遵循以下逻辑:如果事件X在事件Y和事件Z之前发生,那最终结果将会与它在事件Y和事件Z之后发生的情况不同。在其他研究中,还讨论过多个事件或过程在某个时间点发生交汇作用,从而决定利益的结果。在这种情况下,历史社会学者称之为"关键时刻",即,根据关键时刻出现的时间(或是根本没有出现),结果会千差万别。②道格拉斯·莱伊(Douglas Rae)在解释19世纪美国城市主义发展时提出,在所谓"城市创造的偶然事件"理论中,存在几个关键的时间交集导致了城市主义最终的表现形式。这些发展因素,包括作为制造业动力源泉的蒸汽机的出现,以及铁路成为货运业的支柱,以上二者都需要工业在中心地带集聚。③ 同样重要的是农业革命和相对开放的移民政策,为城市发展带来丰富的劳动力。根据莱伊的观点,"这种历史排列是不可避

---

① Bridges, A., *Morning Glories: Municipal Reform in the Southwest*, Princeton, NJ: Princeton University Press, 1997.

② Mahoney, J., "Path Dependence in Historical Sociology", *Theory and Society*, 2000 (29), pp. 507 – 48; Aminzade, R., "Historical Sociology and Time", *Sociological Methods & Research*, 1992 (20), pp. 456 – 80.

③ Rae, D. W., *City: Urbanism and Its End*, New Haven, CT: Yale University Press, 2003, p. 11.

免的也是无法预测的：如果上帝，或者自然，让同样的历史再现一千遍，不一定会按照相同的顺序发生"。①

但是，莱伊在描述历史"偶然事件"的多重次序集合时指出研究中的一个困境，就是难以将这种情况下产生的结果理论化。我们可以对造成19世纪美国城市主义的每个进程建模，却无法为预测结果构建解释框架，因为这些单个过程的集合纯属时间上的巧合。皮尔森也认为莱伊的事后解释或许是充分的，却无法帮助我们预测未来或解释其他社会进程。② 除了"时机很重要"的判断之外，仍不清楚具体的经验是什么。

另一方面，为了解决原先无法整合个案的难点，我们可以将不同的时间过程用系统化的形式加以组合，进而提出命题并解释其他现象。在美国医保政策发展、中美洲威权政体的出现等研究中都是通过找寻历史时序中早期发展的自我强化机制，进而发现了共同的理论背景。而且，如果将时机和时序的观点与对路径依赖和自我强化过程的论证结合起来的话，则会创造更多的研究课题。

在城市政治研究方面，笔者也发现了密尔沃基市（Milwaukee）的一个有关路径依赖序列中事件发生次序影响结果的案例。③ "二战"后，大多数美国城市开展了市中心再建的项目，密尔沃基却将策略转向工业发展。该市的新工业项目吸引了各类支持者，他们的投资行为使密尔沃基进一步沿着这条轨迹前进，就跟政策反馈研究中描述的情况一模一样。那时对工业路径的选择是两个关键事件偶然交集的结果，一是1948年当选的来自社会党的市长对商界的市中心再发展计划不感兴趣，二是第二年联邦城市更新系列法案的出台。根据1949年的《住房法》，新市长着手实施了一个土地征用项目，解决了当时工业发展土地不足的问题。

---

① Rae, D. W., *City: Urbanism and Its End*, New Haven, CT: Yale University Press, 2003, p. 17.

② Pierson, P., *Politics in Time: History, Institutions, and Social Analysis*, Princeton, NJ: Princeton University Press, 2004.

③ see Rast, J., "Critical Junctures, Long-Term Processes: Urban Redevelopment in Chicago and Milwaukee, 1945 – 1980", *Social Science History*, 2009 (33), pp. 393 – 426.

如果这两个事件——社会党市长和都市更新法——未能如期产生交集，密尔沃基的发展很有可能呈现另外一幅景象。

　　密尔沃基的经验对其他关注时机和序列的城市治理研究有着怎样的影响呢？在这个案例中值得注意的一点是，密尔沃基工业战略的机制一经启动便持续运转下去。商界——政府围绕工业政策的合作关系也很特别，个体开发商和土地所有者们围绕某个项目和城市官员一起开展工作，项目完成后就从政策场域消失。相对其他地方市中心再建项目所必需的强大体制而言，这种伙伴关系颇为脆弱，并更易发生冲突。到了20世纪80年代，密尔沃基才竭力将其政策导向重新转回市中心再建。因此，密尔沃基市的经验说明初始事件影响长期前景也是因案例而异的。未来的研究或许会同时关注两个方向，一个是延续对路径依赖序列的机制探讨，另一个是西伦说的"在发展的组织形式和它出现的政治经济情境之间的'适应'"。① 这或许更好地揭示了为什么有一些领先者能够保持最初的优势，而另一些则失去了当初的势头。

三、连续性和变化

　　历史因素在我们用路径依赖解释政策和工业发展时非常重要，因为根据当前的结果可以追溯到遥远过去的偶然事件，也就是早前的制度安排因政策反馈和自我强化机制导致的"黏性"（stickiness）。

　　路径依赖的视角，遵循制度发展与变化的间断均衡模式相一致的逻辑。② 因此，制度应该是长期稳定的，但有时会被短期的开放性和偶然

---

① Thelen, K., "Timing and Temporality in the Analysis of Institutional Evolution and Change", *Studies in American Political Development*, 2000 (14), pp. 103.

② Baumgartner, F. R. and B. D. Jones, *Agendas and Instability in American Politics*, Chicago: University of Chicago Press, 1993; Pierson, P., *Politics in Time: History, Institutions, and Social Analysis*, Princeton, NJ: Princeton University Press, 2004; Mahoney, J., "Conceptualizing and Explaining Punctuated Versus Incremental Change", Paper presented at the 2010 annual meeting of the American Political Science Association, Washington, DC, September 2010.

性打断，从而产生变化；制度革新终究会触发反馈程序，导致对新制度安排的重复，直到下一个临界点出现。正如西伦所描述的，"制度一经创造，在面对外在冲击时，要么维持，要么崩塌"。① 在此模式中，变化是突然的和非连续性的，包括对一系列政策或制度的完全替换。当然，路径依赖对间断变化的强调，掩盖了政策与制度变化增量演进的特点。渐进变化经过积累会为政策和制度的角色和功能带来重大变化，这是路径依赖的间断研究中所忽视的。

为了更加有效地在城市治理安排中同时捕捉其变化和连续性，我们的城市政治发展研究需要做哪些调整呢？历史制度主义和比较政治的最新成果为制度演进研究提供了一些建议。例如，政策和制度不单纯是对行为的限制，还是人们进行策略性行动所凭借的资源。② 因为，第一，新政策和制度的发展通常涉及各种利益团体之间的谈判和妥协，由此造成了立法的模糊性。③ 第二，法律文本不可能穷尽现实中所有的情况，在法律文本与释法和执法之间的"盲点"（soft spots）为持续的政治争论留下空间，它们甚至将制度引导到设计者未曾预想的方向。

由上述原因引起的城市政策和制度变化的案例不胜枚举。例如，1949 年联邦政府的《住房法》（Housing Act）即是主张筹建公屋的一派与主张拆除贫民窟和城市再发展的一派（主要涉及房产中介、承建商和其他商

---

① Thelen, K., "How Institutions Evolve: Insights from Comparative Historical Analysis", in J. Mahoney and D. Rueschemeyer (eds.), *Comparative Historical Analysis in the Social Sciences*, Cambridge, UK: Cambridge University Press, 2003, p. 209.

② Thelen, K., *How Institutions Evolve: The Political Economy of Skills in Germany, Britain, the United States, and Japan*, Cambridge, UK: Cambridge University Press, 2004; Streek, W. and K. Thelen (eds.), *Beyond Continuity: Institutional Change in Advanced Political Economies*, Oxford, UK: Oxford University Press, 2005; Mahoney, J. and K. Thelen (eds.), *Explaining Institutional Change: Ambiguity, Agency, and Power*. Cambridge, UK: Cambridge University Press, 2010.

③ Schickler, E., *Disjointed Pluralism: Institutional Innovation and the Development of the U. S. Congress*, Princeton, NJ: Princeton University Press, 2001; Palier, B., "Ambiguous Agreement, Cumulative Change: French Social Policy in the 1990s", in W. Streek and K. Thelen (eds.), *Beyond Continuity: Institutional Change in Advanced Political Economies*, Oxford, UK: Oxford University Press, 2005, pp. 127 – 44.

业利益)之间妥协的产物。① 因此,法案的最终方案具有相当的模糊性。地方政府最终选择了后者,这是法案设计者既没想到也不希望的结果。原先拆除贫民窟是出于为低收入者和城市工人阶级改善住房的目的,后来反而为兴建私人楼宇和商品房扫除了障碍。

如果转换性变革不仅是间断的,又是渐进式的,那么这种变化的发生机制又是怎样的呢?马奥尼和西伦(2010b)认为有四种方式:取代(displacement)、分层(layering)、转变(conversion)和漂移(drift)。② 取代,是指用新的制度取代现存的制度,正如在间断平衡模型下,取代过程的发生是突然的,但同时又是以渐进方式展开的。例如,很多城市在20世纪早期开始了旨在消除政治机器影响的制度改革,然而,机器政府(machine government)成功地适应了新的规则和制度,几十年后仍然运作良好。③ 所以,取代是一个渐进的过程,现存体系的拥护者能够与新制度共存相当长一段时间。

分层,是指在现存规则中增添新的规则,以改变现有体系的稳定再现,并将其引导至新的方向。分层通常会在行为体对当前政策或制度不满,却没有足够实力取代它的情况下出现。例如,攻击公立学校体系是一个在政治上站不住脚的策略,支持择校项目的人会转而建立一个与公立学校并行的体系。④ 到时大部分公立学校学生开始择校的时候,公立学校体系的稳定再现就会受到威胁。

转变,是指为政策或制度设定新的目标、功能或是制度设计者预期

---

① Gelfand, M. I., *A Nation of Cities: The Federal Government and Urban America*, 1933 – 1965, New York: Oxford University Press, 1975; Flanagan, R. M., "The Housing Act of 1954: The Sea Change in National Urban Policy", *Urban Affairs Review*, 1997 (33), pp. 265 – 86.

② Mahoney, J. and K. Thelen, "A Theory of Gradual Institutional Change", in J. Mahoney and K. Thelen (eds.), *Explaining Institutional Change: Ambiguity, Agency, and Power*, Cambridge, UK: Cambridge University Press, 2010, pp. 1 – 37.

③ DiGaetano, A., "Urban Political Reform: Did It Kill the Machine?", *Journal of Urban History*, 1991 (18), pp. 37 – 67.

④ Mahoney, J. and K. Thelen, "A Theory of Gradual Institutional Change", in J. Mahoney and K. Thelen (eds.), *Explaining Institutional Change: Ambiguity, Agency, and Power*, Cambridge, UK: Cambridge University Press, 2010, pp. 1 – 37.

之外的目的。当行动者成功地利用1949年《住房法》的模糊性将拆除贫民窟凌驾于筹建公屋之上时，他们就是在进行制度转变。通常释法和执法的自由裁量程度越高，转变的可能性就会相应增加。① 最后，当社会条件发生变化，决策者故意拒绝同步调整政策时，就会出现漂移。例如，尽管人口变化已经非常明显，而立法者迟迟不愿重划选区。漂移在很大程度上是看不见的，"不做决策"（nondecisionmaking）的行为②，可能会掩盖政策与制度效应的重大变化。

借此机制，城市治理安排会在不改变现存政策、制度或权力结构的前提下演进，最后随时间积累发生变革。这并不是说城市政治变化从未间断，或者路径依赖视角不适合用来审视城市政治进程。它表明学者在使用路径依赖概念时是有选择的，并且对城市治理安排的其他演进方式也具有一定敏感性。正如马奥尼所说，更重要的问题或许不在变化的类型是间断的还是渐进的，而是要讨论在哪些情况下，最有可能发生哪种变化。③ 这一点在理论或实践中经常被忽视。

那么城市学者应该怎样发展这一研究思路呢？马奥尼认为，决定变化是间断性还是渐进性通常有两个因素——许可条件（permissive conditions）和生成原因（generative causes）。许可条件表示一个制度或其他体系中的"结构性弱点"（structural vulnerabilities），使之"很容易受到快速的、大规模变化的影响"。④ 生成原因是在适当条件下能够引起重大改变的诱因。生成原因与许可条件结合（或未能结合）的方式决定了可能产生

---

① Mahoney, J. and K. Thelen, "A Theory of Gradual Institutional Change", in J. Mahoney and K. Thelen (eds.), *Explaining Institutional Change: Ambiguity, Agency, and Power*, Cambridge, UK: Cambridge University Press, 2010, pp. 1 – 37.

② Bachrach, P. and M. S. Baratz, *Power and Poverty: Theory and Practice*, London: Oxford University Press, 1970.

③ Mahoney, J., "Conceptualizing and Explaining Punctuated Versus Incremental Change", Paper presented at the 2010 annual meeting of the American Political Science Association, Washington, DC, September 2010.

④ Mahoney, J., "Conceptualizing and Explaining Punctuated Versus Incremental Change", Paper presented at the 2010 annual meeting of the American Political Science Association, Washington, DC, September 2010, pp. 11 – 12.

变化的类型。例如，在一个煤气泄露的房间里，点燃火柴就会引起爆炸。如果没有煤气泄露的前提，要改变现状需要点燃很多根火柴（例如产生大量烟雾使房间无法居住）。当许可条件和生成原因同时存在时，变化就会是间断性的。当生成原因在许可条件缺失的情况下发生，变化就更有可能是渐进的。如果将该框架应用于城市治理研究，我们可以做如下思考，例如，导致城市政策和制度发生间断变化或路径依赖的结构性弱点是什么？在渐进变化中，为何生成原因有时会重复出现从而引起变革，有时却不能？出现这种情况的关键因素有哪些？

因此，尽管间断性和渐进方法对变化的建构方式有所不同，但它们对制度演进都非常敏感，甚至渐进方式也关注正反馈程序和锁定效应，这样看来，不能认为二者是对路径依赖观点的完全抵制。正如西伦所称，关键在于"要明确体系的哪些方面在一段时间之后会稳定地再现，还有哪些要重新进行博弈，以及为什么"。① 这都需要我们做真正的历史分析，并在更长的时间阶段中观察事件发生的过程和序列。

四、关于方法的说明

研究社会过程演进需要进行细致的案例分析，特别是详细的过程追踪。大多数的过程追踪法目的是"辨识（一个或多个）自变量和因变量结果之间的因果链和因果机制的中介因果过程（intervening causal process）"。② 通过过程追踪可以发现政策反馈或制度转变的机制——有助于解释利益结果的产生和机制发生作用的过程。从这个意义上说，过程追踪与非理论性历史叙述是不一样的，后者对历史性结果的解释通常受制于

---

① Thelen, K., *How Institutions Evolve: The Political Economy of Skills in Germany, Britain, the United States, and Japan*, Cambridge, UK: Cambridge University Press, 2004, p. 296.

② George, A. L. and A. Bennett, *Case Studies and Theory Development in the Social Sciences*, Cambridge, MA: MIT Press, 2005, p. 206.

现有的案例。利用过程追踪法寻求解释具有一定的可移植性。他们重视理论和对假设的验证，经得起传统上对案例研究"仅仅是在讲故事"的批判。①

五、结论

和其他社会科学家一样，城市研究学者娴熟地运用各种复杂的方法论工具并取得了可观的成果。但是，对定量分析、案例研究等方法的过分倚重，却使我们减少了对"巨大而进展缓慢的社会过程"的学术关注（Pierson）。而且，我们现阶段对城市政治的研究太专注于当前的或是过去不久的事情，忽视了对城市政治长期过程的观察。正如皮尔森所说，"我们在寻求对社会现象的解释时，由于仅关注当前发生的事情，导致我们没有看到事实的全部"。②

社会科学家出于不同的目的使用历史分析的方法，本文关注的仅是其中的一种。在对于路径依赖、政策反馈、时机和序列、间断式与渐进式变化的讨论中，历史其实没有那么重要，因为过去的事件只和它本身有关，或者提供了教训，或者为当前的理论提供参照。然而历史的确是重要的，因为有些事件的结果，只有置于一个更长的时间框架内才能进行解释。正如皮尔森认为，"理论关注的不是历史事件本身，而是它在历史中推进的过程"。③ 正是由于时间和时间性，历史的重要作用得以凸显。

然而，在现实研究中，我们对时间和时间性的重视依然不足。城市研究学者使用时间过程的研究方法有很多好处，特别是在此基础上可以

---

① Thelen, K., "Historical Institutionalism in Comparative Politics", *Annual Review of Political Science*, 1999 (2), p. 372.

② Pierson, P., *Politics in Time: History, Institutions, and Social Analysis*, Princeton, NJ: Princeton University Press, 2004, p. 79.

③ Pierson, P., "Increasing Returns, Path Dependence, and the Study of Politics", *American Political Science Review*, 2000 (94), p. 264.

激发关于城市政治发展研究的新项目。正如库恩（Thomas Kuhn）的著名论断，当一个学者共同体将注意力集中在某一个或一组理论问题时，知识就会取得长足的进步。①"城市政治"渐趋成长为一个成熟的理论聚集点。城市时间过程研究虽无法取代体制分析曾经的主体性地位，但依然可以吸引一大批具有历史意识的城市学研究者投身城市政治研究领域。而且，城市学者，特别是城市政治学家和城市社会学家还可以在时间过程研究领域找到彼此兴趣的交汇点。就像不久之前，城市学者发起的关于权力与民主的辩论，也一度引发了政治学和社会学界极大的关注。但是近几十年来，由于城市学者的理论取向和问题意识偏离了学术主流，他们的工作被逐渐边缘化，有人甚至将城市政治子领域描述为"黑洞"。在成为新的学术热点之后，城市时间过程研究可以（也应当）吸引到历史制度主义、美国政治发展、比较政治、比较社会学以及理性选择等其他领域的学术关注。当然，城市研究学者对此的贡献还有待开发，他们的工作不应仅仅局限在城市政治学领域，应当还有更广泛的受众。所以，在城市时间过程的基础上，我们可以探索各学科的联合研究计划，这对于以历史和时间为导向的城市研究项目具有非凡的学术意义。

总之，历史应当重新被重视起来，就像罗伯特·达尔和克拉伦斯·斯通等学者说的那样，我们想要解释的事件结果需要一个长期的参照框架，而非大多数城市研究学者使用的是短期框架。这并不是说要让历史的路径成为城市治理研究的主要方法，而是要让它像其他主流方法一样，在城市研究的期刊和专著中充分发挥其影响力和解释力。当然，在我们的愿望实现之前，城市治理研究还会继续错失很多机会（Pierson）。如果要加深对社会和政治结果的认识，需要努力提升时间和历史因素在城市政治研究中的地位。 CPS

---

① Kuhn, T. S., *The Structure of Scientific Revolutions*, Chicago: Universityof Chicago Press, 1970.

Why History (Still) Matters: Time and Temporality in Urban Politics Analysis

Joel Rast

Abstract: Scholarship on path dependence, policy feedback, timing and sequence, and punctu Zated versus incremental change has fueled new debates and produced new theoretical insights into how time and history factor into political and social outcomes. This work has done much to clarify why history matters in social scientific investigation. However, it appears to have gone largely unnoticed by most contemporary urban political scientists and sociologists, who are far more likely to focus on the present or the recent past than to pursue genuinely historical approaches. This article examines certain causal mechanisms that operate in time and shows how their application to the study of urban settings can enhance what scholars know about urban political processes.

Keywords: Path Dependence; Policy Feedback; Institutional Layering; Institutional Conversion; Policy Drift

马来西亚民主化和政治转型的进程与特色

李 辛 凌 海[*]

【内容摘要】 马来西亚政治转型的最重要的特点是在保留了原有的政治体制基本形式的情况下,通过"体制内"的转型实现了民主的发展。无论以后是否发生政党的轮替,它在"体制内"把民主发展到如此高的程度,都意味着一种新的转型模式的出现。在此之前,几乎所有国家的民主化都是通过政治体制的转型和政党轮替来实现的。然而,现在出现了一种"体制内"民主化的模式,这种转型方式的主要特点是其转型的过程更具有渐进性和稳定性,抑制了转型所带来的社会和政治的无序或暴力,同时保持了政治秩序和治理绩效;执政党在民主化过程中并没有因害怕下台而过度地打压民主力量,而是较为主动地推动民主的进程,这反而维持了自己的执政地位。这对于各种政治力量来说是一种共赢的方式和结果。这种新的民主化模式无疑具有重大意义,因为全世界还有很多非民主国家,这些国家通过何种方式,尤其是稳定有效的民主转型方式是政治发展中的一个重要的课题。

【关键词】 转型范式;民主化;政党轮替;制度化水平;威权主义

---

[*] 李辛:上海师范大学哲学与法政学院讲师;凌海:杭州市下城区人民政府工作人员,毕业于上海师范大学法政学院,硕士学位。

一、民主的含义与民主的测量

20世纪中期，熊彼特对民主理论的研究有了突破，他在《资本主义、社会主义与民主》一书中把之前的各种民主思想理论统称为"民主政治的古典学说"，把古典民主理论概括为"民主的方法就是为实现共同福利做出政治决定的制度安排，其方式是使人民通过选举选出一些人，让他们集合在一起来执行它的意志，决定重大问题"①。他指出，"古典民主理论"的缺陷在于，它的两根支柱是"共同福利"和"人民意志"，然而，在现实中民众对于"共同福利"具体是指什么是无法达成一致的，"不存在全体人民能够同意或者用合理论证的力量可使其同意的独一无二地的共同福利"②。因此，基于"共同福利"的"人民意志"也就不存在了。在现实生活中，"人民"几乎对所有的问题都不能达成完全一致的意见。如果按照少数服从多数的原则来做决定，最后达成的也仅仅是"多数人的意志"，而非"人民意志"。换言之，所谓"共同福利"和"人民意志"都是含糊不清和难以界定的。由此，熊彼特敏锐地指出了"古典民主理论"存在着不精确及难以测量的缺陷，即很难使用这些民主理论来衡量一个国家的政治体制是否是民主的。

为个解决这个问题，熊彼特提出了"民主的另一个理论"，即"民主的方法就是那种为做出政治决定而实行的制度安排，在这种安排中，某些人通过争取人民选票取得做决定的权力"③。换言之，熊彼特所定义的民主的核心是竞争性的选举。由此，熊彼特开创了程序性民主理论，它强调实现民主必须具备的一系列基本的制度和程序安排，其核心是选举制度，从而把民主的重点从终极目的转向了手段和过程。当然，这不

---

① 〔美〕约瑟夫·熊彼特：《资本主义、社会主义与民主》，吴良健译，北京：商务印书馆2012年版，第370页。
② 同上书，第372页。
③ 同上书，第395页。

意味着熊彼特否认"共同福利"和"人民意志"是民主的核心内容,而是把程序民主或民主的方法或民主选举作为决定是否民主的主要度量指标。

一些学者在熊彼特的基础上进行了进一步的诠释和更为具体的定义。罗伯特·达尔指出,"民主化至少包括两个维度:公开争论和参与权"①。根据这两个维度,达尔提出为了保证民主的实行需要八项制度或条件,其中已经得到广泛认可的基本条件包括:自由公正的周期性选举;充分的言论和出版自由;建立和加入组织的自由;集会和抗议的自由;受法律保护的普选权。这些基本条件日后也成为测量民主水平的重要标准。亨廷顿在《第三波:20世纪后期的民主化浪潮》一书中多次强调民主不是万能的,民主的精髓与核心程序就是国民通过竞争性的选举来选择政府领导人。在熊彼特的基础上,亨廷顿提出了将一个国家的政治体制界定为民主体制的标准:"它的最有影响力的集体决策者是经由公平、诚实和定期的选举产生的,在这种选举中,候选人自由地竞争选票,并且几乎所有成年人都具备投票资格"②。

戴蒙德认为熊彼特所定义的民主是民主的底线含义,即选举民主。这种最低限度的民主注重选举的竞争性,但并不十分注重公民的政治自由,这只需要最低限度的公民自由。他提出,超越选举民主的民主,即高水平的民主是"自由民主"。除了自由公平的竞争性选举之外,自由民主还有三大特征,即不允许军人或任何政治力量拥有特权、存在横向的权力制衡制度,以及个人和团体享有实质性的广泛的自由权利。③ 换言之,戴蒙德认为民主必须包含选举和自由两个维度。从刚跨入民主门槛的"选举民主",到高水平的"自由民主",所有民主国家都可以在这个民主的坐标中找到自己的位置,确定自己的水平。

---

① 〔美〕罗伯特·达尔:《多头政体——参与和反对》,谭君久、刘惠荣译,商务印书馆2006年版,第16页。
② 〔美〕塞缪尔·P. 亨廷顿:《第三波:20世纪后期的民主化浪潮》,欧阳景根译,中国人民大学出版社2013年版,第4页。
③ Diamond, Larry, "Is the Third Wave Over?", *Journal of Democracy*, Vol. 7, No. 3, July 1996, pp. 20 – 37.

由此看来，无论熊彼特的程序民主理论是否有其不足，其有一个基本点得到了普遍的认可，即只有程序性民主"才能够提供分析上的准确性和经验上的参照物，从而使之成为有用的概念"①。换言之，程序性民主理论具有可操作性，易于量化和测量。正是由于这个优点，才使民主这个概念能够被大量应用于政治分析，极大地推动了政治科学的发展。学者们正是根据程序性的民主理论来设计测量民主水平的指标，以此来衡量一个国家的民主程度。

目前有三个影响比较大的民主测量系统：

自由之家（Freedom House）。自由之家发布的对各国民主自由程度的年度评估报告被广泛应用于政治科学的研究，是民主测量的重要方法和工具。它依据《世界人权宣言》的基本内容设计了政治权利（political rights）和公民自由（civil liberty）两个测量指标。采用7分制，1分表示最自由，7分表示不自由，平均得分在2.5分以下被认为是自由国家，3—5.5分的被认为是部分自由国家，5.5及以上的被认为是不自由国家。戴蒙德认为自由之家的调查是现有的关于自由民主的最好的测量指标，可以反映关于自由民主的程度。然而，自由之家实际上更注重于对自由和人权的测量，而非对民主的测量。

政体数据集（Polity data sets）。政体数据集也是一种政治科学研究中广泛使用的关于政体民主程度的测量方法和工具，它以选举的竞争性、开放和参与程度三个指标来评估政体，从 -10—10 分，分数在 -10—-6对应的是专制政体，-5—5 对应的是威权政体或半民主政体（其中 -5—0 分为封闭型威权政体，0—5 分为开放型威权政体），分数为6—10 分的是民主政体（其中6—9 分为民主政体，10 分为完全民主政体）。很多关于民主的实证研究都以此资料集为素材。目前最新的版本为 Polity IV。

民主指数（Democracy Index）。民主指数是由经济学人信息社编制的用来解析世界上大多数国家或地区政体民主程度的指标。该指数衡量了五

---

① 〔美〕塞缪尔·P. 亨廷顿：《第三波：20世纪后期的民主化浪潮》，欧阳景根译，中国人民大学出版社2013年版，第4页。

个指标：选举程序与多样性、政府运作、政治参与、政治文化和公民自由。政权按得分分为"完全民主"（8—10 分）、"瑕疵民主"（6—7.9 分）、"混合政权"（4—5.9 分）和"专制政权"（低于 4 分）四类。"完全民主"和"瑕疵民主"为民主政体，而"混合政权"和"专制政权"为非民主政体。

二、民主化的主要理论

民主化就是指一个国家从不民主走向民主的过程，换言之，就是极权主义政体或威权主义政体向民主政体转型的过程。民主化研究开始于 20 世纪五六十年代，在第三波民主化浪潮开始席间全球之后，即 20 世纪 80 年代之后民主化的研究兴盛起来。

现代化理论

经济发展会导致民主化是这一理论的基本观点。它通过大规模的跨国统计分析和量化分析来检验经济发展与民主之间的关系，得出的基本结论是经济发展与民主之间存在着普遍的正相关性，民主和民主化更可能发生在经济发展水平比较高的国家。

李普塞特（Seymour Martin Lipset）是民主化与现代化关系理论的开创者。1960 年，李普塞特通过对世界各国的调查研究后提出，尽管经济发展与民主之间的关系是复杂的，但毫无疑问的是，经济发展对民主化具有重大的影响，"国家越富裕，出现民主的可能性就越大"[①]。也就是说，经济发展与民主化之间存在着正相关关系，一个国家的现代化水平越高，就越可能民主。

虽然他的观点也遭到了一些质疑，但是在第三波民主化浪潮发生

[①]〔美〕西摩·马丁·李普塞特：《政治人：政治的社会基础》，张绍宗译，上海人民出版社 2011 年版，第 33 页。

后，人们在大量的新的事实基础上普遍接受了这一观点。1994年，李普塞特在进一步的研究后指出，经济发展虽然不是民主化的唯一决定因素，但显然是非常重要的因素，经济发展为民主打下了基础，"经济增长虽然只是民主化的要素之一，但显然是举足轻重的一部分。如果我们还不能假定经济增长对鼓励政治多元化是机械的、决定性的，我们也应承认，国家如果能够提高公民的生活水平和教育程度，就为民主结构打下了坚实的基础，使争取民主的努力制度化与合法化的可能性增加"。①经济发展与民主化存在正相关性这一论断已经为多数学者所接受，尽管他们认识到这不是简单的单一对应关系。

亨廷顿不但认为经济发展为民主打下了基础，而且提出了处在某一特定经济水平的国家最有可能向民主转型的"政治转型地带"理论②。"政治转型地带"大致处于中等经济发展水平，而且随着时代的发展它所对应的人均收入水平也会提高。在第一波民主化时期，政治转型地带的人均国民生产总值按可比价格计算大约为300—500美元，到第三波民主化时期，这一数字达到了2000—3000美元甚至更高，当然每个国家的情况有所不同。"二战"后，一直持续到70年代石油危机的那波全球经济增长，使很多第三世界国家进入了政治转型地带，"在相当程度上可以说，始于1974年的那波民主化，正是此前20年经济增长的产物"。③

一些学者指出李普塞特的理论并不能对所有所有国家进行有效的解释，他们提出了几个反例，例如新加坡经济发展水平很高却是威权政体，印度经济发展落后却是民主政体。然而这种质疑难以推翻李普塞特的理论。因为社会科学不能像自然科学那样以简单而直接的因果关系来推理，它要受到多重潜在尤其是复杂因素的影响，在这种情况下，少数

---

① 〔美〕西摩·马丁·李普塞特等：《对民主政治的社会条件的比较分析》，载《国际社会科学杂志》（中文版），1994年第2期。
② 〔美〕塞缪尔·P. 亨廷顿：《第三波：20世纪后期的民主化浪潮》，欧阳景根译，中国人民大学出版社2013年版，第56页。
③ 同上。

几个特例很难推翻蕴含在社会中的具有相当普遍性的规律。也就是说，只要经济发展与民主化的正相关性在大多数国家的多数情况下能够成立，那么这种理论就可以成立。实际上，在我们看来，即使就新加坡和印度而言，就自身的发展情况来看，基本趋势也是随着经济和社会的现代化，民主的实现程度越来越高。换言之，随着经济的发展，新加坡的威权体制内已经有了越来越多的民主，而印度虽然过去半个多世纪以来被称为民主国家，但随着民主化把很多新兴国家变为民主国家之后，我们看到，其民主化的程度是很低的，实际是国家层面的民主体制与其内部亚体制的非民主化的体制和机制并存，近些年的改革才提高了治理或民主的实现程度。

结构理论

民主化的结构理论关注社会结构尤其是阶级结构的变迁与民主政治之间的关系。它认为社会历史变迁决定着政治体制的形式，即民主政治能否实现主要取决于社会结构或阶级结构的变化，并从经验事实中阐述了何种社会结构模式或哪个阶级有利于民主的发生，它未考虑政治精英在民主化中的作用。

摩尔是结构主义理论的奠基人，他在 1966 年出版的《民主与专制的社会起源》一书是民主化结构理论的开山之作。摩尔认为，近代国家主要存在三大阶级：地主阶级、农民阶级和资产阶级，一个国家是否发生民主化就取决这三大阶级力量的对比。一个国家要实现民主化的条件是地主阶级开始弱化，而资产阶级越来越强大。也就是说，没有强大的资产阶级，就没有民主。① 之后，众多学者对社会结构与民主化之间的关系做了进一步研究，并随着社会结构的变迁将社会结构进行了细分。罗斯切梅尔就提出社会结构由地主阶级、农民阶级、工人阶级、资产阶级、中产阶级以及它们之间的相互关系构成。而且他认为，有组织的工

---

① 参见〔美〕巴林顿·莫尔：《民主与专制的社会起源》，张绍宗、王茁、顾洁译，上海译文出版社 2013 年版。

人阶级是民主化的主要推动力量。① 然而亨廷顿不这样看,他认为第三波民主化并不是由地主、农民或产业工人所领导的,实际上,每个国家民主化最积极的支持者都是来自于城市中产阶级。② 他认为经济发展导致了中产阶级的壮大,然后由中产阶级推动了民主化。实际上,亨廷顿与摩尔和罗斯切梅尔之间对阶级结构及其作用的论述的差别反映了不同时代和不同国家及其发展水平的阶级结构的差异和变迁,都认同而不是否定这一理论。

政治文化理论

政治文化理论认为,文化因素在民主政治的确立过程中起着非常重要的作用。在不同的文化中,人们的政治态度、价值观、信仰及相关行为模式对政治发展或民主化有不同的影响,一些文化模式更有利于民主化的发生,而另外一些文化模式则会阻碍民主化的发生。

阿尔蒙德和维巴是民主化的文化理论的先驱。他们在1962年出版的《公民文化——五个国家的政治态度和民主制》一书指出,英国、美国、德国、意大利和墨西哥五国的政治文化可以分为三种文化类型,蒙昧型政治文化、服从型政治文化、参与型政治文化,并指出了它们对民主化的不同影响。③ 达尔也认为政治精英与人民群众的信仰,特别是在政治活动中的信仰,会阻碍或促进民主化的发生,指出信仰民主的政治文化最有利于民主化的发生。④ 此后,学者们对世界上哪些文化有利于民主化进行了研究。亨廷顿考察发现,大多数民主国家是西方国家:在1990年统计的58个民主国家中,37个是西欧和拉美国家,6个是东

---

① Dietrich Rueschmeyer, Stephens, *Capitalist Development and Democracy*, Polity Press, 1992, p. 387.
② 参见〔美〕塞缪尔·P. 亨廷顿:《第三波:20世纪后期的民主化浪潮》,欧阳景根译,中国人民大学出版社2013年版,第61页。
③ 参见〔美〕加布里埃尔·A. 阿尔蒙德,西德尼·维巴:《公民文化——五个国家的政治态度和民主制》,徐湘林译,东方出版社2008年版。
④ 参见〔美〕罗伯特·达尔:《多头政体——参与和反对》,谭君久、刘惠荣译,商务印书馆2003年版。

欧国家，9个是前英美和澳大利亚的殖民地，只有6个国家与西方文化渊源不深；而在第三波实现民主化的30个国家中，26个要么是西方国家，要么是西方对其有重大影响的国家。他据此推断，以世俗理性和个人主义为特征的西方文化最适合民主政治。与此相同，很多学者指出东方的各种文化不利于甚至阻碍民主化。

不可否认，不同的文化对民主政治的建立和巩固会有不同的影响，但是文化并不是一成不变的，它们不仅经历着从传统向现代的变迁，而且从横向交流来看，任何一种文化在当今的时代都不会孤立地存在着，而是一定要在相互碰撞中吸收或兼容其他文化，从而使自身发生变异或向现代文化转变，无论是儒家文化还是伊斯兰文化都是如此，尽管变异得有快有慢。所以，我们只能说一些传统的文化不利于民主的发生，而如果这些文化发生了现代性的转化，则会有利于民主的发生。

过程理论

民主化的过程理论用政治精英及其他们之间的关系互动来解释民主化，认为威权政体内精英之间的分裂是民主化的动力，政治精英的信念、算计、部署和行动塑造了民主化的过程和结果。它的优点在于强调了被现代化理论、结构理论和文化理论长期忽视了的政治行动者的作用，较为细致地描述了民主化的过程和阶段，阐明了人的能动性在民主化过程中的作用。

罗斯托在解释民主政治产生的过程中，特别关注政治精英的作用，他认为，政治精英之间的斗争启动了民主化进程，没有政治精英有意识的妥协和选择，民主政治就不会在某个历史性时刻建立起来。① 林茨认为，尽管社会经济结构对于民主化具有重要作用，但是依然为政治精英留下了很大的选择空间，政治精英的选择可能增加或减少一个政体稳定的程度。在危机状况下，领导人，特别是具有独特能力和性格的领导人

---

① Dankwart A. Rustow, "Transition to Democracy: Toward a Dynamic Model", in Geoffrey Pridham (ed.), Transition to Democracy, The Cambridge University Press, 1970.

能够起决定性的作用。① 奥唐奈和施密特强调政体系的转型过程具有不确定性和非决定性,这是因为政治精英的信念、关系、策略和利益计算等因素在政治转型过程中起着重要作用。② 过程理论过于强调政治精英在民主转型过程中的决定性作用,把转型过程完全看成是政治精英的主观力量和偶然性事件推动的结果,没有深入地探讨这些主观因素与客观因素的关系,因而忽视了政治行为赖以发生的客观社会条件的作用。

实际上,民主化的产生和发展一定是多种因素综合作用的结果,因而需要我们从多视角进行探讨,而现代化理论、结构理论、文化理论和过程理论等都是从不同的视角来探讨或解释民主化过程的,尽管它们各自都为我们认识和探讨民主化提供了重要的理论和视角,但是它们都没有从多视角或把这些理论系统地综合起来进行分析,因而其研究结果并不十分理想,这还需要我们把这些理论综合起来研究民主化进程,以取得更为全面和可信的成果。

三、研究综述

尽管自第三波民主化浪潮以来,对民主转型的研究和分析很多,并成为近几十年政治学界的一大学术热点,但是由于马来西亚没有发生政治体制转型和政党轮替,按照经典的转型理论来衡量它就没有发生民主化,所以学界多把马来西亚仍然看成是一个威权国家,对它的研究也多是从各个方面去研究其威权主义政治,而从民主化的视角进行研究的文献较少,尤其是缺乏创新性的研究。③

---

① Juan J. Linz, *The Breakdown of Democratic Regime*, The Johns Hopkins University Press, 1979, p. 718.

② Guillermo O'Donnell, Phillippe C. Schmitter and Laurence Whitehead, *Transition from Authoritarian Rule: Tentative Conclusions about Uncertain Democracies*, The Johns Hopkins University Press, 1986.

③ 可参阅曹沛林:《民主化研究的问题》,见《比较政治学研究》(第10辑),中央编译出版社2016年版,第3—6页。

西方对威权主义体制有几种主要的分类，就是半民主体制（Quasi-Democracy）、伪民主体制（Pseudo-Democracy）、柔性威权体制（Soft Authoritarianism）、不自由的民主体制（Illiberal Democracy）和选举型威权主义（Electoral Authoritarianism）等，多数人认为选举型威权主义更适用于马来西亚，其特征是：执政党一党独大，反对党受到限制；虽然有一人一票的选举，但选举受到相当程度的控制或操纵；在权力结构上，执政党与国家难以区分。按照谢德勒的观点，选举型威权体制是指以威权为核心，选举只是为了让威权长期"合法"存在的一件外衣。但是有了选举，威权政体终究会因选举而有一些变化，甚至会有逐渐的改良。当然，近10年来马来西亚似乎已经超越了选举型威权主义。

在西方的研究中，近年来最具有创新性的研究是丹·斯莱特的关于强国家的民主化的论述，他指出，马来西亚和新加坡的强国家最初是在20世纪40—50年代殖民统治后期的英国殖民当局和地方精英之间的一种不寻常的强烈的反对革命的合作的产物。因而，国家权力比执政党更为持久，这里的民族主义政党是进入而不是推翻原有的国家，并且，在它们执政后，执政党放松了自己的威权主义控制甚至放松了权力。国家权力是一种比威权主义统治更有利于政治稳定的可依赖的资源，虽然它也是难以度量和难以建构的。一旦被建构起来，国家权力就不再依赖于制度形式，民主像专制一样会有强国家的形式。①

在国内的研究中，庄礼伟的《多元竞争环境下的马来西亚政治生态》②、《第13届国会选举前夕的马来西亚：选举型威权的终结？》③ 和《马来西亚竞争型威权体制的走向：以选民结构为考察视角》④ 等论著值

---

① Dan Slater, "Strong-state Democratization in Malaysia and Singapore", in *Journal of Democracy*, National Endowment for Democracy and The Johns Hopkins University Press, Vol. 23, No. 2, April 2012, pp. 19–33.
② 庄礼伟：《多元竞争环境下的马来西亚政治生态》，载《东南亚研究》，2011年第2期。
③ 庄礼伟：《第13届国会选举前夕的马来西亚：选举型威权的终结？》，载《东南亚研究》，2013年第2期。
④ 庄礼伟：《马来西亚竞争型威权体制的走向：以选民结构为考察视角》，载《东南亚研究》，2014年第2期。

得重视，他认为马来西亚是一种选举型威权主义体制。虽然庄礼伟并没有指出马来西亚已经发生了政治转型，但是他认为马来西亚50多年来的选举型威权体制正在走向松动，巫统已经不像以往那样能完全操控选举结果，一党独大的局面已有所改观，两大政治阵营的竞争体制正在成为马来西亚政治生态的基本格局。范若兰则在《伊斯兰教与马来西亚政治民主化》一文中明确提出马来西亚已经发生了民主化。① 她认为，马来西亚的政治民主化浪潮始于20世纪90年代末，标志是"安瓦尔事件"。尽管用这一事件作为民主化或政治转型的标志有待商榷，但这已经不再是完全以经典的政治转型方式为标准了。阮金之在《民主转型环境下的当代马来西亚印度人族群抗争运动》一文中也提出，马来西亚的民主转型开始于"安瓦尔事件"。② 他认为，从安瓦尔事件开始，马来西亚民主运动兴起并进入了一个新的阶段，民众的民主意识普遍觉醒，民主诉求更加明确和强烈。

四、马来西亚民主化的进程

20世纪80年代以后，东亚各国卷入了民主化的进程，一些国家或地区的威权主义政体相继解体，民主政体取而代之；另一些国家则在威权主义体制内推进了民主化进程；还有一些国家则进行了政治改革。这种变化既是受到了"第三波"民主化浪潮的影响，更是东亚各国自身发展的结果。马来西亚和新加坡则是在威权主义体制内推进了民主化进程。

马来西亚的政治发展进程与东亚各国政治发展的趋势基本一致，在第二次世界结束以后开始了民族独立的民族运动，此后它经历了民主——威权——民主三个阶段，目前它仍处于从威权向民主过渡的第三

---

① 范若兰：《伊斯兰教与马来西亚政治民主化》，载《东南亚研究》，2007年第6期。
② 阮金之：《民主转型环境下的当代马来西亚印度人族群抗争运动》，载《东南亚研究》，2010年第2期。

个阶段。这个阶段或民主化开始于1997年经济危机以后。经济危机导致了执政党内部的分裂和人民的不满,民众纷纷要求推进民主化进程,而执政党也采取了渐进式改革的策略,因此,它在威权主义的执政党仍然执政的情况下推动了民主政治的发展,或者说在威权主义"体制内"实现了民主化,这是马来西亚的一个重要特征。①

民族独立与初期的民主政治建设

在第二次世界大战后兴起的争取国家独立的民族主义浪潮中,马来亚的政党和社团组织大量涌现,掀起了反对殖民统治、争取国家独立的民族运动,英国殖民政府也意识到马来国家的独立是大势所趋,采取了妥协退让政策,在这一背景下,马来亚联合邦于1948年2月1日宣告成立,这意味着马来亚将要成立自己的国家,也是马来亚走向民族独立的一个里程碑,但在这一阶段英国殖民者仍然是联合邦的控制者。与此同时,殖民政府开始对激进的民族运动进行镇压,于6月18日宣布全国进入紧急状态,授予警察任意逮捕与监禁的权力。紧接着,在民族运动中起重要作用的马来亚共产党等众多参与反对马来亚联合邦的政党和组织被宣布为非法并很快被边缘化,这使得1946年成立的马来民族统一机构(The United Malays National Organization,UMNO,巫统)成为马来亚独立运动的领导核心。

殖民政府在武装镇压马共的同时,也开始着手进行政治改革,并为影响马来亚独立做准备。1955年7月,马来亚联合邦立法议会举行了自1948年成立以来的首次民主选举。在立法议会的98位议员中,有52位议员可以由民主选举产生,结果在选举中巫统主导的联盟党取得了压倒性的胜利,获得52个议席中的51席,并由联盟党组成了马来亚历史上第一届由本地政党执政的民选政府,1957年8月31日,马来亚联合邦正式宣告独立,拉赫曼出任第 届政府总理。至此,马来亚结束了长达

---

① 〔美〕史蒂芬·列维斯基、〔加〕卢坎·怀:《民主衰退的迷思》,见《比较政治学研究》(第10辑),中央编译出版社2016年版,第81—88页。

446年的殖民地时代。

马来西亚政治制度建立过程中的一个重要特点是它没有全盘改变原有的殖民制度，而是以民族政府取代殖民政府，但在政治体制上采纳了英国政治体制的主要形式，在行政体制和法律制度上则基本保留了原有的制度，并在日后的改革中根据自己的国情有所改革。这主要表现在它的政治制度是以1957年8月27日颁布的《马来亚联合邦宪法》（《独立宪法》）为根据建立的。按照这一宪法，马来西亚建立了君主立宪政体，国家元首是虚位的，国会是国家的最高立法机关，分为上议院和下议院，权力中心在下议院。独立后，下议院议员全部由选举产生。议会制下是责任内阁制。每届大选后，由下议院多数党组织内阁，多数党领袖出任内阁总理，内阁成员必须是议会议员，而且一般来自下议院。内阁向国会负责。独立后，由于巫统所主导的政党联盟在每届大选中都赢得过半席位，因此马来西亚总理一直由巫统领袖担任。

然而，马来西亚有一项重大政治制度不同于英国，而是从历史上各州有一定的分立性这个实际情况出发，借鉴美国体制实行了联邦制，而不是像英国一样实行单一制。马来西亚各州的政府体制与中央政府体制类似，拥有州宪法和一整套完整的州政府机构，包括州元首、州议会和州行政机构。州元首也没有实权，州议会议员由选民直接选举产生，州议会的多数党组成州政府，多数党领袖出任州政府大臣，负责本州的行政事务。由于州政府是由选举产生，因此巫统也很难在每次选举中都赢得全国所有州的胜利。马来西亚的联邦制与它的多种族制一样，都对其政治发展尤其是民主化进程产生了重要的影响。

从1957年独立建国到1969年"513事件"之前，马来西亚政治基本上达到了民主的最低要求，较为开放和开明，Polity IV 对马来西亚1957—1969年的民主测量结果为10分，属于民主政体。这一时期的选举基本是平等的，也具有竞争性。在这种选举中，反对党不但能够在国会赢得一定的席位，而且能够赢得一两个州政权，例如，1959年，马来亚举行独立后的第一次大选，虽然联盟党赢得了国会选举和全国九个州的议会选举，但是反对党伊斯兰教党也赢得了吉兰丹和丁加奴两个州。

在这一时期的历次大选中,以巫统为核心的联盟党都能赢得三分之二的多数议席。这主要是因为联盟党在争取马来亚独立和建立马来西亚联邦中做出了重大贡献,加之有符合实际的选举策略,它并没有依靠强制性的打压反对党的措施。当然,这时的民主水平尤其是治理水平是比较低的,民主的主客观条件都还不够成熟,难以应对复杂局面的考验。

威权主义的建立

第二次世界大战后,发展国家建立的民主制度基本都出现了水土不服的现象,政治体制的制度化水平低,政治形势动荡不安,因此,20世纪60年代前后纷纷转向了威权主义,马来西亚也是在这一背景下建立威权主义体制的。1969年5月,马来西亚举行第三届全国大选,结果执政的联盟党遭受重挫,仅获得了66%的议席,虽然保住了执政权,但首次失去了国会三分之二多数议席。而马来西亚宪法规定,宪法的修改以及重要法律的制定和修改都必须达到国会三分之二多数才能通过,且马来西亚政府有通过宪法修正案的方式来施政的政治传统[①]。因此,失去三分之二多数议席不仅意味着执政党不能任意以通过修改宪法的方式来施行重大政策,而且也意味着反对党对执政党有了重要的制衡力。尤其是两个华人反对党——民主行动党和民政党的席位大幅增加,民政党还取得了槟城政权,这是华人反对党首次赢得州政权。因此,这次选举被认为是华人的重大胜利。

5月13日,反对党的华人支持者在首都吉隆坡举行胜利游行,这被享有特权的马来人视为重大的威胁,他们很快组织起来进行反击,双方爆发了冲突,全城陷入混乱。随后,暴乱蔓延到马来西亚的其他地方,史称"513种族冲突事件"。"513事件"造成了史无前例的严重后果,

---

① 据统计,"到1996年,共有42项宪法修正案得以通过,涉及大量的宪法条款",参见〔澳〕约翰·芬斯顿:《东南亚政府与政治》,张锡镇等译,北京大学出版社2007年版,第157页。

"此次冲突共造成 196 人死亡，439 人受伤，39 人失踪"①。为了控制暴乱，联盟党政府宣布中止宪法，全国进入紧急状态。巫统领导人谴责反对党要求取消马来人特权的活动激怒了马来人从而导致了暴乱，认为在这种情况下议会民主已经不利于社会稳定，因此，中止了国会的活动，国家的所有权力都被集中在巫统领导的全国行动委员会（National Operations Council）手中。

"513 事件"导致马来西亚政府改变了过去的统治方式。在平定事件的过程中，政府援引《国内安全法》，不经司法审判就大规模地逮捕反对党和劳工组织 117 位领导人，使反对党受到沉重打击。1971 年马来西亚国会恢复后通过了一个宪法修正案，规定"为了使议会民主制度能够有效地运转，应该禁止在公共场合讨论一些敏感的问题"，这主要是指宪法和法律中规定的马来人特权，它包括马来统治者的权力和地位、马来族的特权、马来语作为国语以及伊斯兰教作为国教等内容，挑战这些规则即构成煽动罪。此外，政府通过修改《煽动法》《印刷与出版法》《社团法》等法律严格限制公民的言论自由、新闻出版自由和结社自由等政治权利。

"513 事件"也使马来西亚各政党的力量对比和政党体制发生了重大变化。执政联盟中的马华公会和印度人国大党在 1969 年大选中损失惨重，所以在执政联盟中的地位大为衰弱，巫统对联盟党的控制进一步强化。为了恢复在国会中三分之二的多数议席，巫统建立了一个更为广泛的联盟，于 1974 年建立了国民阵线（National Front）。除联盟党成员之外，又纳入了 4 个前反对党，包括伊斯兰教党②和民政党，以后又有增加，最多时拥有 14 个成员党，成为马来西亚最大的政党联盟。在 1974 年大选中，新组建的国阵在总共 154 个国会席位中赢得了 135 席，占比高达 87.66%，不但恢复了三分之二多数席，而且创下了自独立以来的最好成绩。此后，一直到 2008 年大选前，国阵在每一届大选中都能赢

---

① 杨建成：《马来西亚华人的困境：西马来西亚华巫政治关系之探讨（1957—1978）》，（台北）文史哲出版社 1982 年版，第 255 页。

② 1977 年，伊斯兰教党退出国民阵线，重新成为反对党。

得超过三分之二的多数议席。与此相对的是民主出现了大幅度的倒退，Polity IV 对马来西亚的民主测量数据表明，1969 年的评分骤降至 1 分，接近封闭型威权政体，1974 年恢复选举后才升至 4 分，属于开放型威权政体，此后长期维持在这个水平①。这表明，"513 事件"后马来西亚也像很多东亚国家一样建立起了一党独大的威权主义体制。

民主化进程

东亚各国或地区的威权主义政体从 20 世纪 80 年代开始加入到了第三波民主化浪潮之中，纷纷开始了民主转型。马来西亚也不例外，但它不是以政权更迭的方式推进民主化进程的，而是在威权主义体制内推进民主化进程。

1997 年的亚洲经济危机打击了马来西亚的经济，引发了民众的不满，也加剧了执政党内的矛盾，最终引发了 1998 年的"安瓦尔事件"，使执政党遭受了严重的危机。在这种情况下，已经执政了 22 年的马哈蒂尔于 2003 年辞去党政职务，把权力移交给了他的副手巴达维，加之经济危机很快过去，因而在 2004 年大选中执政的国民阵线赢得了 219 个国会议席中的 199 席，占比高达 90%，创下历届大选最好成绩。然而，这只是人们在渡过经济危机和解除强人统治后的放松而对执政党有所回报，人们很快就从感恩中清醒过来，感到马来西亚亚的政治并未真正改变。

人民所要求的变化很快在 2008 年大选中得到了实现，这次被称为"308 政治大海啸"的大选大大改变了国家的政治格局。在 2008 年 3 月 8 日的第 12 届全国大选中，国阵仅获得 222 个国会议席中的 140 席，占总议席的 63.1%，比上届大选大降近 27 个百分点，并且这是自 1969 年以来执政党首次丧失三分之二多数议席。此外，在州议会选举方面，反对党夺取了 13 个州政府中的 5 个（槟城，吉打，吉兰丹，雪兰莪，霹雳），

---

① "Polity IV Regime Trends: Malaysia, 1957 – 2013", http://www.systemicpeace.org/polity/mal2.htm.

这更是自马来西亚独立以后绝无先例的。而且，国阵在全国范围内的总得票率是 50.38%，仅仅略高于反对党的 46.63%，尤其是在马来西亚的政治经济重心马来半岛，国阵的得票率为 49.65%，反而低于反对党的 50.23%。① "308 大选"后国阵的力量大为削弱，今后在国会提出任何重要的法案都必须得到反对党的支持才能通过，因此，国阵受到了反对党强有力的制约，再也不能随心所欲地修改宪法和制定重要政策了。从此，马来西亚国会有执政的国阵和和反对党建立的人民联盟两大政党联盟分庭抗礼，已经接近两党体制了。

  这种变化还表现在政府结构方面。虽然国阵保住了中央政府的执政权，但是反对党赢得了全国 13 个州政府中的 5 个，这意味着全国接近一半的地方政府发生了政党和政府轮替。而且反对党所赢得的 5 个州的政治经济地位十分重要，这 5 个州全都位于马来西亚政治经济重心——马来亚，"其中雪兰莪是马来西亚经济最发达的一个州，GDP 约占全国四分之一；槟城的科技和工业位居全国前列；吉打州和霹雳州是重要的粮食产区，号称马来西亚粮仓"②。国阵的中央政府要受到这 5 个反对党控制的地方政府的强有力制约。

  此外，公民社会的成熟也为民主化提供了坚实的社会基础。对于执政党来说，尽管这一次大选比 1969 年大选输得更多或反对党赢得更多，落差更大，但并没有引发他们之间的严重冲突，即并没有发生类似"513 事件"那样严重的种族冲突，甚至连小规模的暴力都没有发生，整个社会平和稳定。反对党及其支持者没有举行胜利游行，国阵及其支持者也保持克制，双方都表示接受民主选举的结果。总理巴达维以及其他政党的领袖都呼吁选民保持冷静，使国家能够遵循选举结果，顺利地移交地方政府的权力。这也表明了马来西亚政党政治的成熟与理性。

  正是由于这些变化，使人们把 2008 年大选看成是马来西亚威权政治与民主政治的分水岭。大选后，Polity IV 对马来西亚政体的评分从 3

---

① 黄海生：《多元族群政治的走向》，载《星洲日报》，2008 年 3 月 26 日。
② 宋效峰：《2008 年大选后马来西亚政党政治的走势》，载《东南亚研究》，2008 年第 5 期。

分提高至 6 分①，也就是说，马来西亚不再被视为威权政体而被视为民主政体。在 Polity IV 关于马来西亚政治的报告中，竞争性的选举这一项给了 8 分，说明马来西亚的选举是具有充分竞争性的。报告认为国阵的霸权地位尽管还没被彻底改变，但是已经被大大削弱了。在经济学人信息社 2008 年民主指数的报告中②，东亚第三波民主化国家中只有韩国达到了完全民主，其他几个国家都为瑕疵民主。马来西亚得分为 6.36 分，也属于瑕疵民主，全球排名第 68 位，但已经超过了东亚已经发生多次执政党轮替的印度尼西亚（6.34 分，第 69 位）和菲律宾（6.12 分，第 77 位）。Polity IV 和经济学人信息社的民主指数报告都认可马来西亚为民主政体，显示马来西亚已经完成了从威权政体向民主政体转型的质的飞越。

2013 年第 13 届大选表明马来西亚的民主化进程在继续向前发展。这届选举被认为是马来西亚史上最势均力敌、最激烈的一次大选。本届大选的投票率高达 85%，创下历史最高纪录③。在 222 个国会议席中，执政的国阵获 133 席（其中巫统 88 席），比上一届减少了 7 席，议席百分比为 59.91%，首次下降至 60% 以下；反对党民联获 89 席，比上一届增加了 7 席，议席百分比首次突破 40%；执政联盟与反对党联盟之间的差距进一步缩小。在州议会选举方面，国阵总共赢得了 10 个州，比上一届增加了两个州，但其中有 6 个州的州议会国阵未获得三分之二多数议席；民联执政的州虽然由上一届的 5 个减少到 3 个（雪兰莪、槟城和吉兰丹），却在这 3 个州的州议会中取得了三分之二多数议席，在其他州的席次也有所增加；在总共 505 个州议席中，国阵获得 275 席，民联获得 230 席，双方的差距很小。在选民方面，民联以 50.87% 全国总得票率超过了国阵的 47.38%，这是自马来亚独立后反对党首次超过执政党，其

---

① "Polity IV Regime Trends: Malaysia, 1957 – 2013", http://www.systemicpeace.org/polity/mal2.htm.

② 民主指数，http://zh.wikipedia.org/wiki/%E6%B0%91%E4%B8%BB%E6%8C%87%E6%95%B0。

③ 庄礼伟：《马来西亚竞争型威权体制的走向：以选民结构为考察视角》，载《东南亚研究》，2014 年第 2 期。

意义重大。换言之，如果不是因为不合理的选区划分导致反对党得势不得"席"，马来西亚的中央政府就要政党轮替了。总体来说，此次大选后，朝野双方更加势均力敌，民主化有所发展，虽然没有发生重大突破，但离中央政府的政党轮替似乎只有一步之遥。

五、民主化的特点

马来西亚的民主化除了具有第三波以来的民主化的一般特点即上层精英或执政党往往力图把握民主化的主动权、从而使政治转型具有温和性外，还出现了在一党体制内不断推进民主化这样一种新的形式或特点，这还表现在新加坡的民主化过程中。

迄今为止，马来西亚和新加坡的执政党仍然是威权主义时期执政的政党，是"一党长期执政"，因此很多人按照经典的政治转型理论仍然把两国看成是威权主义国家。但是，不可否认的是，马来西亚和新加坡比很多威权主义国家拥有更多的民主，比如它们都有合法的反对党，都有竞争性的选举，尽管还不能说是完全自由公平，但是反对党总是能够赢得相当多的席位，并在国家政治社会中具有重要的作用，执政党也越来越无力干预选举的过程。当然，从另一方面看，巫统和人民行动党仍然掌握着相对反对党的权力优势，它们仍可以在可预见的未来在不同程度上按照自己的意愿控制民主化。当然，两国也有一定的差距，马来西亚的执政党与反对党的力量对更加平衡，因此执政党实现自己意志的可能性比新加坡要小的多。

在20世纪后期以来由各国民主化的案例构成的比较框架中，我们可以发现马来西亚的民主化具有其明显的特点：它在保持着强国家的治理方式和政治稳定的同时，执政党和反对党都以尊重国家和宪法为原则进行活动或竞争，这使得执政党在更大程度上控制着国家权力，但同时又保证反对党有很大的活动空间，其结果是民主化平稳发展，同时又未发生政党轮替的情况。这使它相比于已经发生政治转型的国家的民主化进程具有明显的稳定性，而相比于没有发生民主转型的国家尤其是已经进行民主化或政治改革的国家，其民主化水平更高，例如较新加坡和越南就更加民主。

迄今为止，世界上所有发生民主转型的国家和地区都是以政党轮替的方式来完成的，政党轮替被视为民主转型的重要标志。① 然而，马来西亚则是通过体制内民主化的方式，在没有发生政治体制转型和政党轮替的情况下，被西方权威的民主测量体系认可为民主政体，这几乎是没有先例的。

总而言之，马来西亚民主化的特点是在一党为主长期执政的威权主义体制内将民主发展到了比较高的水平。在某种意义上，马来西亚开辟了一种新的民主化模式。这不仅具有重要的理论意义，而且还有重要的现实意义，因为全世界还有很多非民主国家，它们选择何种路径向民主转型关系到国家和社会的根本利益。之前，几乎所有的后发展国家的民主化都是通过政治体制转型和政党轮替来实现的，然而，现在出现了一种体制内民主化的模式，这种民主化模式的优点在于其转型的过程更具有渐进性和稳定性，原有的政治体制不会崩溃，执政党也不用下台，就能够实现民主，这对于所有人来说是一种共赢的方式和结果。

政党与国家的关系是渐进性或激进性转型的原因

分析第三波以来的政治转型，可以看到政治转型是采取激进的形式还是渐进的形式，尽管有各种原因，包括政治精英的主体性选择和各国的社会阶级结构及文化宗教因素，但其中一个起重要作用的因素是威权主义后期或转型时期执政党与国家的关系或距离：在其他相关变量基本不变的情况下，如果执政党与国家的关系遵循现代宪政规则或者说执政

---

① 以东亚为例：菲律宾在1986年实现政党轮替后，Polity IV 的测评结果从 -6 分骤升至 8 分，达到民主政体的标准。韩国1987年举行首次总统全民直选后，Polity IV 的测评结果从 -7 分骤升至 6 分，达到民主政体的最低标准，1997年实现政党轮替后，Polity IV 的测评结果提高至 8 分。台湾地区在2000年实现政党轮替后的测评结果提高至 9 分。印度尼西亚在1998年苏哈托下台，并于1999年大选实现政党轮替后，Polity IV 的测评结果从 -7 分骤升至 6 分，达到民主政体的最低标准。

党与国家保持一定的距离,那么就会产生渐进式的转型,这可能有两种结果,一种是国家可以容纳并容易控制反对党的发展和民主的发展,反对党也可以在更大程度上容忍执政党继续执政;另一个结果是在渐进式转型过程中发生了政党轮替,但整个转型仍然比较稳定,当然不像前一种转型的稳定性高。在这类转型中,国家(或地区政府)可以在较大程度上容纳和控制民主化的进程,因而其转型过程也是比较稳定的。

如果威权主义的执政党在转型时期过于强大,尤其是与国家的关系过于紧密,或者说它完全控制了国家,那么民主化过程和政党轮替也就意味着整个国家体制的改变或转型,这时也会出现两种可能性,一种是民主化或政治改革在初期就被强有力的党国体制所遏止,政治回到超稳定状态。这种情况一般是因为执政党内反对民主化的力量较强,而民主化的动力不足。另一种则会发生在党外的民主力量与执政党内要求改革的力量相结合的情况下,他们推动了政治转型,同时也导致了政党轮替。由于这种转型是执政党和国家政治体制的全面的转型,而新的民主体制难以在较短的时间内有效地运作,因而这种转型往往会导致一定时期的政治动荡。每个国家或地区在转型时的动荡程度都可能取决于执政党与国家关系的紧密程度。应该说,在一定的政治发展水平或相关变量存在的条件下,执政党与国家关系的密切程度对政治转型有重要的影响,正如上述,或者是倒退,或者是渐进而稳定的,或者是激进而不稳定的,或者是发生了政党轮替转型,或者是在"体制内"影响民主的进程。从第三波以来世界各国或地区民主化的各种路径来看,这一论断是基本适用的。

马来西亚和新加坡的政党与政府的关系在较大程度上受宪法的制约,不能完全控制国会和政府的政策制定,反对党在国会和政府的政策制定中都有一定的发言权,因此,可以说执政党与国家有一定的距离,而更不是像一些威权主义体制那样是一种执政党与国家密切联系的"党国体制"。这样,尽管执政党在选举或民主化过程中可能会受到一定的挫折,但由于执政党与国家保持着一定的距离,因而执政党的受挫不意味着完全改革国家的权力结构,因此国家对社会的根本性(但不是全面)

控制也不会有很大的改变，这就基本保持了社会和政治稳定。这也是两国的民主化表现得更为渐进的重要原因。

当然，党国关系不是民主转型的唯一因素，它只是在民主转型条件发生或基本成熟时决定转型路径的重要的政治制度因素。按照西方经典的民主转型理论，推动当代民主化的最主要的因素是市场经济和市民社会的发展。亨廷顿指出，当一个国家或地区的经济发展达到中等水平时最容易发生民主转型，这在第三波时期得到了证明，例如，欧洲的西班牙、东亚的韩国、中国台湾，东南亚的菲律宾、印度尼西亚、泰国和拉丁美洲的智利等都符合这一规律。经济发展水平过低的国家则不容易发生民主转型。然而，马来西亚经济发展水平较高，在东南亚处于领先地位，其2014年的人均国民收入已经达到11000美元，已经超过了菲律宾、印度尼西亚和泰国等已经发生民主转型的国家，至今却仍然延续着威权主义时期的一党执政。新加坡的人均GDP更是高达近6万美元。

从经济与政治体制关系的角度来看，我们发现，与那些已经发生政党轮替的民主化国家或没有发生民主化的威权主义甚至集权主义体制相比较，前者与马来西亚和新加坡一样，在市场经济发展到一定水平后，都面临着政治转型的压力，然而这时转型国家的特点是执政党过于强大，但政治体制的包容性、适应性和现代性都不够，因而一旦发生转型或执政党决定让渡一部分权力的情况，就会发生激烈的变化直至传统体制的瓦解，因为这个政体或国家没有建立起执政党与反对党或多元政治力量共处的政治机制，没有相关的政治实践，只有一党统治的党国体制，不能适应这一体制的改变；那些未发生民主转型的国家的情况是，执政党同样非常强大，但这里没有足够市场经济的发展以及在此基础上生成的市民社会或各种政治力量，因而也就没有足够的转型压力，这就使执政党或国家完全可以压制住仅有的转型诉求。而马来西亚和新加坡的情况是，尽管它们也遇到了日益增加的转型压力，甚至强于某些转型国家，但是，不仅由于它们在建国之初就保留了多元的政治空间，而且在此后不断发展和培育这种多元的政治体制和空间，在威权主义体制内建立起了执政党与反对党相处的政治机制，不断进行民主的实践，使政治体制具有了包容性和适应性，因而可以渐进地改革政治体制，推进民主化进程。从表现上看，它们既保持了一党长期执政，又保留了威权主义体制，但实际上，它们并没有因此而迟滞民主化的脚步。正如前述，在当代，量化的测量越来越能客观地反映民主化的进程。

尽管在威权主义时期，马来西亚的执政党和政府也进行了强力统治，但与其他国家的威权主义体制相比更具有包容性，一直给反对党留有活动的空间，尤其是比同样给反对党留有一定空间的新加坡留有更大的空间，这表现在每次大选反对党都能获得国会和州议会一定数量的议席，有表达不同政见的场所。在1997年民主化启动后，反对党与执政党的竞争越来越激烈，两者之间的力量对比越来越平衡，但是并没有导致大的动荡和骚乱，政府、反对派和各族民众都保持了克制，人们越来越尊重选举和民主的机制和程序。

政治领导人的更替也可以反映出民主发展的渐进性和稳定性。从1981年起，马哈蒂尔担任马来西亚总理长达22年，是著名的政治强人。政治强人往往被视为是威权统治的象征，很多国家的政治强人长期统治国家，但是在民主化启动后这些政治强人也难以抵挡大势，纷纷被迫下台。然而，马哈蒂尔却一直牢牢掌握政权，直到2003年他才将权力移交给他指定的继承人，实现党内以及政府权力的平稳过渡。2008年大选虽然被称为"政治大海啸"，但是这主要是指反对党力量的壮大，并未由此引发政治和社会的动荡。尤其是选举后执政党和反对党领袖都呼吁各自的支持者保持克制，尊重民主选举的结果，各方都竭力避免出现第二个"513事件"。这时的马来西亚人展现了较高的民主素养，公民社会越发成熟。尤其是2013年大选后，执政党的国会和州议席进一步减少，整个社会却更加平稳，不再称大选为"政治海啸"了。

政治体制的制度化与民主化水平高

马来西亚政治体制的最重要的特点是它在"体制内"稳定而有效地把民主发展到了较高的水平，在这一点上几乎没有其他后发展国家可与之相比，而西方国家更是"体制外"或制度转型的范式。具体来说，与近几十年已经发生民主转型的国家或地区相比，其民主发展的稳定性和有效性值得称道，例如它较之很多已经发生民主转型的国家的民主化程度、经济发展水平要高的多，较之另一些更早民主化并且经济发展水平更高的国家，民主化的推进没有引发因政权更替而带来的政治和社会混乱；与新加坡这样的也是从威权主义和一党长期执政向民主政治平稳转型的政治体制相比，它更为民主，政治竞争更为真实和有效。例如，马来西亚的人均GDP是12000多美元，而已经发生民主转型和政党轮替的印度尼西亚和菲律宾只有5000—6000美元，虽然新加坡的经济发展水平比马来西亚高得多，它达到了人均近6万美元，这是它的优势，但民主发展的程度却远不及马来西亚。韩国和台湾地区虽然民主的程度和经济发展水平都较高，但它们在政治转型时甚至转型后的政治的稳定性和有效性在相当一个时期不如马来西亚。

当然，与这些不同的国家或比较对象相比，它也存在着相对应的不足，例如经济发展水平和民主化程度都不是最高的，但是就现代化进程必须完成的市场化和民主化两个任务来看，尤其是在自己特有的发展水平和国情的基础上，稳定而有效地推进民主政治和经济发展，它做得较好，尤其是这代表着当代发展阶段的一种新的转型范式。这里也不是说未发生政党轮替是一国最好的选择，也不是说马来西亚发展得最好，而是说马来西亚有自己的发展特色。

有两个重要的因素深刻影响着马来西亚的民主化进程及其路径，一个是文化上的，是现代文化的影响，但它与制度密切相关，具体来说就是马来西亚的文化环境受到英国的影响，而其民族主义领导层的意识形态受到英国民主主义政治思想的影响，这一点与新加坡相似，因而两国的领导层在民族主义政权取得政权后认识到原来英国的殖民统治有其现代性的一面，因而通过保留原来的行政和法律制度而保留了较多的现代性，没有中断现代化的进程，这在政治上的表现则是在威权主义体制中保留了一定的民主，具有包容性；另一个重要的因素或特色是制度方面的，但它与历史尤其是文化或种族密切相关，即历史的传统使它采取了联邦制，种族和文化的原因使其政党制度和政治体制都受到多种族因素的影响。

六、马来西亚民主化的基本原因

亨廷顿认为，第三波民主化浪潮的出现有五大重要原因，即合法性危机、经济社会发展、宗教变革、外部力量和示范效应。① 当然，这五大因素在每个国家中所起的作用有所不同，每个因素在各国家民主化中所起的作用的大小是不相同的。马来西亚虽然没有在第三波民主化浪潮中发生体制转型和政党轮替，但民主化有很大发展，也是世界民主化进程中的一个组成部分。其民主化的主要原因是经济社会发展、外部示范效应和威权主义合法性动摇等。

经济发展

马来西亚在20世纪70—90年代近30年的时间里经济有了长足的发展，这与第三波民主化国家几乎是同步发展的。经济的长期高速增长为民主打下了经济基础，并使这些国家或地区都进入了"政治转型地带"。在其他国家或地区纷纷发生政治转型后，马来西亚并没有发生一般意义上的转型，然而却发生了具有实质意义的民主化。

在平息1969年的"513事件"后，马来西亚政府于1970年出台了新经济政策，实行了出口导向的工业化发展战略。在新经济政策实施的20多年里，马来西亚经济快速增长。从1970年到1983年，马来西亚的GDP年均经济增长率达到7.8%②，到1990年，马来西亚的人均国民收入达到2370美元，在东南亚地区仅次于新加坡和文莱，远远超过印度尼西亚（620美元）、泰国（1490美元）和菲律宾（720美元）。根据马来西

---

① 〔美〕塞缪尔·P. 亨廷顿：《第三波：20世纪后期的民主化浪潮》，欧阳景根译，中国人民大学出版社2013年版，第42页。

② 陈晓律等：《马来西亚——多元文化中的传统与威权》，四川人民出版社2000年版，第327页。

亚政府的统计，到 1987 年，贫困户比率已经从 1970 年的 49.3% 下降到了 17.3%。马来人在工商业公司中所占的股份比率也从 1970 年的 2.4% 提高到 1990 年的 20%。

然而，到 20 世纪 80 年代中期，新经济政策的弊端日益显现，非马来人的积极性受到抑制，马来西亚开始陷入新的困境。为了平息非马来人的不满和促进国民经济的健康发展，1991 年马来西亚政府以"国家发展政策"取代实行了 20 年的"新经济政策"。其主要是对过于倾向马来人的新经济政策做一些修正，使非马来人也能够享受经济发展带来的收益。马哈蒂尔总理强调："新发展政策考虑到所有马来西亚人的需要，任何一个种族的人心中都不担心或怀疑他们会吃亏。"① 当然，马来人优先的政策并没有被彻底放弃，但是这要比新经济政策更趋于平衡，它让非马来人获得了更多的机会和利益，因此种族矛盾逐步缓和，国民经济进入新一轮的高速发展的黄金时期。从 1988 年到 1996 年，马来西亚的 GDP 年均增长率超过 8%，1996 年人均国民 GDP 达到 4450 美元，远远超过印度尼西亚的 1110 美元、泰国的 2980 美元和菲律宾的 1170 美元。1997 年，马来西亚在金融危机中也遭受了沉重打击，但是很快从金融危机中恢复过来，从 1999 年到 2008 年，其 GDP 年均增长率为 6.2%，还是要比绝大多数后发展国家好得多。

显然，马来西亚经济数十年的高速发展是民主化的重要原因，正如前述，在同一时期，第三波国家的经济发展导致了民主化，尤其是东亚各国或地区的发展导致了普遍的民主化或政治改革。同时，马来西亚的民主化也符合亨廷顿的政治转型地带理论，这一理论指出，随着时代的发展，政治转型地带所要求的收入水平会随之向上提升。菲律宾 1986 年发生民主转型时的人均国民收入为 540 美元，1987 年韩国开始转型时为 3600 美元，中国台湾为 5298 美元。因为马来西亚的民主化比这些国家或地区滞后，所以它所需要的收入水平也要比这些国家和地区更高，在发生"政治大海啸"的 2008 年时，马来西亚的人均国民收入已经达

---

① 丁传英等：《腾飞的东盟六国》，时事出版社 1995 年版，第 65 页。

到 7500 美元。

社会变迁

经济发展导致了社会结构和社会价值的变迁，从而推动了民主化。① 马来西亚数十年的经济高速发展导致工业化、城市化和教育水平的提高，推动了城市中产阶级壮大和市民社会的崛起，进而推动了民主化。

1986 年，马来西亚的工业增加值占 GDP 的比重就达到了 39%②，而农业增加值占 GDP 的比重则下降到 20%，此后这一趋势一直得以延续。这使得曾经一直在传统社会中占据绝对优势的农业下降为国家三大产业比重之末。换言之，马来西亚的经济社会发生了巨大的变迁，已经从传统的农业社会进入到了现代工业社会。与此相适应，农村人口减少，大量涌入城市，城市人口大增。从 1986 年到 2008 年，马来西亚城镇人口占总人口的比例从 47% 提高到 69%③，城市化基本完成。教育同样发展很快，到 2008 年，马来西亚的中学入学率达到了 66%，高等院校入学率达到了 34%。

中产阶级的发展与社会结构变迁相适应。到新经济政策结束的 1990 年，马来西亚的农业人口，已经下降到占全国总人口的 28.3%，而中产阶级大幅增加到 32.6%，工人阶级达到 27.6%，服务业人员达到 11.6%。也就是说，早在 1990 年，中产阶级人口就已经超过了农业人口，成为马来西亚社会人数最多的阶级，其社会结构已经发生了根本性的变化。随着城市化和中产阶级的发展壮大，马来西亚的市民社会逐渐成长起来，各种社会运动越来越多，且社会运动的政治指向越来越明确。

1998 年，在东亚金融危机和印尼独裁者苏哈托倒台的背景下，马来西亚发生了安瓦尔事件和"烈火莫熄"改革运动，这标志着马来西亚市

---

① 〔美〕塞缪尔·P. 亨廷顿：《第三波：20 世纪后期的民主化浪潮》，欧阳景根译，中国人民大学出版社 2013 年版，第 60 页。

② 工业增加值（占 GDP 的百分比），http：//data. worldbank. org. cn/indicator/NV. IND. TOTL. ZS/countries。

③ 城镇人口（占总人口比例），http：//data. worldbank. org. cn/indicator/SP. URB. TOTL. IN. ZS。

民社会正式登上历史舞台,民主政治发展到了一个新的阶段。这是马来西亚有史以来第一次大规模的市民运动,前后约有数十万人参加,对1999年的大选产生了很大的影响。在此之前的社会运动,主要表现为种族矛盾和冲突,从"烈火莫熄"运动开始,种族性运动开始退居次要地位,追求公平、正义、自由、民主、人权等普世化的政治价值和权利的政治运动上升到主要地位。

中产阶级的壮大和社会运动的增多使反对党力量不断增强。中产阶级更易接受民主价值观念,因此,在威权主义国家中它更易倾向于反对党。这是"308政治大海啸"之所以发生的一个重要原因。执政党有两大政治基础,其一是人数较少的马来权贵和政府行政人员,其二是人数众多的乡村马来人;而反对党的主要政治基础是城市中产阶级,包括各个种族的中产阶级。[①] 如果以城乡作为区分的话,那么可以说城市选民多支持反对党,而乡村选民多支持执政党。在雪兰莪、槟城和吉隆坡等全国经济最发达的地区,由于城市化水平高,中产阶级数量多,反对党的优势明显。然而在经济比较落后的乡村地区,巫统则占有很大的优势。反对党中唯一能够与巫统争夺马来人选票的只有伊斯兰教党,只有该党赢得过像吉兰丹和丁加奴等经济落后的农业州的选举。

20世纪90年代末以来,大量的群众集会和社会运动一方面对政府施加强大的压力,另一方面支持和壮大了反对党。安瓦尔事件和"烈火莫熄"运动就于1999年4月直接催生了公正党。公正党是马来西亚三大主要反对党之一,旨在联合各政党和非政府组织的力量,争取公正和民主。随后,公正党与民主行动党、伊斯兰党和人民党为迎接第10次大选而结成反对党联盟——替代阵线,意在替代国民阵线而执政。尽管替代阵线在1999年第十届大选中没有达到打破国民阵线三分之二多数议席的目标,但是比上一届增加了15个席位,席位百分比上升了8个百

---

① 庄礼伟:《马来西亚竞争型威权体制的走向:以选民结构为考察视角》,载《东南亚研究》,2014年第2期。

分点。① 2004 年，安瓦尔获释后，进一步加强反对党之间的协调与合作，成为反对党联盟的实际领袖。可以看到，两线制的雏形已经显现，马来西亚开始进入类似于西方两党联盟制的政党政治新时代。

合法性动摇

亨廷顿指出，由于"二战"后世界上大多数国家的人开始接受民主的观念，"一种世界性的民主精神已经形成"②，所以威权政体大都丧失了来自信念的合法性，他们不得不将政绩作为合法性的主要源泉，即民众牺牲一些自由和权利，而威权政府则以改善民众的物质生活作为回报。但是这种以政绩为合法性支撑的威权政体很容易遭受危机：一方面，任何国家都难以永远保持经济增长，如果遭遇经济危机，民众就倾向于抗议，威权政体的合法性就会受到冲击甚至崩溃，20 世纪 70 年代因石油而引发的经济危机是导致第三波民主化的一个重要的原因，1997年的亚洲金融危机直接引发了印度尼西亚的民主化；另一方面，即使威权政府的政绩优良，实现了其承诺的目标，也并非一定不会遭到民众的抛弃，因为民众会想既然目标已经完成，那为什么还需要忍受威权统治呢？有一些国家或地区的民主化就是发生在经济繁荣的时期，例如韩国和中国台湾。因此，无论威权政府的政绩是好是坏，最终都会遭遇合法性危机。中产阶级发展起来后，无论是威权主义体制的合法性，还是执政的巫统和国阵的传统的合法性都已经发生了动摇。

东亚威权主义体制建立和存在的理由是政治共同体中存在着普遍的无序和不稳定，需要威权主义统治来维持社会秩序和稳定，因此，在斯雷特尔看来，它们是建立在特定的"保护协定"基础上的。这个协定是以作为反对特殊的争斗型政治的威胁、为增强国家权力和收紧威权控制

---

① 〔澳〕约翰·芬斯顿：《东南亚政府与政治》，张锡镇等译，北京大学出版社 2007 年版，第 168 页。

② 参见〔美〕塞缪尔·P. 亨廷顿：《第三波：20 世纪后期的民主化浪潮》，欧阳景根译，北京：中国人民大学出版社 2013 年版，第 60 页。

而结合起来的广泛的精英联盟为基础的。① "513事件"让很多马来西亚人亲身体验到了社会混乱所造成的可怕后果,因此转而支持巫统建立威权主义体制。蒂尔曼(Tillman)认为,令人震惊的1969年种族暴乱导致政治中心收紧了对边缘的控制,导致了一个时代的"明确的集中化"。② 因此,斯雷特尔认为,马来西亚和新加坡民主化的前景取决于民众的认知,即民主和稳定是否能够兼得决定着民众是否支持民主化。③ 也就是说,在相当程度上,只有让多数马来西亚人相信民主化并不会导致社会不稳定,他们才会支持民主化。而韩国和中国台湾从20世纪90年代前后展开的相对稳定和成功的民主化给马来西亚人上了生动的一课,即强国家的民主化并不意味着政治不稳定。而且,从90年代以来马来西亚国内的政治社会发展情况来看,有很充足的理由相信这些国家的"保护协定"时代已经过去了。④ 因为左翼激进主义及其与此相关的民粹主义已经没有什么影响力了,没有理由认为民主竞争会产生激进和动荡的社会政治。由于马来西亚为威权主义做的最有力的辩护就是把它作为抵制社会不稳定的堡垒,所以在出现温和的多种族联合的反对派以后,民众逐渐认识到威权主义不再是防止回到在它之前的霍布斯时代所必需的了,民主也可以稳定。

另外一个合法性问题是马来西亚独有的,即只有解决了种族问题,具体来说就是在不挑战马来人政治特权的前提下才能取得动摇现任威权主义统治的合法性,民主化才能推进。由于马来人占马来西亚人口的大多数并且享有宪法所规定的政治特权,因此,能够真正对巫统构成强有力挑战的一定是以马来人为主的政党。1999年4月,安瓦尔的妻子旺阿

---

① Dan Slater, *Ordering Power: Contentious Politics and Authoritarian Leviathans in Southeast Asia*, New York: Cambridge University Press, 2010, p. 319.

② Robert O. Tillman, "The Centralization Theme in Malaysian Federal-State Relations, 1957 – 75", *Institute for Southeast Asian Studies (Singapore)*, Occasional Paper, No. 39, May 1976, p. 63.

③ Slater, Dan, "Strong-state Democratization in Malaysia and Singapore", *Journal of Democracy*, National Endowment for Democracy and The Johns Hopkins University Press, Vol. 23, No. 2, April 2012, pp. 19 – 33.

④ 同上。

兹莎创立国民公正党，该党虽然是以建立跨种族的全民政党为目标，但它是马来人领导并且主要成员马来人的政党，因而能够与巫统争夺马来人的选票。2004年安瓦尔获释后成为公正党的实际领袖，并以其高超的政治手腕促成了公正党、伊斯兰教党和民主行动党的合作。

由于三大反对党中有两个是马来人政党，而且安瓦尔成为反对党联盟的实际领袖，所以反对党联盟也就是由马来人主导的政党联盟，这就使反对党联盟与执政党联盟的对抗不再是非马来人与马来人的对抗，执政联盟不再具有种族优势。因此，巫统所宣扬的反对党胜利会威胁马来人地位的威吓对马来人失去了作用，马来人不再担心反对党胜利会颠覆马来人的政治主导地位，使越来越多的马来人敢于投票支持反对党联盟。在最近的2008年和2013年大选中，反对党的力量不断壮大，深深动摇了巫统在马来人心中的合法性，马来人的反对党已经与巫统势均力敌。

当然，种族联盟也意味着政治倾向的中间化或非极端化，这对于华人政党或民主行动党来说，不再走激进民主化的极端路线；对于伊斯兰教党来说，则是放弃激进种族主义的极端路线，这使它们从边缘地位走到了政治核心，在多种族的人民联盟的旗帜下分享到了国家权力。

此外，有一个令人感兴趣的问题值得关注，马来西亚和新加坡的威权主义政府多年来都有一个重要的说教，就是一方面赞扬自己在领导经济方面的成功，另一方面警告国民不要投票给反对党，否则国家就会失去经济快速增长的局面，甚至会造成国家混乱，这在很长一个时期都起到了作用。然而，由于民主化国家的示范效应，这一说教越来越受到挑战，即随着东亚民主化国家或地区逐渐渡过了转型危机，实现了民主巩固和良好的经济社会发展，尤其是韩国、中国台湾和印尼的发展，使人们看到民主化并非如政府所言会带来经济的不发展和社会混乱，因而执政党和政府的恫吓逐渐失去了作用。与此同时，由于国阵的一党长期执政也发生了很多问题，因此越来越多的人转而希望通过民主化的方式来解决这些问题，这在马来西亚表现得更为明显，可能的一个重要原因是它的经济发展水平远远低于一些转型国家或地区,而新加坡的经济发展水平还高于这些国家或地区。

七、马来西亚一党长期执政的制度原因

对政治制度进行有效的建设和改革是保证马来西亚一党长期执政的重要原因,我们通过与其他东亚国家或地区的政治制度进行比较来探讨其制度建设和改革的有效性。

政治制度的现代性

马来西亚在独立后继承了很多原殖民宗主国英国的政治制度,因此其政治制度具有相当的现代性。英国于18世纪末进入马来半岛并逐步扩张自己的势力,通过"间接统治"的方式把自己的统治扩大至整个马来半岛。马来半岛在"二战"中短暂受到日本的侵略,"二战"后英国又恢复了对它的统治。由于英国的统治具有现代性,且在20世纪后期的统治也较为温和,尤其是在民族运动高涨之时采取了妥协退让的政策,因而马来西亚不是通过武装斗争取得民族独立的,而是通过与英国的谈判实现和平独立的。因此,与很多新兴民族国家在武装冲突中产生了强烈的仇恨殖民统治者的情绪不同,马来西亚不但对英国没有强烈的仇恨,而且在独立后与英国的关系很密切;它不仅在独立后随即加入了英联邦,而且在相当程度上保留了英国在马来西亚建立的政治制度。换言之,马来西亚的民族运动最终是以民族主义领导取代了殖民当局,这是政治上的重大转变,也为现代化进程提供了根本的制度上的合理性——建立起现代民族国家。但由于第二次世界大战后的新兴国家大多还保留着浓重的封建性或传统性,因而马来西亚在保留英国治理中的现代性因素就显得非常重要,即它与很多新兴民族国家不同的是,它在统治方式和政治制度上都对英国殖民当局的统治方式有诸多的继承、保留和发展。具体来说,这表现在以下几个方面。

首先，马来西亚仿照英国建立了君主立宪制。马来西亚的政治制度的建立是一个渐进的过程，从马来亚独立到马来西亚联邦的建立，逐步模仿英国建立起了以议会为中心的君主立宪制度。1957年8月27日，英国政府与联盟党政府联合任命的以英国人李德勋爵为首的制宪委员会起草的《马来亚联合邦宪法》（也被称为《独立宪法》）正式公布，并于8月31日马来亚联合邦宣布独立后开始生效。根据《独立宪法》，马来亚设有最高元首、两院制议会及向议会负责的内阁和独立的司法系统。

与英国君主一样，马来西亚的最高元首只是一个"虚君"，国家权力以国会为中心，而国会也是英国议会制度的翻版。马来西亚国会是马来西亚最高立法机关，分为上议院和下议院，权力中心在下议院，下议院议员全部由选民直接选举产生。仿照英国，马来西亚实行责任内阁制。每届大选后，由下议院多数党或多数党联盟组建内阁，多数党领袖出任内阁总理，内阁成员必须是议会议员。

其次，马来西亚保留了英国殖民当局所建立的现代行政官僚制。这套官僚制度曾经培养了一个政治和行政精英集团，包括早期的许多政治领袖，例如马来西亚首任总理、巫统领导人拉赫曼（Tunku Abdul Rahman）等；并且这套行政官僚制具有较高的行政效率，这是其政治社会发展的重要的制度和专业保障。数十年来，马来西亚政府总是能够根据国内外经济形势的发展变化制定经济政策，包括新经济政策、国家发展政策和2020年宏愿等宏观经济规划，以及为了落实这些宏观经济规划而制定的具体的五年计划，都是靠这个行政官僚来进行贯彻，它具有较强的执行力。虽然相较于新加坡，马来西亚的行政效率要差一些，但是要远远好于其他东南亚国家。新加坡也同样保留了英国的行政官僚制。这就说明，英国所建立的行政官僚制具有现代性和有效性，保留并发展这一制度有利于提高政府的行政效率。

再次，马来西亚在建国之初也基本保留了英国在此建立的法律和司法制度，并以此为基础进行发展和改革。独立后，马来西亚的司法机继承了英国在此建立的司法独立制度，它曾因其独立、诚实和不受政治干扰而享有很高的声誉。直到1985年之前还保留着在司法审核中向英国枢密院上诉的程序和权利。马来西亚的前三位总理都受过法律教育和训练，例如首任总理拉赫曼就曾在英国剑桥大学学习法律，因而政治领袖有法治素养，政府和司法机关的关系比较协调。直到1981年，第一位没有法律背景的马哈蒂尔担任总理后，情况才逐渐发生了变化。由于巫统在1987年的代表大会上承认了30个未登记的支部，高级法院于1988年宣布巫统为非法组织。执政党被法院宣布为非法组织，这在任何威权主义国家都是不可想象的。这次行政权和司法权的直接对抗事件最终以最高法官东·塞莱被解职和巫统重新登记而告终。自东·塞莱案件后，巫统逐渐加强了对司法的干预和控制，司法机关的独立性受到了很大的干扰。特别是在安瓦尔案件中，司法机关被质疑沦为巫统打压反对党领导人的工具。尽管如此，马来西亚的司法机关还是比其他威权主义国家的司法机关更加独立，更多地受到社会的监督，因而也更加公平。这也使得马来西亚的法治水平要比很多威权主义国家更高一些。

政治制度的复杂性与包容性

马来西亚的政党和政党制度有一个非常独特的特点，就是每个政党的成员主要是由单一种族构成的，但它们均是以政党联盟的形式进行政治活动的，而且在主要的政党联盟中都是由马来人政党、华裔政党和印度裔政党所构成的，并以马来人为核心。历史上单一种族的政党单独参与政治活动都不成功。马来西亚的执政党是国民阵线，由多个政党组成，核心是巫统。尽管巫统掌握着政府的核心权力，而且从独立以来一直执政到今天，但它从来没有单独执政过，而都是通过联合其他政党来执政的，1974年之前是联盟党，之后扩展为国民阵线，反对党和其他政党也是如此。马来西亚政治制度的这种复杂性特点来自于它的多种族和多文化并存的现实，换言之，种族的复杂性导致了政党制度的复杂多元。马来西亚的政党都是以种族为基础的。

这种情况在政党政治发展发展之初或争取民族独立的选举中就已经得到了证实，在日后的发展中进一步得到了证实。例如，巫统就是马来人政党，马华公会是华人政党，印度人国大党是印度人政党，而这三大政党以巫统为核心组成了最初的执政联盟"联盟党",在大选中屡屡获胜。马来亚历史上也曾经有过跨种族政党的尝试,例如巫统创始人拿督翁就曾主张巫统应向非马来人开放,但遭到巫统内部马来领导层的强烈反对。于是他离开巫统,于1951年组建马来亚独立党(The Independence of Malayan Party)。这是马来亚第一个跨种族政党,宣布代表三个种族的利益。但是独立党在1952年2月的吉隆坡市议会选举中败给了巫统和马华公会组成的竞选联盟。拿督翁在解散独立党后又另行组建了一个新的跨种族政党——国家党,但是国家党在1955年举行的第一次全国性立法议会选举中大败,一席未得。拿督翁在此次大选失败后很快退出了历史舞台。"以族群为核心建立政党是马来西亚政治生态中最重要的纽带和原则,而跨种族的政党往往缺乏凝聚力。"①

　　虽然跨种族政党的尝试失败了,但是建立跨种族政党联盟的努力却取得了成功。独立前,马来亚就出现了政党联盟,1952年,巫统和马华公会就在地方选举中结成同盟,并于1954年正式组成联盟党。联盟党在成立后不断扩大,印度人国大党及一些沙巴和沙捞越的政党分别于1955年和1963年加入了联盟党。实际上,巫统和马华公会的联盟早在1952年吉隆坡市议会选举中就取得了胜利,并在1955年第一次全国性大选中取胜,成为殖民末期的执政党,继而在1958年成为独立后的真正的马来亚执政党,真正至今。1974年,联盟党改组扩大成"国民阵线",包含了更多的政党,目前有14个政党。因此,执政党联盟内部是复杂多元的,包括马来人政党、华人政党、印度人政党和其他种族政党。但执政联盟内部各成员党相对独立,只是在大选时采用统一的旗帜、竞选标志和宣言,内部协商分配候选人议席和政府职位。因此,这是一种介于一般的政党联盟或单一政党之间的政党组织,比一般的政党联盟更加紧密,而比单一的政党又更加松散。

　　反对党也是如此。反对党中也有马来人政党和其他种族的政党。伊

---

① 宋效峰:《试析马来西亚一党独大制的历史合法性》,载《广州社会主义学院学报》,2008年第1期。

斯兰教党和民主行动党分别是老牌的马来人和华人反对党，公正党则是后起的马来人政党。反对党建立跨种族联盟的尝试要比执政党晚得多，直到20世纪90年代，一些反对党第一次组成了反对党联盟——人民阵线，但不是很成功，很快就解散了。安瓦尔事件后，伊斯兰教党、民主行动党和公正党三大反对党组成了替代阵线，虽然它在1999年大选后不久也解散了，但是这三大反对党继续保持了协调与合作。特别是安瓦尔获释后以其高超的政治手腕将三大反对党又联合起来组成人民联盟，在2008年大选中取得了巨大的成功，一举打破了国民阵线在国会维持了近40年的三分之二多数。人民联盟内部也是复杂多元的，也包含了马来人政党和华人政党。反对党联盟的成员党比执政党联盟少，但是更具独立性，大选时各党不采用统一的旗帜、竞选标志和宣言，只是协商分配候选人议席，以避免反对党之间竞争。

如果说1952年吉隆坡市议会选举初步说明了跨种族组建政党的失败和各主要种族政党联盟的成功，那么1955年全国立法议会的选举则进一步证明了这一政党政治模式存在的现实性，政党组织的这种单一种族性和政党政治的结盟性模式一直持续到今天。

从政治制度化来看，马来西亚的政治制度确实具有明显的复杂性特点。这主要表现在两个方面，一是政党均以加入政党联盟的形式参与政治或选举，这使得政党制度具有复杂性。二是马来西亚的政治体制是联邦制，联邦制也是马来西亚政治体制复杂性和制度化水平高的一个重要特点。马来西亚分为13个州和包括首都吉隆坡在内的三个联邦直辖区。从地理分为两部分，一部分是马来半岛，这里的各州有较多的共同的历史经历和相似的种族及文化背景，因而对国家的忠诚要大于对各州自己的忠诚，不过历史原因或联邦制特点使各州仍具有较大的自主性；另一部分是被南中国海隔开的东马的沙巴和沙捞越，它们具有较多不同的历史、文化和种族构成，因而其国家忠诚更弱一些。这些更增强了地方政府的自治权和独立性。因此，马来西亚采取了与美国相似的联邦体制，中央政府和地方政府可以是不同的政党执政，地方政府有一定的自主权，这使得中央与地方之间的关系不是单向的，也具有复杂性。从民主化和政治稳定的视角来看,这种复杂性提供了相当的包容性,从种族关系上来看,无论是在执政联盟中还是在反对党联盟中,不同种族政党的参与可以在相当程度上缓解非马来人在政治上受歧视的情况;从执政党与反对党的关系来看,面对反对党的日益增大的参与压力,执政党可以通过放弃一些州议会的选举和执政地位来满足反对党的参与要求,分散反对党在全国性选举中的竞争压力和执掌中央政府的诉求,使执政联盟不至于失去国家层面的执政权,维系一党长期执政的格局,尤其是可能避免了由于政治转型过快而发生的政治动荡。换言之,反对党的能量在非根本性的地方得到了相当的释放,从而缓和了它对政治体制的根本性冲击。此外,利用政党联盟而不是单个的政党来表达政治诉求本身就使得无论是执政党还是反对党都会缓和自己的较为极端的政治诉求,而要顾及联盟中其他政党的诉求,以维系联盟的存在。

亨廷顿的制度化理论认为,复杂的政治体制比简单的政治体制更能适应环境的挑战。尽管亨廷顿是指将传统社会的简单体制与现代社会的区分化的复杂体制相比较的情况,而不是指现代社会中过于臃肿的政治体制的复杂性,但它仍然适用于现代体制中的合理的复杂性。尤其是马来西亚的政治体制在相当程度上仍然是处于从传统体制向现代体制转换的时期,利用好这种复杂的制度是保证政治转型稳定进行的重要因素。实际上,很多后发展国家都面临着这一问题。应该说,马来西亚较好地调整了自己的多元而复杂的体制中各部分之间的关系,包括中央与地方的权力关系,国会中执政党与反对党的关系,政党与政治联盟之间关系的关系。

政党和政党联盟的这种情况是马来西亚政治生态的一个鲜明特点,它表明,一方面,种族意识具有更强的凝聚力,是各种族的核心价值观;另一方面,由于处于多种族并存的生态中,各种族都有跨种族进行种族间交流和团结的意识,即国族意识,这也是市场经济和民族国家发展的必然趋势和结果。这种种族和国族意识的结合即马来西亚特有的政治意识是马来西亚政党联盟产生和运作的重要机制。这种政治制度的复杂性影响着其政治进程,也保证了民主化过程中的政治稳定。

从当代很多国家转型国家的情况来看，如果一个国家是多种族并存且各种族力量相对平衡的情况，在政治发展的一定阶段或者说在近几十年来，如果政党尤其是执政党是单一种族或单一结构的，那么其政治转型可能会导致两种后果，一种是国家的解体，分裂成以单一种族为主的数个国家，像前苏联和南斯拉夫等；一种是发生民主的崩溃，国内各种族发生激烈的冲突，例如伊拉克和叙利亚等。而马来西亚这种多种族的政党联盟结构则保证了民主化的稳定发展，这说明它既在相当程度上适应了各种族的政治诉求，也保证了各种族之间的利益协调，在此基础上追求它们共同的政治诉求。

实际上，以这种政党联盟的方式处理种族的政治关系不仅在多种族国家的政治发展中可能起到促进和稳定政治发展的作用，而且也使相对于以单一种族为主或不存在多种族分裂的国家也具有相当的优势或特点。这种政治制度或政治制度的复杂性结构增加了政治体制的协商性、包容性和适应性，提高了制度化水平。我们可以看这一时期东亚其他转型国家或地区的情况。中国台湾、菲律宾、韩国和印度尼西亚在威权主义时期都是单一政党执政，因此它们的包容性都较低，在面对民众的政治参与压力增大时缺乏吸纳参与的渠道，最终只能诉诸推翻当前的政治体制。这是导致这些国家发生政治体制转型和政党轮替的重要原因。

制度化水平与政治体制转型的关系

如果一种制度的制度化水平较低，不能及时做出调整，就会因自身不能适应这种变化而被迫以体制的转型的方式来适应这种变化。[①] 东亚已经发生民主转型的国家和地区如菲律宾、韩国、中国台湾、泰国和印度尼西亚等，虽然转型的原因有多种，但是就政治制度而言，它们存在

---

① 李路曲：《威权政治下的民主发育——政党转型的东南亚经验》，载《文化纵横》，2013 年第 2 期。

的共同原因是制度化水平较低，尽管各国或地区的制度化水平也有高低之差。在转型前，这些国家的威权主义政治体制都比较僵硬刻板，缺乏包容性和适应性，因此在面对环境发生重要变化即经济社会结构和文化转型后，其政治制度承受不了多元化的压力，导致威权主义体制的崩溃和转型。这些国家和地区相比较，中国台湾政治改革较早，制度的制度化水平较高，因而转型相对稳定，韩国次之，菲律宾、印尼和泰国都出现了政治动荡和民主巩固的困难。

相反，如果一种制度的制度化水平较高，则可能会通过自我调整和革新来渐进地进行转型，防止制度的崩溃。① 正如前述，由于马来西亚政治制度的现代性、复杂性和适应性程度较高，这使它能够在一党为主长期执政的体制内将民主发展到比较高的水平，从而适应了巨大的经济社会变迁，使其民主化更显现出渐进性、有效性和稳定性，没有发生威权主义的崩溃。政治的现代性使它不断推进现代民主政治的发展，复杂性使政治体制能够包容政治的民主化和社会的变迁，适应性是在现代性和复杂性的基础上，政治精英通过渐进式改革使政治体制能够适应经济和社会的变迁，而不是以体制的崩溃或体制的迅速转型来适应这种变化。

当然从另一方面也不能说这是唯一或最好的选择，因为这种渐进性转型显然大大延缓了其政治转型的速度，而从政治转型较快的国家或地区来看，有的显然不如马来西亚发展得好，但有的国家或地区显然比马来西亚发展得要好一些，例如东亚的韩国和中国台湾。当然，发展的好坏并不完全是由是否转型来决定的。从政治制度建设来看，韩国的制度建设要好于中国台湾，中国台湾与马来西亚相比，更为公平和民主，但效率方面并不一定有效。因此，在某种意义上可以说，马来西亚具有较高制度化水平的政治制度在一定程度上抑制了政党轮替，维护了一党长期执政的格局。我们不能说各国或地区现实的制度是最合理的选择，否则

---

① 李路曲：《一党长期执政的民主空间》，载《新视野》，2012年第1期。

就没有改革的必要了，而选择既适合自己的国情又能够促进发展的制度是最合理的。

结 论

本文认为马来西亚走了一条比较独特的民主化道路。相较于那些以政党轮替为标志而从威权主义向多元民主转型的国家而言，马来西亚是在一党长期执政的威权主义体制内推进民主化进程的，虽然没有发生经典的政党轮替和威权主义体制的解体，但其民主水平已经超过一些已经发生政党轮替及民主转型的国家，并且已经被一些国际权威的民主测量系统认可为民主政体。虽然这种体制内的民主化模式使马来西亚政党轮替的时间延后了，至今仍然保持着一党长期执政的威权主义政治形式，还有某些不那么民主的机制和形式，但是这种体制内民主化模式的某些优点也是显而易见的，那就是民主化的进程渐进而稳定，也有利于经济和社会的发展。

应该说，马来西亚民主化的基本原因与其他国家并没有什么不同，它经过数十年高速的市场经济的发展，中产阶级日益壮大，市民社会逐渐发展成熟，反对党的力量越来越大，而执政党的合法性逐渐发生动摇。使马来西亚能够在一党为主长期执政的体制内将民主发展到比较高的水平的原因主要是政治制度的作用，这既来自于制度的一般特征，即具有较高现代性的强国家制度，也来自于制度的特殊性，即建立在多种族基础上的政党和政治制度的复杂性，当然这也包括执政党和反对党的精英利用制度的供给进行的博弈和妥协，利用制度对文化进行整合等。CPS

The New Political Transition Paradigm: "Within the System" of Democratization in Malaysia

Li Xin Ling Hai

Abstract: The most important feature of the Malaysian political transition is that it retains the basic form of political system and achieves democratic development through the "within the system" transition. Whether the rotation of ruling parties occurs or not in the future, Malaysian develops democracy to such a high level "within the system", which means the emergence of a new transition pattern. Before this, almost all the country's democratization is through the transition of political system and the rotation of ruling parties. Now, however, there is a "within the system" model of democratization and the main character of this pattern are gradualness and stability during the process of transition, which suppresses the social and political disorder or violence brought by the transition, meanwhile maintaining political order and governance performance; the ruling party does not suppress the democratic force excessively for fear of stepping down in the process of democratization, but quite actively promote the democratic process, which instead maintains its ruling position. This is a win-win pattern and result in regard to various political forces. This new democratization model is undoubtedly of great significance, because there are many non-democratic countries around the world, finding a way especially a stable and effective democratic transformation model in these countries is an important issue in political development.

Keywords: Transition Paradigm; Democratization; Rotation of Ruling Parties; Institutionalized Level; Authoritarianism

威权下的成长：韩国劳动体制演变的政治经济分析[*]

张彦华　张振华[**]

【内容摘要】 1961年朴正熙通过军事政变上台，标志着韩国威权—发展型国家的开端。1961年、1972年、1979年和1987年是威权—发展时期的主要节点，韩国采取了不同的政治体制和经济政策。政治经济配置的变化深刻地影响了韩国劳动体制的属性。韩国劳动体制的这种变化对韩国民主化的样式以及转型后韩国劳动政治的形态有着持续的影响。

【关键词】 劳动体制；工业化；维新体制；新军部

一、问题的提出

在现代化进程中，劳工抗争是一种普遍现象。正如有学者指出的，"与其他群体相比，劳工阶级一般都具有共同的利益基础，在政治上容

---

[*] 本文系国家社会科学基金一般项目《东亚发展型国家的理论追踪及中国启示研究》（项目号：17BZZ083）的阶段性成果。

[**] 张彦华：男，（韩国）国立庆北大学政治学博士，西华师范大学政治与行政学院讲师；张振华：男，法学（政治学）博士，华东师范大学政治学系副教授。

易形成集体认同。最重要的是,劳工阶级不像学生、教会和其他社会团体,它能够通过罢工直接破坏经济,从根本上影响到威权统治的基础"。① 正是由于劳工阶级在工业化过程中的这种战略地位和作用,对于包括韩国在内的发展型国家研究的一个重要切入点是劳工政治。学者普遍运用国家合作主义(State corporatism)② 来概括这一时期韩国的劳动体制。这种研究在取得重要洞见的同时,也存在明显的缺憾:它将威权—发展时期韩国的劳动体制看作是单一的、静态的。事实上,即便是在威权时期,韩国的劳动体制也有明显的变化:1961年至1972年间韩国的劳动控制主要是通过工会组织的御用化来实现的,1972年至1987年间韩国劳动控制的重点则转向限定工会组织的范围,不允许工会自主建立跨区域和跨企业的联系,力图使工会原子化、无力化。③ 这表明,即便是在极端不利的政治环境中,韩国劳工依然能够取得实质性的进步。威权—发展时期韩国劳动控制模式的这种变化以及其所体现的政治含义是国家合作主义范式所忽视的。

  本文试图从政治经济的角度来分析韩国威权—发展时期劳动体制的这种变化。政治经济分析的思想基础可以追溯到17世纪的古典政治经济学,在现代转型学研究中,政治经济分析框架得到了广泛的应用。总体而言,政治经济分析方法认为社会系统是由相互作用的政治与经济要素构成的,这些要素及其相互之间的作用影响着社会系统中集体行为的发生和展开方式。④ 体制转型受到经济环境和政治制度的约束,在转型过程中经济政策和政治体制发挥着重要作用。⑤ 从韩国政治发展的历程来

---

① 谢岳:《社会抗争与民主转型——20世纪70年代以来的威权主义政治》,上海人民出版社2008年版,第36页。

② 张振华:《公民社会兴起的政治意蕴:以韩国为样本》,载《经济社会体制比较》,2013年第3期。

③ Yong Cheol Kim, "The Park Regime and Labor Control Strategy: Formation and Evolution", *Journal of the Economic Geographical Society of Korea*, Vol. 14, No. 2, 2011.

④ J. Arndt, "The Political Economy Paradigm: Foundation for Theory Building in Marketing", *Journal of Marketing*, Vol. 47, No. 4, 1983.

⑤ 〔美〕斯迪芬·海哥德,罗伯特·R. 考夫曼:《民主化转型的政治经济分析》,张大军译,社科文献出版社2008年,第2页。

看，1961—1987年间是典型的威权—发展型时期。在这一时期，韩国的政治经济配置呈现出较为明显的差异：1961年，朴正熙通过军事政变上台（第三共和国），在政治上建立了军人独裁体制，在经济上启动了政府主导的外向型工业化政策；1972年，朴正熙推行维新体制（第四共和国），建立了政治上的类极权统治，在经济上开启了重化工业政策；1979年，全斗焕通过军事政变上台（第五共和国），在政治上延续了维新体制的独裁统治，在经济上则提出了一系列经济稳定政策。政治体制和经济政策的不同配置对韩国劳动体制的演变产生了何种形式的影响？这是本文要探讨的主要问题。

二、政治合法性的困扰与韩国出口导向型工业化的发端（1961—1971）

韩国的劳工抗争在日本殖民时期就已经取得了很大的成绩。在1948年8月15日建国后，劳工抗争更是呈现出爆发式的增长态势。但在朝鲜战争进行过程中及之后，在反共主义和保护国家利益的名义下，国家对劳工抗争进行了残酷镇压，导致劳工力量跌回了原点，之后又呈现出缓慢发展态势。根据相关资料，1950年代韩国工会成员数量缓慢增长：1955年为20多万名，1957年近25万名，1959年达到28万多名。这期间，围绕增加工资和减少劳动时间的劳动争议数量也缓慢增长：1953年9件，1957年45件，1959年95件。[①]尽管如此，1961年朴正熙上台之前的劳工阶层在社会各阶层之中是相对弱小的，当时的劳工阶层完全不足以威胁到威权统治。[②]在这样的背景下，为什么实施劳动控制以及劳动控制下劳工抗争的变化是需要认真对待的问题。

朴正熙通过军事政变上台后为什么要加强劳动控制呢？或者说朴正

[①]〔韩〕金锦秀：《韩国劳动运动1》，未来社1985年版，第121—122页。
[②] Dae-oup Chang, "Korean Labor Relations in Transition: Authoritarian Flexibility?", *Labor, Capital and Society*, Vol. 35, No. 1, 2002.

熙军人政权强化劳动控制的利益驱动是什么呢？一般的认识是，朴上台后在推行出口导向型工业化政策之前，率先通过劳动控制为发展主义铺路。①还有一种观点认为军人政府的本性是对劳工运动极端嫌恶，但考虑到朴正熙上台时，劳工抗争的力量还很微弱，远不足以影响到朴的经济发展政策，这种观点说服力大打折扣。②另外，朴上台后并没有对劳工抗争赶尽杀绝，只是对他们的活动权限和范围加以限定，因此说军人政府本性嫌恶劳工运动，因此必然对其强加控制，这种理解也存在很大的漏洞。此外还有另外一种观点，朴上台后面临的最大问题是其政权的合法性问题。朴充分认识到"军事政变"上台后的政权具有先天的合法性欠缺。在其政变当日发表的"革命公约"中即表明："军人的任务完成后，会凭着良心将政权让渡给文人政客们。"在政变发生三天后，美国政府表达了对军人政权的忧虑，当时朴正熙向美国总统发出亲笔函，表示"建立自由和平等的民主政治是我们的主要目的"。③总之，从朴上台之日开始，一直试图表明，军人政府是向民主回归的过渡政府。但朴的真实目的却是长期执政。为此，就要利用过渡政府的缓冲期迅速建立自己的合法性基础，而在当时，建立合法性基础最快捷和最有效的方式就是发展经济。朴上台以前，1957年的经济增长率是7.6%，1958年是5.5%，1959年是3.8%，1960年是1.1%。与经济增长率持续下降相对的是失业率的不断上升。1957年韩国的失业率是14%，1958年是17%，1959年是17%，1960年是24%。特别是1958年美国将直接的经济援助改成了以发放贷款的方式进行的间接援助，韩国单纯依靠美国援助的经济模式就运行不下去了，需要创造新的经济发展模式。④

要发展经济就要加强对社会的控制，特别是加强对直接参与工业化进程并对其有巨大影响的劳工队伍的控制。当时的社会各阶层中，劳工

---

① 〔韩〕李原甫：《1960—1970年代韩国的行业工会》，见〔韩〕金锦秀：《行业工会的过去、现在和未来》，韩国劳动社会研究院1996年版。
② 〔韩〕宋浩勤：《朴正熙政权的国家和劳动》，载《社会与历史》，第58号，2000年。
③ Chung Kyung Cho, *Korea: The Third Republic*, New York: Macmillan Company, 1971, pp. 35 – 36.
④ 〔韩〕金锦秀：《韩国劳动运动1》，未来社1985年版，第122—123页。

阶层是相对比较弱小的，控制起来较容易。1960年参加工会的劳工人口约30万，工会组织的不团结和阶级意识的缺乏使得劳工阶层的政治力量弱小。换句话说，当时的劳工阶层完全不足以威胁到军人政权的统治，从短期来看，也不足以妨碍经济发展的大计。但朴政权是军人政权，其以军人作战的思维认定工业化政策的推进将会使劳工阶层不断壮大，而这反过来会对工业化政策产生重大影响。因此，在工业化政策推行伊始便以军人的效率和果敢加强了对劳工阶层的控制。[1]

军人政权通过一系列的举措压缩了民主运动和劳工政治的活动空间，并逐渐开始构建有利于推进工业化政策的劳动控制框架。1961年5月19日，根据戒严司令部公告第5号，韩国制定了《经济恢复特别说明书》，强调不能有任何劳动争议。5月21日，根据军人政府《布告令》第6号，要求包含劳工组织在内的一切政党和社会团体立即解散。8月3日修订了《社会团体登记法》，限制劳工组织的注册登记。同一天，军事政府颁布了《劳工团体活动临时组织法》，将之前设立劳工组织的"申请主义"转变为需要政府审批的"许可主义"。军人政府据此将韩国劳工组织压缩成了几个行业工会，并严厉禁止跨行业工会的出现。[2]

军人政府创设了中央情报部，该部门成了实施劳动控制的核心机构。在中央情报部的任命下，韩国各行业工会的9名代表组成了韩国劳动团体再建组织委员会（再建委），再建委认命了11个行业工会的负责人。这11个行业工会选出78名代表，创立了韩国劳动组合总联盟（FKTU：Federation of Korean Trade Unions，以下简称"韩国劳总"）。军人政权通过从上而下的方式，对工会组织进行了改编和再建，并对试图反抗的原工会领导人进行了镇压，韩国劳总成了军人政权在劳动领域的代理人。

---

[1] Yong Cheol Kim, "The Park Regime and Labor Control Strategy: Formation and Evolution", *Journal of the Economic Geographical Society of Korea*, Vol. 14, No. 2, 2011.

[2] Ibid.

"军人政权—韩国劳总—各行业工会"的体制被学者们称为"劳总体制"。① 1963年全面修订的《劳动组合法》为韩国劳总体制的形成构建了制度性后盾。修订后的《劳动组合法》规定：新工会需要得到相关行政机关的许可才能成立；新成立的工会如果妨害了现存的韩国劳总体制，行政机关可以责成其解散，以此防止独立工会的出现；全国的行业工会以缔约的方式结成一个全国统一的、以韩国劳总为核心的中央集权式工会体制；强制要求劳工加入现存的工会体制；相关行政机关有权监督工会组织的预算执行和活动状况，并且有权解散妨害公益事业的工会；禁止工会组织参与各种形式的政治活动。② 朴正熙军人政权以法律的形式确立了韩国劳总在全国劳动领域的最高地位，建立了去政治化的国家合作主义劳动控制体制。

但朴正熙政权建立的国家合作体制也有其明显的缺陷，劳总体制只能覆盖一部分工会。除了国家垄断行业和公共行业外，民间企业主要是以企业工会（即在单个企业内建立的工会）的形式进行集体谈判。例如，1967年以行业工会为单位进行谈判的工会成员数只占当时工会成员总数的37.7%，而以企业工会为单位进行谈判的工会成员数占到了工会成员总数的62.3%。这样看来，韩国的劳总体制只能控制少数的工会成员，工会体制的主体还是企业工会。③ 企业工会在劳总体制下之所以能大规模存在的一种解释是：1960年代韩国劳动力基本上处于无限供给状态，企业主凭借国家赋予的暴力管理手段能对企业工会进行有效的控制。④ 有学者将这种控制劳工的策略称为市场式的控制⑤，市场式的控制机制力图最大限度地削弱工会的谈判能力，集团谈判被分散到尽可能低的层面上

---

① Shim-Han, Young-Hee, "Social Control and Industrialization in Korea: On the Corporatist Control of Labor", *Korean Social Science Journal*, Vol. 7, No. 23, 1986.

② Laura Watson, "Labor Relations and the Law in South Korea", *Pacific Rim Law & Policy Journal*, Vol. 7, No. 1, 1998.

③ 〔韩〕李丙天编，《开发独裁和朴正熙时代》，创批出版社2003年版，第201页。

④ 〔韩〕李钟玖编，《1960—1970年代劳工的现场文化与性质》，寒郁学术2006年版，第119页。

⑤ J. Samuel Valenzuela, "Labor Movements in Transitions to Democracy: A Framework for Analysis", *Comparative Politics*, Vol. 21, No. 4, 1989.

进行。这种控制机制在维新体制和新军部时期得到了进一步强化,甚至在民主转型以后,企业工会仍然是韩国工会体制的主体。

除了制度层面外,朴正熙政权在理念层面上提出了以发展主义为主、以儒家集体主义为辅的价值体系。发展主义强调"先发展后分配",压制劳工的分配要求。儒家的集体主义本位强调资本家和劳工是吃同一锅饭的家族成员,是命运共同体,资本家的财产是和劳工共享的,资本家如同家长,劳工是家族的组成人员,资本家和劳工的利益是共同的,也是共通的。①

在劳动控制体制的限制下,由于没有真正代表劳工利益的工会组织,即使纯经济利益上的诉求也很难得到正常表达,但这并不意味着劳工抗争就不可能发生。事实上,从20世纪60年代末到20世纪70年代初,在学生游行示威活动的影响下,劳工抗争开始登场。尽管1969年的劳动争议只有94件,1970年只有90件,1971年也只有109件,相较于1963—1968年间的年平均118件仍处于低水平状态,但当时恶劣的劳动条件、低工资及工资拖欠等问题还是引起了工人的抗议,并在社会上造成一定的影响。其代表事例包括1970年11月全泰一自焚事件、1971年8月新进汽车公司900多名工会成员和1000多名家属举行的罢工示威、1971年韩进商社400多名工人在KAL大厦的放火事件等。全泰一自焚事件促发了知识分子、大学生和宗教人士对劳动问题的关注和研究,知识分子团体、大学生团体、宗教团体和劳工的联系自此开始。②此外1962年11月戒严令解除和1963年1月政党活动合法化以后,原来在韩国劳总体制建立过程中遭到镇压的原工会积极分子又重新活跃起来。他们主导的具有代表性的事件分别是1963年1月和3月发生的"民主劳动党创党运动"事件和"韩国劳动联合创建运动"事件。前者主要对抗军人政府的工会"去政治化"方针和韩国劳总的"政治中立化"路线,

---

① 〔韩〕李正泽:《出口导向工业化过程中劳动控制和劳动运动间的力学关系》,载《韩国社会学》,1987年冬季号。
② 〔韩〕李万烈:《韩国劳动运动的历史和展望》,文化艺术出版社1985年版,第45—53页。

试图真正代表劳工阶级与政府进行博弈；后者则主要针对军人政府对工会的强制改编和韩国劳总的御用化趋向，试图代表劳工阶级建立独立的全国性工会联合。但这些企图在威权政权的打压下很快失败。[①] 20世纪七八十年代在促进社会各阶层联合中起到很大作用的宗教、学生、知识分子等团体在20世纪60年代和20世纪70年代初还比较弱小。宗教界支援并参与劳工抗争的主要团体是天主教劳动青年会和城市工业宣教会。这些宗教团体起初关心的是在劳工中宣教，从20世纪60年代后期开始，这些宗教团体逐渐开始为劳动问题奔走呐喊[②]；学生团体主要针对国内恶劣的政治环境提出抗议，他们和劳工之间的联合还没有形成；知识分子在20世纪60年代后期开始关心劳动问题，如西江大学和高丽大学分别设置了劳动问题研究所，通过研讨会、调查研究等方式表达了对劳动问题的关心。[③]

总之，1961年上台的朴正熙军人政权开始了比较强硬的劳动控制，但其目的并不在于对之前曾经出现过的劳工抗争的忌惮，而是军人政权为弥补其合法性不足而进行的工业化战略的重要组成部分。伴随工业化进程而来的是劳工阶级的壮大及其对低工资、高强度劳动的不满。尽管在强大的劳动控制体系下，劳工抗争只能以零星的、微弱的方式进行，但20世纪60年代中期以后，随着教会团体在劳工队伍中的宣教、学生和知识分子对劳动问题的关注，他们在信仰和知识等层面上不同程度地支援了劳工抗争。20世纪60年代中期以后至20世纪70年代初，劳工抗争在一定程度上已经使威权政权感受到了伴随经济快速发展而来的社会问题的压力，这在一定程度上使得威权领袖不得不升级和强化其威权体制。

---

① 〔韩〕李正泽：《出口导向工业化过程中劳动控制和劳动运动间的力学关系》，载《韩国社会学》，1987年冬季号。

② 〔韩〕赵承革：《民主化和韩国教会的作用》，韩国基督教行业开发院，《韩国的社会发展和民主化运动》，静庵文化社1986年版，第187—209页。

③ 〔韩〕金洛中：《知识分子和劳动运动》，见朴世贤才著：《韩国的资本主义和劳动问题》，石枕出版社1985年版，第403—405页。

三、韩国的维新体制与重化工业化政策（1972—1979）

1971年12月6日，韩国政府宣布国家进入"非常状态"，通过了《国家保卫法》，修改宪法建立了维新体制。维新体制强化了对社会各阶层的控制，对劳工的控制更是达到了韩国现代史的最高峰。那么，朴正熙政权为什么要建立维新体制，并在该体制下强化对劳工的控制呢？对此，学界的一般认识是维新体制是韩国工业化政策转变的结果。进入1970年代后，韩国工业化的重心转向了重化工业。①重化工业的发展势必使得之前以女工、非熟练工人为主的劳工队伍被以男工、高技能的熟练工人所替代，劳工的集中程度更高，抗争的潜力更大。之前的威权体制已经越来越难以确保劳工大军在重化工业化过程中仍然守纪律，威权政权需要建立与重化工业发展相匹配的更高强度的威权体制。②

劳动控制的加强首先体现为控制制度的变更。依据《国家保卫法》，劳工在行使集体谈判权和集体行动权前必须向相关行政机关申请，其行动必须依据行政机关的决定展开，这实际上剥夺了劳工集体谈判和集体行动的自主权。1972年的《维新宪法》进一步强化了《国家保卫法》对劳工的强制性规定，完全剥夺了劳工组织的自主性。1973年和1974年修改了《劳动组合法》和《劳动争议调整法》。修改后的《劳动组合法》删除了"全国性的劳动组织"及其"下属的劳动团体"等用语，以"劳资协议会"代替了60年代确立的"韩国劳总体制"。劳资协议会在团体协议和职业规则的范围内，对生产、教育、训练、职场环境、不

---

① 韩国工业化政策在20世纪70年代初为什么要转变？1970年代的石油危机、朝鲜的军事扩张、驻韩美军的缩编、美日等发达国家出于减少污染的目的将部分重化工业向韩国转移等被认为是主要原因。这些变动都使得韩国不得不发展本国的重化工业。Young hui, Sim. "Social Control and Industrialization in Korea-On the Corporatist Control of Labor", *Korean Social Science Journal*, XII, 1986.

② Yong Cheol Kim, "The Park Regime and Labor Control Strategy: Formation and Evolution", *Journal of the Economic Geographical Society of Korea*, Vol. 14, No. 2, 2011.

满处理、协议会的运营等必要事项进行协商。修改后的《劳动争议调整法》赋予国家划定"公益事业和生命线事业"范围的权力，同时扩大了几乎不可能发生劳动争议的"战略产业"的范围。新的劳动控制模式终结了原来中央集权式的韩国劳总体制，代之以分散的、以企业为单位的劳工组织体制，这进一步使企业工会的比例扩大，劳工组织更加趋向于原子化和无力化。韩国劳总的权力被削弱后，朴正熙将其改造成了支持维新体制的准国家机构。①

如前所述，1961年以后，朴正熙政权通过建立劳总体制，将约37.7%的企业工会谈判权收归到行业工会，对劳工实施了国家合作式的控制。维新体制取消了劳总体制，名义上恢复了企业工会的谈判权，但《劳动组合法》和《劳动争议调整法》在资方和企业工会间完全倾向于资方，企业工会成了企业管理劳工的御用工具。这种法律和政策上的倾向主要表现在以下几方面：默认资方在工厂管理上的暴力行为；对已有工会加强控制，使其逐渐成为资方控制劳工的御用工具，同时防范新工会的成立；一旦发现工人在秘密成立新工会，就监视其核心成员，并辞退其他成员；如果新工会成立，则设法阻碍其运行，并开展其他破坏活动（如胁迫工会主要成员或其家人）；在阻碍和破坏工作失败后，设法制造工会内部的分裂和冲突；在工会"御用化"失败后，动员"救社队"和"暴力团"（由非工会成员组成的保卫组织），对工会活动进行暴力镇压。②

在维新体制和重化工业战略背景下，朴正熙政权加大了对大企业集团的扶持力度，开始直接介入对劳工的控制。这种"越俎代庖"式的介入一方面使得韩国企业没能发展出一套有效的内部机制来规范劳资关系，另一方面也使得韩国劳工抗争的政治化程度很高，劳工对于资方的抗争与对于威权者的抗争始终是一体的。国家对劳动控制的直接介入及

---

① Jang-Jip Choi, *Labor and the Authoritarian State: Labor Unions in South Korean Manufacturing Industries: 1961 – 1980*, Korea University Press, 1993, pp. 169 – 172.
② 〔韩〕李英哲：《1970年代韩国劳动政策的变化》，载《韩国政治学会学报》，2004年第2期。

资方对劳工的非人性对待使得整个20世纪70年代的劳动控制强度远胜于20世纪60年代。在劳动控制的组织体系上，国家层面的中央情报部、警察局、劳动厅、劳动委员会、企业主、劳动监督官、御用工会、工厂厂长、工厂组长等连接成一条实施劳动控制的纵向控制线。工团管理所、宿舍舍监、工厂内的新村组、品质管理组等有机相连，和纵向的控制线织成了一张严密的控制网。①

除了制度层面的变更外，劳动控制的理念也有新变化。维新体制在20世纪60年代思想控制的基础上着重加强了反共宣传和控制，并新增了工厂新村运动。反共主义是朝鲜战争以后韩国的核心理念，这一方面是基于朝鲜半岛分裂的现实和对北方共产主义的敌视，另一方面则是为了在国内掀起恐怖和武力威胁的假象，制造紧张局面，从而使军人政权的各项强制措施得以顺利实施。1960年后，特别是20世纪70年代的维新体制建立以来，反共主义理念在韩国达到了一个高潮。在控制劳工运动的过程中，滥用反共主义理念，对要求改善工作条件或对劳动控制不满甚至抵抗劳动控制的劳工，冠以"容共分子"的帽子加以镇压。对同情并支持劳工领袖和工会组织的社会团体或个人，冠以"共产主义追随势力"的名目加以打压。②新村运动是1970年开始的农村改造运动，1973年，这一运动引入城市，1974年更进一步扩展到了工厂，被称为工厂新村运动。工厂新村运动是对20世纪60年代儒教集体主义的强化。儒教集体主义强调劳资双方的命运共同体性质，而工厂新村运动则更强调资方在工厂的威权主义地位。在工厂，资方是家长，工人是家族成员，工人反抗资方被认为是大逆不道的悖伦行为。起初实行工厂新村运动的工厂有1500个，1977年以后，10人以上的工厂都开始实施工厂新村运动。③

在安保威胁、工厂新村运动、劳资协议会和行业工会完全御用化的

---

① Sell Park, "The Role of The State in Industrial Relations: The Case of Korea", *Comparative Labor Law Journal*, Vol. 14, 1993.

② 韩国基督教协会：《1970年代的韩国劳动现场和证言》，草色出版社1984年版，第21页。

③ 〔韩〕张尚哲：《作为现场控制策略的工厂新村运动：成果和问题》，见〔韩〕李钟玖编：《1960—1970年代劳工的现场文化与性质》，寒郁学术2006年版，第175—197页。

制度环境下，韩国的劳工抗争形式可以概括为四种类型：一是类似于全泰一自焚事件的个人英雄主义式抗争；二是通过和基督教会联合形成的女性劳工组织化抗争；三是通过地下民主工会的动员形成的单个企业的有组织抗争；四是通过大学生动员形成的劳工与大学生间的联合抗争。这四种类型的抗争形式在严密的劳动控制网的限制下，相互间很少出现协作的活动。

从朴正熙遇刺身亡到全斗焕通过军事政变上台执政期间，借着劳动控制放松的间隙，地下民主工会动员起了争取劳工人权的政治抗争（比如，清溪被服厂在1979年11月的抗争等），这些抗争使得全斗焕上台后采取了新的更加严厉的控制措施。20世纪70年代，宗教界人士开始积极介入劳工抗争，促使劳工抗争升级为政治运动的最初组织是基督教城市工业宣教会和天主教劳动青年会。这些宗教团体在70年代初进入劳动现场开展宣教活动，教会和劳工的联合自此形成，以"民主工会"自诩的地下劳工组织开始登场，"民主劳工运动"成了70年代劳工抗争的旗帜。① 东一纺织公司民主工会的抗争是民主劳动运动的典型事例。1972年仁川东一纺织公司的一部分女工在基督教城市工业宣教会的鼓动下，成功取代了公司御用工会的领导层，组建了民主工会。但来自政府、企业的打压一直没有停过。1976年在打压面前，200多名女工进行了裸体抗议，接到报案的警察以非法罢工和扰乱社会秩序的名义解散了这个民主工会。此后，女工为了向全社会宣传这件事，联合基督教城市工业宣教会、天主教劳动青年会、教会妇女联合会等12家社会团体在首尔明洞圣堂前举行了"东一纺织事件"说明会。1978年东一纺织公司动员起来的救社队对罢工示威中的女工进行了暴力打压，1978年中央情报部对这起事件的背后谋划者城市工业宣教会和民主劳动活动家，以"容

---

① 特别是城市工业宣教会的活动非常活跃，1970—1974年间，教育培训了约4万名工人，1967—1978年间年教育培养工会领导者2000—2500人。〔韩〕赵承显：《教会宣教对工业社会的贡献》，载《基督教思想》，第23卷第7号。

共"的罪名予以逮捕。①

总之,1972年维新体制的建立一方面是对之前劳工抗争的回应,即以更加强硬的威权统治和劳动控制,继续推进工业化的跨越式发展;另一方面是为了匹配出口导向的重化工业政策,这一转变使劳工阶级规模变得更大、集中度更高、潜在的抗争力量也随之变得更强,作为政治上的预防和对之前控制经验不足的反思,维新体制得以建立。维新体制强化了劳工控制,将韩国劳总彻底改编为准政府机关,将行业工会拆解为企业工会,这使劳工组织更加分散。劳工抗争则伴随着重化工业的发展而更加激烈,教会宣教工作的进一步深入和学生及知识分子群体的不断介入,劳工群体开始和其他社会力量联合。这种联合在进入20世纪80年代以后发展得更为迅速,并出现了全国性的联合组织,这为更大规模的抗争奠定了基础。

四、新军部和经济稳定政策(1980—1987)

1979年10月26日朴正熙被暗杀后,同年12月12日,全斗焕通过军事政变上台,被称为新军部。全斗焕政权从实质上继承了维新体制时期的独裁统治,并用国家安全计划部代替原来的中央情报部,对社会实施全方位监控。新军部时期有关劳工组织、集体谈判和争议处置的法规比20世纪70年代更加严苛。1980年5月对光州民主抗争的残酷镇压和在社会净化运动名义下对劳工抗争的镇压是全斗焕政权对劳工控制的典型事例。②

20世纪70年代中期开始,世界经济陷入了长期不景气,特别是1979年的第二次石油危机使西方发达国家的经济遭受巨大打击,西方国

---

① 〔韩〕赵华纯:《东一纺织:和国民的女儿们一起》,见〔韩〕李泰浩编:《最近劳动运动记录》,青史出版社1986年版,第58—94页。
② 〔韩〕李原甫:《韩国劳动运动史,经济开发时期的劳动运动:1961—1987》,知识庭院出版社2004年版,第647—653页。

家纷纷在钢铁、汽车、造船和电子等领域设置贸易壁垒,开启了新贸易保护主义。在此背景下,韩国以出口为导向的发展模式受到了重创,出口锐减、国内投资过剩、通货膨胀加剧等使稳定物价成了新军部的头等大事。另一方面,以中国为代表的发展中国家凭借劳动力优势在轻工业产品上对韩国构成了挑战。1980年,韩国政府在危机状态下制定了调整投资、稳定物价、市场化改革、培育中小企业等一系列政策。但由于20世纪70年代的重化工业促进战略,重化工业已经打破了各产业间的均衡,财阀膨胀、重化工业投资过量、产能过剩等使得新军部除稳定物价政策外,其他政策都没能取得预期成果。[1]

在这种经济背景下,劳动控制的首要任务是压制劳工增加工资的要求,其控制手段首先从制度变革入手。20世纪80年代初出台了《特别措施法》和《社会保护法》,并修订了《国家保安法》和《劳动关系法》。20世纪70年代的劳资协议制度是《劳动组合法》的一部分,1980年,全斗焕政府专门出台了《劳资协议会法》,扩大了劳动控制部门的规模和权力,成立了劳动对策会议以强化对劳工抗争的控制。新军部从制度上更加强势地要求建立企业工会体制,严禁跨企业工会、严禁工会参与政治活动、严禁第三方介入劳动运动,剥夺了公务员和教师的工会组织权,抬高了工会设立门槛和工会干部的任职条件。这些措施使非正规劳动者和临时工不可能加入或组建工会。[2]国家安全计划部镇压了一部分地下民主工会,劳动部开出了黑名单,名单上的工会活跃分子在工厂被严密监视,一旦被解雇,在别的企业也很难就业。在新军部政权的庇护下,资方以暴力方式加强对企业御用工会的控制并防止民主工会的出现。大部分企业纠集社会流氓无赖建立了救社队和白骨团,对游行示威或企图成立民主工会的劳工进行肉体上的打压折磨。[3]

---

[1] Hyung-A Kim, "Industrial Warriors: South Korea's First Generation of Industrial Workers in Post-Developmental Korea", *Asian Studies Review*, Vol. 37, No. 4, 2013.

[2] O'neil, K. B., "Industrial Relations in Korea: Will Korea Become Another Japan?", *Comparative Labor Law Journal*, 1991 (12).

[3] 〔韩〕李原甫:《韩国劳动运动史,经济开发期的劳动运动:1961—1987》,知识庭院出版社2004年版,第605—608页。

重化工业的急速发展使韩国的阶级结构发生了根本性变化。20世纪70年代重化工业占工业总量37.8%，轻工业占62.2%，到80年代，这两个数据分别达到了52.6%和47.4%。随着产业结构的变化，劳工阶级的构成逐渐趋向于以高学历的男性为主。[①]平等意识、抗争意识、没有经历过朝鲜战争的年轻一代对反共意识形态的反感等都使得劳工阶级在与其他社会力量的联合上变得更加积极。[②]另外，1984年国会议员选举之前，全斗焕为了缓和社会冲突，实施了一系列的放松措施，比如允许被开除的教授复职，允许被开除的大学生重新入学等。[③]但与政府的期待相反，放松措施不但没有缓和社会冲突，反而为社会各力量，特别是民主劳动运动力量的联合创造了机会。

20世纪80年代劳工抗争的一个重要特点是劳工阶层与其他社会阶层抗争大联合的出现。70年代后期开始的民主劳动运动在80年代后与支援劳工抗争的宗教界、知识界、学生界建立了广泛的反独裁民主大联合，所有反独裁力量都不加区分地开始形成共同的情感和意识。1980年5月，新军部对光州民主抗争的镇压使反独裁力量间的联合更加巩固，民主力量间的联合逐渐向组织化方向迈进，最早的联合团体是1983年9月成立的"民主化运动青年联合（民青联）"。以民青联为中心，宗教界、知识界、学生界、劳动界等的抗争运动逐渐走向联合，并且以此为基础，又逐渐结成了各种协议会和联合会。其中"韩国劳工福利协议会"就是由被解雇的劳工结成的团体，在80年代的劳动抗争运动中发挥了重要作用。依据韩国官方的统计，80年代后期全国已经有12个（大学2个，劳动1个，出版文化教育4个，在野政治活动人士和宗教界5个）全国性民间

[①] Hyung-A Kim,"Industrial Warriors: South Korea's First Generation of Industrial Workers in Post-Developmental Korea", *Asian Studies Review*, Vol. 37, No. 44, 2013.

[②] 〔韩〕张洪近:《关于韩国劳动体制转换过程的研究: 1987—1997》，首尔大学社会学系1999年博士学位论文，第61页。

[③] 关于全斗焕为什么实行放松政策，在韩国学界还有很多争论，但比较通行的认识是：支配集团为了缓解社会冲突、实现政治安定和经济增长，试图将公民社会中的中间阶层拉入支配集团。〔韩〕尹商哲:《1980年代韩国的民主转型过程》，首尔大学出版社1997年版，第110页。

力量联合团体，地方有114个（大学20个，劳动30个，出版文化教育25个，在野政治活动人士和宗教界39个）联合团体，参与其中的核心人员达到了一万零五百名左右（大学6500名，劳动2200名，出版文化教育1000名，在野政治活动人士和宗教界800多名）。① 这些民间联合团体通过街头示威、发表声明书、签名活动、绝食静坐、自焚、投掷燃烧瓶等方式向威权政权发起了攻击。民间团体的反抗对新军部的威权统治构成了巨大压力。

20世纪80年代劳工抗争的另一个重要特点是民主工会的大量出现。进入80年代以后，许多公司自发地结成了民主工会。1985年现代能源集团的劳工积极分子掌握了劳资协议会，并组建了现代能源集团的民主工会②；大宇集团的劳工们迫使御用工会解散，通过和集团领导层谈判成功地建立了大宇集团民主工会。③ 这些民主工会是1987年6月抗争的中坚力量，民主转型以后，这些民主工会成了韩国政坛左翼力量的骨干。到了1986年，韩国社会各阶层对全斗焕独裁统治的忍耐已至临界点，民主转型成了全民共识。1987年发生的"李韩烈死亡事件"激发了社会各阶层的抗争大游行，在空前的示威压力面前，执政党总统候选人卢泰愚发表了6.29宣言，承诺总统直接选举、实施公正选举法、对受监禁的政治犯大赦、保证基本人权和法治、保证新闻自由、实施地方自治、确保政党的基本权利、保障社会稳定与公共福利，这成为韩国政治发展的分水岭。威权体制的民主转型为韩国劳工的组织化提供了前所未有的机会，1987年7月到12月间，韩国工会会员增加了34.7%，工会数量增加了49.6%。工会的组织力量在1989年达到了顶点，当时韩国已经拥有7883家工会和193万多会员，工会化率从1987年的15.7%猛增到了1989年的19.8%。④

---

① 《东亚日报》，1989年6月21日。
② Kwon, S. H. and M. O'Donnell, *The Chaebol and Labor in Korea: The Development of Management Strategy in Hyundai*, London: Routledge, 2001, p. 116.
③ Ogle, G. E., *South Korea: Dissent within the Economic Miracle*, London: Zed Books, 1990, pp. 109 – 111.
④ Kwang-Yeong Shin, "Globalization and the Working Class in South Korea: Contestation, Fragmentation and Renewal", *Journal of Contemporary Asia*, Vol. 40, No. 2, 2010.

总之,全斗焕的新军部在名义上结束了朴正熙的维新体制,但其劳动控制力度比维新体制有过之而无不及。其动因主要在于当时韩国的经济状况面临重化工业投资过量、产能过剩、出口降低等一系列问题。增加工资成了当时劳工抗争的重要议题,并迅速扩展到了建立民主工会等政治要求上。全斗焕实行的放松措施使劳动控制的强度变弱,劳工抗争乘势而起,形成燎原之势,包括劳工抗争在内的社会各阶层的联合抗争迫使统治者开启了民主转型的进程,而民主转型也为韩国劳动体制向民主劳动体制的转变提供了机遇。

结 语

本文分析了韩国威权—发展时期不同的政治经济配置及其对劳动体制的影响。在本文看来,韩国劳动控制体制是威权者"驯服"劳工的产物。劳动控制方式的转变体现了劳工在政府主导的工业化过程中的构成及其市场权力的变化。这些变化是国家合作主义范式所忽视的。劳动控制模式的转变一方面在显著层面上形塑了韩国劳工阶级在民主转型过程中的作用[1],影响到韩国在民主巩固过程中政治制度的运作[2],另一方面也为韩国劳工政治在全球化与新自由主义情景下的嬗变奠定了基础[3]。

---

[1] 张振华:《劳工阶级与韩国民主化》,载《当代韩国》,2005年冬季号。
[2] 参见洪静:《韩国国会立法冲突现象及其对中国人大的启示》,见《比较政治学研究》(第9辑),中央编译出版社2015年版,第27—39页;李路曲:《政党政治与政治发展》,中央编译出版社2016年版。
[3] 张振华、张彦华:《去势的阶级:民主巩固与新自由主义情境下韩国劳工政治的嬗变》,载《学海》,2017年第2期。

Growing during the Authoritarian: The Political Economy in the Evolution of Korean Labor System

Zhang Yanhua   Zhang Zhenhua

Abstract: There was an ever-changing process on the Korean labor system in the period of Authoritarian-Development. What were the reasons for the change is the main issue to explore in this paper. In 1961, through the military coup, Park Chung-hee came to power in South Korea and then opened the authoritarian-development process. 1961, 1972, 1979, 1987 were the main nodes of the period, and these nodes divided this period into different intervals to take a different political system and economic policies. The changes of Korean labor system in Authoritarian-Development period were responses to different political systems and economic policies

Keywords: Labor System; Industrialization; Revitalizing Reforms System; New Military Regime

民主化背景下国家治理的嬗变:
埃及与突尼斯的比较研究

潘 沛[*]

【内容摘要】 民主化背景下,埃及和突尼斯的国家治理发生了嬗变,民主化进程冲击和影响了它们国家治理的能力,如政治稳定、政府效能和管制质量都呈现下降的趋势,而在国家治理的民主逻辑上,如问责和呼吁、法治与腐败控制方面,它们却呈现着不同,究其原因在于,突尼斯和埃及的民主化进程中各政治力量存在相互妥协与相互冲突的区别。阶层间的妥协和共识更加有利于国家治理朝向民主化发展,民主逻辑能够注入国家治理体系中,而阶层间的冲突乃至强势力量的介入可能会导致国家治理的持续危机。

【关键词】 民主化;国家治理;政治妥协;政治冲突

---

[*] 潘沛:复旦大学国际关系与公共事务学院政治学博士研究生,联系方式:上海市杨浦区邯郸路 220 号复旦大学,200433,电话:15026682187,邮箱:15110170007@fudan.edu.cn。笔者感谢华东师范大学公共管理学院孟溦教授、上海师范大学法政学院王礼鑫副教授、南京大学政治学系张飞龙博士以及匿名编审人的批评和指正。本文的一切文责皆由笔者承担。

一、导言

研究问题

国家治理体系和治理能力现代化是政治学关注的重要研究议题。而现在学界关于国家治理体系和治理能力现代化的研究也逐步积累起了大量文献和卓越的研究成果。不过，这些研究大多数都集中在了中国的国家治理体系和治理能力现代化研究上[①]，以至于在比较视野下对其他发展中国家的国家治理体系和治理能力现代化的研究相对较少。因此，本文将从比较视野出发来分析和研究其他一些发展中国家的国家治理体系和治理能力现代化问题。

本文主要关注的是国家治理的嬗变问题，特别是在民主化背景下国家治理体系的变化。其中，借鉴何增科的定义，本文的国家治理主要是指多元行动者在一个国家范围内对社会公共事务的合作和管理，其目的是增进公共利益与福祉[②]，这是一个理想类型式的定义，现实中国家治理则往往会发生异化或嬗变，所以国家治理的嬗变就需要研究。一般研究国家治理体系的变化主要是从历史脉络上来分析和研究，但是本文将主要在民主化的背景下来分析国家治理的嬗变问题。由于现代国家治理体系的任务属性之一就是民主，民主逻辑能够激发

---

① 关于中国的国家治理体系和治理能力现代化所积累的成果和研究比较多，主要从中国的国家治理体系和治理能力现代化的变迁、结构、方式、特点和影响等各方面来分析和研究。可参见代表性的文献如王昊：《政府审计与国家治理体系》，载《中国经济问题》，2006年第4期；唐皇凤：《新中国60年国家治理体系的变迁及理性审视》，载《经济社会体制比较》，2009年第5期；何显明：《政府转型和现代国家治理体系的建构——60年来政府体制演变的内在逻辑》，载《浙江社会科学》，2013年第6期；戴长征：《中国国家治理体系与治理能力建设初探》，载《中国行政管理》，2014年第1期；等等。

② 参见何增科：《理解国家治理及其现代化》，载《马克思主义与现实》，2014年第1期，第11页。

国家治理体系的重大变革①，同时以民主责任制建设为方向完善国家治理结构也是推进国家治理现代化的重要目标②；所以本文的研究问题就是，在民主化背景下国家治理体系会发生怎样的变化，这种变化会促进国家治理的民主化及其效能的提升吗，还是会维持原状甚至是导致倒退的出现呢，以及这种变化背后的原因或解释机制又是什么，即为什么会产生不同的变化倾向或走向。本文将围绕这些研究问题来展开研究。

文献综述

关于民主化背景下国家治理体系的嬗变问题，学界现有的研究和分析不多。目前有的研究探讨了撒哈拉以南非洲的国家建设和民主化的关系问题，认为国家建设和民主化应该交互进行③，可是国家建设毕竟不是国家治理，因而民主化下国家治理的嬗变问题仍有待思考。有的则认为民主化背景下国家治理能力现代化的关键在于创造制度条件让公民实现自主治理④，可这一研究缺乏足够的经验论证，以致公民的自主治理是否能够推进国家治理的现代化依旧可疑。还有的则从经验出发，论述了拉美国家在民主化下国家治理的变化与政治风险⑤，可是这一研究也只是关注到了变化的结果，而对变化的原因或解释机制没有深究。还有的则从理论规范上认为政治民主是治理能力民主化的制度保障，公民的政治能力是其中的关键⑥，可是规范性的诠释终究与经验的论证存在鸿

---

① 参见刘建军：《和而不同：现代国家治理体系的三重属性》，载《复旦学报》（社会科学版），2014 年第 3 期，第 158 页。
② 参见何增科：《理解国家治理及其现代化》，载《马克思主义与现实》，2014 年第 1 期，第 14—15 页。
③ 参见 Michael Bratton and Eric C. C. Chang：《撒哈拉以南非洲的国家建设和民主化：谁先谁后，还是同步前进?》，王正绪、方瑞丰译，载《开放时代》，2007 年第 5 期。
④ 参见张建喜：《论民主化背景下国家治理能力现代化的基础》，载《湖南工业大学学报》（社会科学版），2015 年第 3 期。
⑤ 参见王鹏、魏然：《拉美国家治理模式与政治风险》，载《拉丁美洲研究》，2013 年第 5 期。
⑥ 参见陈华文：《现代政治与治理能力的民主化》，载《中国人民大学学报》，2015 年第 2 期。

沟。那么在民主化背景下国家治理体系将发生怎样的变化呢，这一变化背后的原因或解释机制又是什么，就非常值得研究和思考了。而以上为数不多的相关文献研究对此问题的思考和探讨都不太充分和细致，因而本文将会弥补这些研究的不足，从比较视野和经验论证上来分析和解决这一问题。

研究方法和设计

本文主要的研究方法是比较案例分析，通过比较的视野来研究民主化背景下国家治理体系的嬗变及其背后的原因或解释机制。而本文主要选择的案例分析对象是埃及和突尼斯两国。根据密尔的求异法①，埃及和突尼斯是两个许多条件都极为相似的国家，如都是伊斯兰国家，都是阿拉伯世界的国家；在民主化之前都是威权体制，因而国家治理的结构和体系也相似；而它们发生民主化的背景也相似，同时发生的时间也相近；所以在这些条件都相似的情况下为何两国在民主化背景下的国家治理发生了不同的变化，并走向了不同的发展方向，就值得探究了。

另外，本文将会从演绎的逻辑出发来分析和研究埃及和突尼斯两国在民主化背景下国家治理的嬗变及其原因或解释机制。先提出一个关于民主化背景下国家治理嬗变的理论解释，再通过演绎的方式运用这一理论解释来分析和论证埃及和突尼斯的经验过程，最后进行总结并反思。最后，本文的研究将由四个部分组成。第一部分导言，提出研究问题，并做出文献综述，同时澄清研究方法和设计；第二部分，要建构出一个理论解释，提出在民主化背景下国家治理嬗变的原因或解释机制；第三部分，会对埃及和突尼斯进行比较案例分析，按照演绎的逻辑运用理论来解释两国在民主化背景下国家治理的嬗变；在第四部分，做出最后总结和反思。

---

① 参见郭佳宏、李敏静编著：《走进逻辑学》，中国社会出版社2010年版。

二、民主化背景下国家治理的嬗变：
一个简明的理论解释[①]

20世纪后期第三波民主化浪潮席卷全球，"从总体上看，民主化的运动是一项全球性的运动。在15年中，民主化的波涛席卷了南美，横贯拉丁美洲，来到了亚洲，冲垮了苏联集团的专制政权"[②]。虽然"由于到1990年为止，民主化的第三波仍然没有把民主国家在世界中所占的比例提高到超过62年前的上一个波峰上"[③]，但是在最近的二十几年里，民主化的运动也未曾停歇并还在深入地进行着，特别是以"颜色革命"为标志的民主化运动，再一次席卷了东欧，波及了亚洲，并且还冲击了坚固的阿拉伯世界，以致中东世界爆发的民主革命被认为是"第四波民主化"[④]。

因而在这"第四波民主化"的背景下与其相连的不是国家建设的问题，而是国家治理的问题了，因为这一波的国家早已完成了国家建设，而存在着的只是国家治理的效能和水平的问题。而本文的国家治理主要聚焦于国家治理体系，"彰显民主的逻辑是现代国家治理体系不可或缺的使命与任务，问题的关键是治理者和大众在多大程度上对民主的理解达成何种共识，这直接决定着民主在国家治理体系中的实现程度"[⑤]，而这种实现程度也会反映在国家治理的参数及其变化上；本文对国家治理

[①] 这一部分里本文将会进行理论建构，以提出一个简单有力的理论解释来分析埃及和突尼斯在民主化背景下其国家治理的嬗变及其原因。关于理论解释为什么需要简单有力，卡尔·波普尔做了精彩的阐述和回答。参见卡尔·波普尔：《科学发现的逻辑》，查汝强、邱仁宗和万木春译，中国美术学院出版社2008年版，第112—122页。

[②] 〔美〕萨缪尔·亨廷顿：《第三波：20世纪后期民主化浪潮》，刘军宁译，上海三联书店1998年版，第19页。

[③] 同上书，第20页。

[④] 参见巨克毅：《第四波民主化的背景与意义》，载《全球政治评论》，2011年第34期。

[⑤] 刘建军：《和而不同：现代国家治理体系的三重属性》，载《复旦学报》（社会科学版），2014第3期，第158—159页。

体系的参数主要借鉴于世界银行的世界治理指数（Worldwide Governance Indicators, WGI）[①]，该治理指数主要有六个方面：呼吁和问责性、政治稳定和暴力的减少、政府效能、管制质量、法治、腐败的控制。所以在民主化的背景下，国家治理体系的嬗变将会反映在这些治理指数的变化上。而这其中，国家治理的民主逻辑又主要体现在这六个方面中的呼吁和问责性、法治、腐败的控制这三个维度上，因为这三个维度与国家治理的民主程度是紧密相关的[②]。

那么民主化背景下国家治理将会怎样变化呢？根据民主化理论，亨氏认为爆发第三波民主化的原因有五点：合法性和绩效困境、经济发展、宗教变革、外部势力、示范效应[③]，显然，这些原因都涉及了一个国家的治理情况，即当国家治理面临越来越多的危机和问题时，民主化的爆发会冲击到国家治理本身，这可能会造成国家治理的衰败或动荡，以至于民主化失败或崩溃。但是另一方面，如果"各种范围广泛的、致力于建立同盟关系同时也致力于建立共识的社会运动取得成功，则会令民主政治的范围扩大"[④]，那么经历民主化之后，一国的国家治理体系将会完成新的重构，国家治理将会朝向好转，以至于国家治理将变得民主化和可问责，那这也未尝不是福音。因此，在民主化背景下国家治理体系的嬗变可能会朝向两种截然不同的方向发展：一种是造成危机或持续的动荡；一种是短暂的危机，但是渡过之后朝向民主发展。

[①] 参见世界银行国家治理指数，网址：http://info.worldbank.org/governance/wgi/#home。

[②] 民主的成败与法治、负责任的政党和政府密切相关，谭君久通过对智利、波兰、泰国和吉尔吉斯斯坦四国的经验观察与比较研究，佐证了上述观点。参见谭君久：《民主何以成功，何以失败？——关于2010年各国民主政治几个重要事件的比较观察》，见《比较政治学研究》（第3辑），中央编译出版社2012年版。另外，民主的成败也与对腐败的控制有密切关系，民主治理能够有效控制腐败，这与最终的民主实现程度和政治条件有关，Sung Hung-en通过跨国的比较经验分析佐证了上述观点。参见Hung-en, Sung, "Democracy and Political Corruption: A Cross-national Comparison", *Crime, Law and Social Change*, Vol. 41, 2004, pp. 179 – 194。当然，民主与这三个因素的相关研究还是很丰富的，这里仅举出例子用以说明。

[③] 参见〔美〕萨缪尔·亨廷顿：《第三波：20世纪后期民主化浪潮》，刘军宁译，上海三联书店1998年版，第41—89页。

[④] 〔美〕查尔斯·蒂利、〔美〕西德尼·塔罗：《抗争政治》，李义中译，译林出版社2010年版，第164页。

而造成这两种变化结果或方向的原因或解释机制又是什么呢,即为什么会形成这样的结果。目前,民主化的研究主要从结构和能动两个视角来解释民主转型问题,以至于当代"民主转型被视为结构约束与行动者选择共同作用的结果"①;从这两种视角里产生了三种民主转型的理论解释途径,如表1所示:

表1 民主转型的理论列表

理论名称	解释焦点	主要内容
现代化理论途径	社会与经济发展;有很多变项也列入考虑,但发展的程度是最为重要的	强调许多有关现行自由民主或成功民主化所必要的社会与经济要素
转型理论途径	政治精英,而非"人民";政治精英的特定行为、选择和策略有利于民主转型	强调政治过程及政治精英的开端与选择,以解释从威权统治迈向自由民主的缘由
结构理论途径	阶级、国家与跨国权力的结构变迁;特定结构模式的变迁引导体制朝向民主方向发展,其他结构模式变迁则可能导致威权统治	强调有利于民主化的权力结构变迁

资料来源:参见〔英〕大卫·波特等著《最新民主化的历程》,王谦、李昌麟、林贤治、黄伟饶译,(台北)韦伯文化国际出版有限公司2003年版。

这三种民主转型的理论解释途径各有优缺点,相关研究和讨论很多。笔者基于本文的研究侧重于选择结构理论途径来解释和分析民主化背景下国家治理嬗变背后的原因或机制。突尼斯和埃及是笔者选择的研究案例,这两个国家的民主化背景中,民众的作用及其形成的社会运动对其民主化产生了重大的影响②,所以相较于注重社会经济因素的现代化理论与注重于政治精英行为的转型理论,笔者侧重于从结构理论途径来建构本文研究

---

① 高春芽:《结构约束与理性选择的辩证——当代民主转型理论的发展》,见《比较政治学研究》(第5辑),中央编译出版社2013年版,第1页。
② 这两国的民众及其形成的社会运动对民主化产生了重大影响,可参见潘沛:《运动民主:颜色革命的内在逻辑》,比较政治学青年论坛暨第6届比较政治学论坛会议论文,2016年。

的理论解释框架,特别是关注不同社会阶层或阶级对威权体制的影响①。

所以从结构理论途径出发,笔者重点关注不同社会阶层或阶级对民主化所产生的影响,阶层或阶级间的互动及其与政治精英和威权体制的博弈是非常重要的。由于民主化的过程是一个伴随着统治者和被统治者、当权者和民众以及国家和社会互动乃至斗争的过程,"民主政治本身意味着政治竞争和政治冲突的存在,但过多的政治冲突又会破坏民主"②,因此在民主化背景下,如果社会各方仍旧持续冲突,继续分裂和相互斗争,而无法达成跨阶层的联盟和政治共识,则国家治理体系将会遭遇持续的危机,其效能将会降低,以致国家治理的民主逻辑就无法展开。但是如果在这样的过程里,各种社会各团体和组织以及国家精英都能彼此交流和协商,进而能够达成妥协,实现跨阶层的联盟和政治共识,则国家治理就能好转,国家治理体系就会注入民主性并朝向良性发展。因此,这里本文提出了一个简明的理论解释,如图1所示:

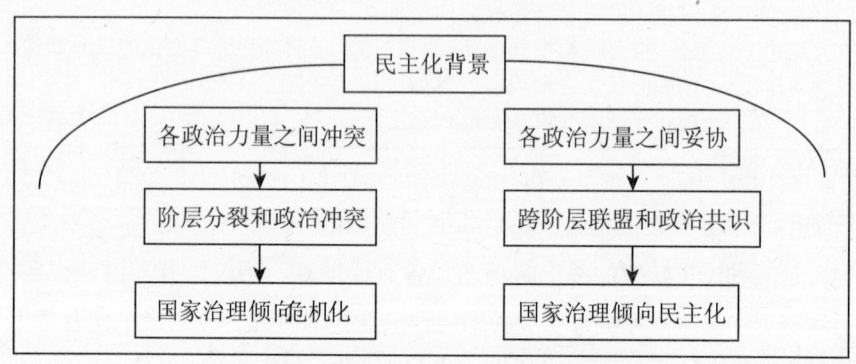

图1 民主化背景下国家治理嬗变的解释图

---

① 还须说明的是,笔者在结构理论途径中排除了跨国权力因素的影响,近年来国际因素在民主化中的作用日益受到关注,可参见王菲易:《国际因素与民主化:一种分析框架——以韩国为个案》,见《比较政治学研究》(第2辑),中央编译出版社2011年版。但是在本文的研究里,突尼斯和埃及的民主化并未受到跨国权力因素的实质性影响(如国外势力直接地参与或干预),所以可以排除。另外,突尼斯和埃及国内的武力因素(即国家军队直接地参与或干预民主化)是需要考虑的,这里笔者将军方视为了一个特殊的社会阶层,而非政治精英,因为军人是奉行职业主义的,并非专业的政治捕客,关于军人的职业主义研究可参见〔美〕亨廷顿:《军人与国家:文武关系的理论与政治》,洪陆训、洪松辉等译,(台北)时英出版社2006年版,所以在本文里,笔者不再单独将其作为一个重要因素拿出来分析和研究了。

② 包刚升:《民主崩溃的政治学》,商务印书馆2014年版,第71页。

在民主化背景下国家治理将发生嬗变,因为民主化激发起了国家和社会各方政治力量的互动和角力,所以各方一旦无法妥协,造成阶层分裂和相互冲突的话,则国家治理体系和效能将会受害,陷入危机;但是社会各方一旦能够达成妥协,实现跨阶层的联盟和政治共识的话,则国家治理体系倾向于好转,其效能也将会在以后重新提升起来,而民主逻辑也将被注入国家治理中,特别是与民主密切相关的治理的问责性、法治与对腐败的控制都会得到改善。因此,在民主化背景下国家治理的嬗变取决于社会各阶层是达成妥协还是相互的冲突,它导致了民主化之后国家治理的两种不同走向[①]。当然,还需说明的是,民主化背景下国家治理的政治稳定性、政府效能和管制质量,无论社会各阶层是否合作还是冲突,都将会受到一定程度的影响和下降,因为民主化本身充满着斗争和博弈,因而国家治理的能力方面(即政府效能、管制质量和政治稳定性,这三个维度体现了国家治理的行政能力)实际上的确是受到冲击和呈现下降趋势的[②]。

总之,民主化下社会各阶层之间的妥协合作还是相互冲突,能够形成什么样的阶层结构引导了国家治理是朝向民主方向转变还是导致继续的威权统治危机。这一阶层间的变化决定了国家治理体系是能够实现民主逻辑,还是无法实现或无法注入。接下来本文从经验案例进行深入分析。

---

① 跨阶层的联盟或合作是本文理论解释中的一个关键机制,当然,跨阶层的联盟或合作其形成原因也是值得深入研究的,联盟何时何地为何会形成与为何无法形成的问题值得深入探究,关于政治联盟形成的研究可参见 Riker, William, *The Theory Of Political Coalitions*, New Haven and London: Yale University Press, 1962。但是这里笔者不会单独去深入地探讨或解释这一问题,而是将其融入到了后续的比较经验案例的研究中,从后续的经验案例分析中或实际发生的经验过程来间接地说明该问题。

② 关于民主化与国家行政能力之间关系的研究比较多,这里仅举一例说明。可参见 Back, Hanna and Hadenius, Axel, "Democracy and State Capacity: Exploring a J-shaped Relationship", *Governance*, Vol. 21, No. 1, 2008, pp. 1–24。他们通过实证分析得到了民主与国家能力之间的 J 型曲线,认为当民主化时国家能力是下降的或受到影响,但是当民主实现并得到巩固和深化后,国家能力则会不断上升,得到发展。可见,民主化时国家治理能力是呈现下降趋势的。

三、埃及和突尼斯的比较研究

国家治理的嬗变：埃及和突尼斯

在 2011 年，埃及和突尼斯几乎同时经历了一轮民主化的洗礼，所以它们的国家治理会受到影响。在民主化之前，埃及和突尼斯的国家治理具有某种相似性，其一，它们都是伊斯兰和阿拉伯国家；其二，它们都是威权体制，都经历了长达二三十年政治强人的统治。所以在民主化之前，它们的国家治理体系都比较稳定，而二者唯一的差异就在于国家治理的效果不是一致的，有些许高低差别，当然这可能跟它们的国家规模、政权统治能力有关。

表 2 埃及和突尼斯的民主化背景和结果[*]

国家	时间	政治强人	民众抗争形式	民主化	民主评价
突尼斯	2011	本·阿里	大众抗争，各种运动示威	有	明显改善
埃及	2011	穆巴拉克	大众抗争，群众集会游行示威	无	无

[*] 该表根据英文维基百科、Polity IV 和文献资料经整理绘制而成。

从表 2 中可以看到，埃及和突尼斯的民主化过程几乎是同时发生的，都爆发了在当时阿拉伯世界声势浩大的颜色革命，大量的民众以各种抗争和运动形式来反对政治强人的持续统治，但是在结果上，埃及没能实现民主化，而突尼斯则成功地实现了民主转型。而在这样的民主化背景下，两国的国家治理体系肯定是要受到冲击和影响的。

根据世界银行的世界治理指数，国家治理体系有六个方面，即政治稳定和暴力减少、政府效能、管制质量、法治、腐败控制、呼吁和问责性。埃及和突尼斯的国家治理体系的嬗变反映在了这六个方面上，笔者选择了 2007 年到 2015 年的时间跨度来呈现两国的不同治理程度，如

图 2 所示。

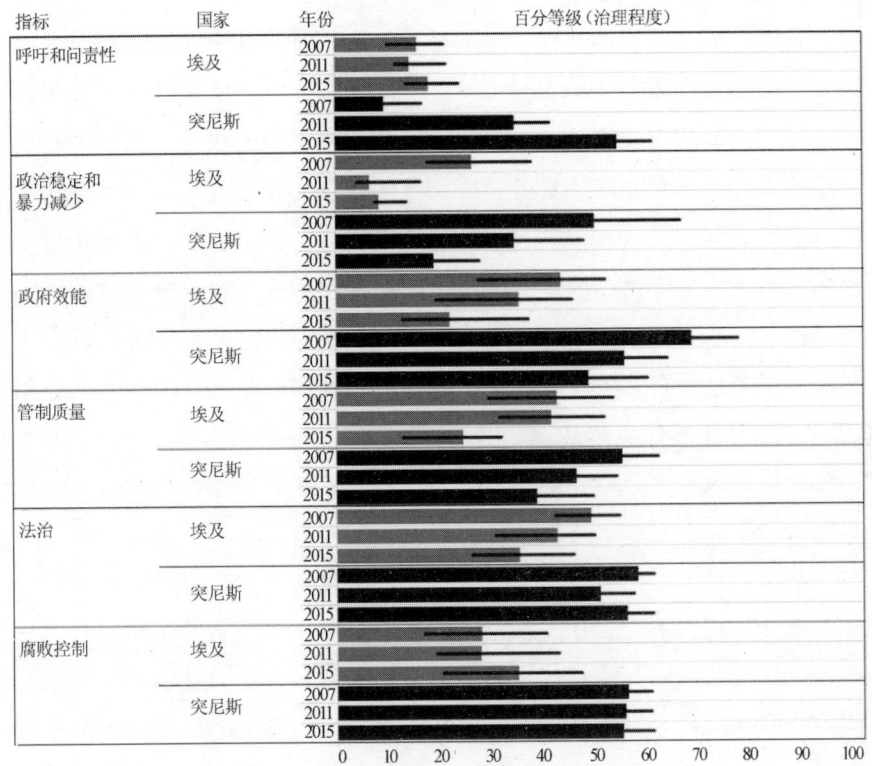

图 2　突尼斯和埃及的国家治理对比图

数据来源：世界银行的世界治理指数。

从图 2 中可以看到，在与民主紧密相关的问责性和呼吁方面，埃及和突尼斯的治理程度都在 2011 年后有所上升，特别是突尼斯较埃及上升最明显。在 2007 年两国都还是威权政体时，突尼斯的呼吁和问责性比埃及都低，但是在 2011 年民主化之后，其问责性明显上升，而埃及也在 2011 年后有所上升，较 2007 年的威权时期提高了一些。而在政治稳定和暴力缺失方面，埃及和突尼斯在 2011 年后都明显下降。在 2007 年的威权时期，埃及和突尼斯的政治较为稳定，但是在 2011 年的民主化后，突尼斯快速下降，民主化的动荡进程冲击了政治的稳定，而埃及也在民主化进程中受到了影响，政治稳定下降很多，但是近期的较2011年略有回升。

在政府效能上，埃及和突尼斯都在明显下降。在2007年威权时期，埃及和突尼斯的政府效能都比2011年民主化后高，显然民主化进程都冲击了两国的政府效能，但是相较于埃及，突尼斯的政府效能下降程度稍小一点。而在管制的质量上，埃及和突尼斯也都在明显下降，2007年的威权时期两国政府的管制质量都比2011年民主化后高，民主化进程显然冲击了两国的管制质量，但是突尼斯相较于埃及，管制质量的下降程度要稍小一些。在法治上，突尼斯和埃及相较于威权时期都有所下降。但是突尼斯在2011年民主化后近期的法治程度上升了，而埃及则仍旧下降。最后在腐败控制方面，埃及在2011年民主化后明显上升，而突尼斯略微下降一点，基本维持不变，但是它的腐败控制程度较埃及仍旧高一些。

总之，从国家治理的六个方面来看，在代表治理能力的政治稳定和暴力减少、政府效能、管制质量三个方面，埃及和突尼斯在民主化之后都较威权时期明显下降了，显然这三方面的国家治理都受到了民主化进程的冲击和影响。但是在与民主有关的呼吁和问责性、法治、腐败控制方面却没有明显下降，其中在呼吁和问责性上，埃及和突尼斯都较威权时期明显上升，而突尼斯的上升程度比埃及更为显著；在法治上，两国较威权时期都有所下降，但是突尼斯却在民主化后的现今呈现上升势头；在腐败控制上，埃及较威权时期上升了，而突尼斯则下降一点，基本维持不变。显然，这三方面的国家治理受民主化的影响，使得民主的逻辑被注入到了国家治理中，以至于呈现了与政治稳定和暴力减少、政府效能、管制质量不一样的治理面貌。

从这些结果的比较中可以进一步提问，在与民主有关的呼吁和问责性上，为何突尼斯相较于埃及上升程度明显；而在法治上，为何突尼斯和埃及相较于威权时期都有所下降，但是突尼斯却于现今又处于上升势头；在腐败控制上，埃及的治理为何上升，而突尼斯则略微下降，基本不变。这些问题的答案都需要从两国具体的民主化进程中去寻找，在这种民主化背景下国家治理嬗变其背后的原因或解释机制又是怎样的呢？下面的部分将进行具体解释。

嬗变的解释：埃及和突尼斯的案例分析

首先，从埃及来看，埃及在穆巴拉克执政时期形成了所谓的"穆巴拉克体制"，该体制的合法性和安全来自于由上而下的统治与该体制和军队、警察及其他安全力量的紧密联系[1]。虽然如此，穆巴拉克的统治却较之前任们更加开放和自由化，以致在该体制下穆斯林兄弟会和其他一些穆斯林组织成了社会变迁中公民社会的积极行动者[2]。社会中民众的抗争和抗议也相对以前增多了，以至于到了 2011 年，由于突尼斯的颜色革命驱逐了总统本·阿里，这次的革命也就点燃了埃及群众社会抗议的热情，于是埃及在 2011 年也出现了 "1·25" 运动，该运动所显示出的动员能力最终导致穆巴拉克于 2 月 11 日黯然下台[3]。

这次埃及的颜色革命是一次大众的民主革命，许多的活动者和示威者都是年轻人，受过教育并具有运用社交媒体的能力，它得到了来自世俗和宗教力量、年轻人和老者、男人和妇女、穆斯林和基督徒、穷人和中上阶层的广泛支持[4]，最终它推翻了穆巴拉克的长期统治。可以说，埃及的民主化使得社会大众得到了对穆巴拉克及其威权体制进行问责和呼吁的机会，以致各种街头抗议和示威游行此起彼伏。但是这次的革命随着时间的进展却陷入到了困境与反对力量的弹压之中，以致埃及在随后逆转了民主化的进程。究其原因在于穆巴拉克虽然被罢黜掉了，但是他所建立的官僚、军队和司法制度却仍旧没有被改革掉，作为特殊社会阶层的埃及武装力量最高委员会（SCAF）取代穆巴拉克成为了过渡时期

---

[1] 参见 Esposito, John L; Sonn, Tamara and Voll, John O, *Islam and Democracy after the Arab Spring*, New York: Oxford University Press, 2016, p. 202。

[2] Ibid., p. 203。

[3] 参见周明、曾向红：《埃及社会运动中的机会结构、水平网络与架构共鸣》，载《社会学研究》，2011 年第 6 期。

[4] 参见 Esposito, John L., Sonn, Tamara and Voll, John O., *Islam and Democracy after the Arab Spring*, pp. 209 – 210。

的统治力量,以至于在革命之后的时期里,它掌管了权力并扮演了越来越重要的角色。① 埃及的武装力量最高委员会颠覆和延迟了埃及的民主转型,并且打击了因合法选举崛起的支持民主转型的伊斯兰政党及其民主选出的总统穆尔西,进而攫取了大量的政治和经济权力②,所以这次埃及的民主化过程显得是极其脆弱,特别是军方公然罢黜了依据宪法选出的民选总统穆尔西,并重新修改和颁布了新宪法,这种行为大大地伤害了埃及的法治和民主。

而原本在 2011 年埃及爆发"1·25"运动之初,作为特殊社会阶层的军方是站在革命一边的③,它没有干涉民众的社会运动和抗议④,以致社会运动和抗争能够迫使穆巴拉克下台,但是在"1·25"之后,伊斯兰政治力量穆兄会和埃及军方武装力量最高委员会逐渐产生了严重的政治冲突。面对民众运动所产生的一系列威胁包括对军队经济利益的冲击、对安全部门的抗议、对腐败军警官僚的斗争等⑤,以及与伊斯兰政治组织穆兄会的政治龃龉,使得埃及的武装力量最高委员会意识到了它们对自身的威胁,于是他们逐渐增加了直接的干预、输送军警来攻击抗议活动者并杀害了几百名示威者⑥,随后他们在与伊斯兰政治力量的斗争中罢黜了穆兄会及其民选出的总统穆尔西,修改了宪法及其条款,逐渐控制住了政治局势并成为了如今埃及政治的主导力量⑦。在军队力量逐渐加深对政治进程的干预和掌控的局面下,埃及以伊斯兰力量为首的民众运动和呼吁当然只能是被这一强势的社会阶层所控制和消解。以至于由军

---

① 参见 Esposito, John L., Sonn, Tamara and Voll, John O., *Islam and Democracy after the Arab Spring*, p. 211 – 212。

② Ibid., p. 217.

③ 参见 Kamrava, Mehran (ed.), *Beyond the Arab Spring: The Evolving Ruling Bargain in the Middle East*, New York and London: Oxford University Press, 2014, p. 259。

④ 参见 Gonzalez, Mike and Barekat, Houman (eds.), *Arms and The People: Popular Movements and the Military from the Paris Commune to the Arab Spring*, London: Pluto Press, 2013, p. 165。

⑤ Ibid., p. 166.

⑥ Ibid., p. 166.

⑦ 参见 Kamrava, Mehran (ed.), *Beyond the Arab Spring: The Evolving Ruling Bargain in the Middle East*, New York and London: Oxford University Press, 2014, p. 260。

人全面控制国家机器的埃及旧体制在颜色革命转型之后依旧是存续了下来；同时，埃及军方的行动和意识形态话语也持续扮演着决定性的因素，他们的主要角色不在于为国作战，甚至不期待为国打仗，而是在于运作国家①。

总之，在这次埃及民主化背景下，作为特殊社会阶层的埃及军方与埃及的伊斯兰政治力量穆兄会和大众之间产生了深刻和严重的分歧、斗争与政治利益冲突，于是军方力量轻易地借助于自身不可匹敌的实力罢黜了民选总统穆尔西并打击了支持的民众，从而重新掌控了埃及的政治经济权力。而在这种相互冲突下，2011年后，埃及军方与伊斯兰力量和民众的分裂和斗争极大地挫伤了埃及的国家治理，使得埃及的国家治理处于危机之中。特别是军方修改了民主化中颁布的宪法和条款，罢黜了民选总统，这严重破坏了法治；同时在重新掌握权力后，军方与社会体制更加紧密地结合，虽然控制住了穆巴拉克家族的裙带性腐败，但是军方政权未来能否控制自身的腐败仍未可知。可以说埃及的国家治理能力在下降，同时其国家治理的民主逻辑也未能继续展开。

反观突尼斯，突尼斯在总统本·阿里执政时期也是威权体制、强人统治，本·阿里在执政的早期实行了经济自由化和改革，但是早期的经济成功和快速增长带来的却是社会分化②；而本·阿里及其家族在这一改革过程中攫取了大量的利益，形成了裙带性的资本主义，以至于突尼斯的不平等在不断加剧，这引发了民众对社会正义的呼求和不满③。所以到了2010年末，突尼斯发生了布瓦吉吉事件，该事件促使民众走上街头抗议本·阿里的统治，从对经济不满到政治权利诉求而要求本·阿

---

① 参见 Sadiki, Larbi (ed.), *Routledge Handbook of the Arab Spring: Rethinking Democratization*, London and New York: Routledge, 2015, p. 261。

② 参见 Murphy, Emma, *Economic and Political Change in Tunisia: From Bourguiba to Ben Ali*, London: PalgraveMacmillan, 1999, pp. 226 – 229。

③ 参见 Alianak, Sonia L., *The Transition Towards Revolution and Reform: The Arab Spring Realised*, Edinburgh: Edinburgh University Press, 2014, p. 24。

里下台。① 到了 2011 年初，越来越多的突尼斯民众加入到了抗争和罢工的队伍中来，于是一场颜色革命爆发了，而这场革命的矛头直指本·阿里及其越来越不公不义的统治。

在新年之初，这场直指威权统治者本·阿里的社会抗争运动，有着广泛的民众基础；工会、学生团体、职业组织和其他反对团体聚集了成千上万的民众以游行示威和组织罢工的形式来要求本·阿里下台并变革体制②，以致突尼斯社会民众对本·阿里及其威权体制的问责和呼吁此起彼伏。起初，本·阿里本想通过作为特殊阶层的军方武力来收拾局面以维持住自身统治的秩序，但是军方首脑却拒绝走上街头屠杀市民③，于是在无法动员武力的情况下，面对着各阶层团体和组织及其上万民众的问责和抗议，本·阿里不得不逃亡海外。但是本·阿里走后留下的却是一个权力真空的、混乱的国家政权，充斥着军人的政府、无能的官僚系统和腐败的官员，而民主化动员起来的伊斯兰力量即伊斯兰复兴党与各种商业、劳工、学生和职业组织等社会团体跟这个混乱的国家政权还要持续地斗争和角力。可是突尼斯的各方力量在民主化过程里却没有继续分裂和相互冲突。

在这个艰难的转型过程里，首先，作为特殊社会阶层的突尼斯军方对支持民主化改革的运动和呼吁抱以了开放的态度和默认的许可，这是因为军方力量本身的制度化水平很高，而且军方与社会有着较强的联系④，以至于他们坚定地站在了民众运动的一边，这使得本·阿里无法借助武力维持统治秩序。其次，在这次民主化中崛起的伊斯兰温和政治力量即伊斯兰复兴党起到了关键性的作用，它的作用不在于主导了革命

---

① 参见 Alianak, Sonia L., *The Transition Towards Revolution and Reform : The Arab Spring Realised*, p. 27。

② 参见 Esposito, John L., Sonn, Tamara and Voll, John O., *Islam and Democracy after the Arab Spring*, New York: Oxford University Press, 2016, p. 175。

③ 同上。

④ 参见 Lutterbeck, Derek, "Arab Uprisings, Armed Forces and Civil-Military Relations", *Armed Forces & Society*, Vol. 39, No. 1, 2013, pp. 34 – 36。

之后的突尼斯政治大局并在选举中成为第一大党,而在于它的政治妥协①,它与其他世俗的商业、职业和劳工团体以及政治团体之间达成的政治妥协发挥了至关重要的作用,这为突尼斯民主转型的和平与稳定过渡奠定了基础。最后,"突尼斯国家对话机构"这个达成妥协和对话的平台机制也是不可忽视的。"2013 年 10 月,这个平台由突尼斯总工会、突尼斯工商联盟、突尼斯人权联盟和突尼斯律师联合会四家在突尼斯社会根基和影响深厚的群众性组织构成……成功地在原教旨派和世俗派、首都和地方,以及不同利益团体间扮演了斡旋、调停的角色"②,为突尼斯和平解决政治分歧,并实现跨阶层的联盟和政治共识奠定了平台,该平台机制随后也获得了诺贝尔和平奖,可见其作用和重要性是非同一般的。所以由于各方力量在"突尼斯国家对话机构"这一平台机制上实现了跨阶层的联盟和政治共识,使得突尼斯的国家治理并未陷入持续危机,其国家治理的民主逻辑得以被注入和展开。

总之,"突尼斯政治过渡尽管并未发生不同政治派别间严重的暴力冲突,但过程充满曲折。实际上,突尼斯政治过渡的和平实现并非突尼斯某个单一政治力量造就的,而是各种政治力量共同作用的结果"③。各种社会政治力量在国家前途面前达成了政治妥协,进而在平台机制下展开对话和协商,实现了跨阶层的联盟和政治共识,所以突尼斯在民主化背景下的国家治理能力虽然受到了一定的冲击和影响,但是民主因素却注入到了国家治理体系之中,以至于民众的呼吁、抗争和问责,全国各方对新宪法的尊重、对开放民众选举和竞争的共识和协商以及对官僚体制的监督,这都凸显了国家治理的民主逻辑,以致其国家治理朝向民主化发展。

因此,从埃及和突尼斯的案例分析中可以看到,两国的国家治理在

---

① 参见曾向红、陈亚州:《政治妥协与突尼斯的和平政治过渡——基于对突尼斯"伊斯兰复兴运动"的考察》,载《外交评论》,2016 年第 2 期。
② 王鹏翔:《如何评价诺贝尔和平奖得主"突尼斯国家对话机构"》,http://www.zhihu.com/question/36333912? rf=36328561,访问时间:2016 年 8 月 6 日。
③ 曾向红、陈亚州:《政治妥协与突尼斯的和平政治过渡——基于对突尼斯"伊斯兰复兴运动"的考察》,载《外交评论》,2016 年第 2 期。

民主化背景下都有嬗变,都受到了冲击和影响,但是变化的倾向却是不同的。首先,埃及和突尼斯在民主化的进程中其国家治理能力都受到冲击和影响,以致代表治理能力的政治稳定和暴力减少、政府效能、管制质量方面都呈现明显下降趋势。其中,而埃及在2011年后政治稳定的治理程度之所以略有上升,主要在于军方的强力介入和管制,以致埃及的社会运动和抗争没有造成更大的危害和动乱,当然,这与明显下降的突尼斯相比其治理程度仍是较低的。

另外,埃及和突尼斯的国家治理在呼吁和问责、法治与腐败控制上却呈现了差异。突尼斯的民主呼吁和问责性较埃及的上升程度明显,主要在于埃及民主化后期由于军方的强力介入和主导,社会民众的抗议和呼吁被压制了下去,而突尼斯则是借由全国对话大会和新的宪法建立了更开放的呼吁和问责平台。而在法治上,突尼斯和埃及虽然都在民主化进程中颁布了新宪法,但是埃及却由于军方强力的修宪行为,以致法治被破坏,而突尼斯则在颁布新宪法后始终在宪法下运作政权并进行民主选举,所以2011年后其法治程度又明显上升了。最后在腐败控制上,埃及的民主化推翻了穆巴拉克家族的裙带腐败,并由军方强力介入政权,打击了与穆氏相关的腐败集团,所以民主化后,埃及在腐败控制的治理上升;而突尼斯虽然赶走了本·阿里,但是裙带资本主义的发展仍旧遗留了下来,以致其腐败控制的治理程度基本未变;但是长远来看,埃及军方政权能否控制住自身的腐败仍有待观察,而突尼斯的腐败控制可能会在其民主深化后不断增强。

总之,从埃及和突尼斯的比较可以看到,两国的国家治理在民主逻辑的呈现上是存在明显差异的,而这背后的原因就在于:由于在民主化背景下,埃及的各方社会政治力量没能实现政治妥协,以致政治分裂和相互斗争此起彼伏,最终作为特殊阶层的、拥有绝对实力的军方强力介入,使得埃及的国家治理在民主逻辑上无法展开;而同样在民主化的背景下突尼斯的各方社会政治力量却在平台机制下达成了政治妥协,进而实现了跨阶层的联盟和政治共识,于是突尼斯的国家治理在这之后虽然治理能力方面受损,但是在国家治理的民主性方面却是呈现明显的上升趋势,以致长期而言突尼斯的国家治理可能会朝向良性发展。

四、总结

在民主化背景下,突尼斯和埃及的国家治理都经历了一个嬗变,经过前述的分析,可以发现突尼斯和埃及的国家治理体系在民主化前后都经历一个明显的变化,它们在国家治理的能力方面都受到了冲击和影响,但是在与民主紧密相关的治理方面,突尼斯的民主化逻辑被注入到了国家治理体系中,国家治理朝向民主方向发展,而埃及则不同,国家治理无法在民主逻辑上展开,过于强势的政治力量主导了今后国家的发展和治理。这种嬗变的背后有其原因。

在民主化过程中各种政治力量都会崛起并进而产生大量的互动和斗争。而埃及的国家治理是在民主化过程中,在埃及各社会政治力量之间的政治冲突和斗争中嬗变的,由于无法实现跨阶层的联盟和达成有效的政治共识,强势的军方力量就介入和掌控了国家政权,特别是在政治经济利益面前,在实力至上的逻辑下,作为特殊社会阶层的埃及军方力量最终清洗了伊斯兰政治组织及其民主选出的总统,实现了军方力量对埃及国家机器的完全掌控,因此,埃及的国家治理走向了危机化的境地,不仅治理能力弱化,甚至连民主化过程所要求的民主逻辑在国家治理体系中也无法注入和展开。而突尼斯在民主化过程中却走了一条不同的道路。突尼斯的各种社会政治力量,无论是军方、宗教政治势力,还是商业、职业团体等,都在"突尼斯国家对话机构"这样的一个平台机制下进行协商和谈判,最终实现了跨阶层的妥协和达成了政治共识,从而避免了政治分裂和相互斗争的持续,这为突尼斯国家治理体系注入了民主的逻辑,所以突尼斯的国家治理虽然在治理能力上受损,却倾向往民主方向发展,国家治理出现了民主化的倾向。

面对埃及和突尼斯在民主化背景下国家治理的嬗变，其重要的启示就在于民主化过程势必会冲击和影响国家治理体系，并要求在国家治理体系中注入民主的要素，所以其关键是要通过对话和协商来实现跨阶层的妥协和达成政治共识，避免持续的政治分裂和相互冲突，这会改善国家治理体系的民主性，促使国家治理朝向民主方向发展，否则持续的政治冲突和相互斗争只会不断地损害国家治理，以致民主逻辑无法在国家治理体系中展开。

最后，从这种阶层结构的变化可以看到，特定的结构模式是可以引导国家走向民主的方向的，同时也能导致国家持续着威权统治的危机。从突尼斯和埃及的比较经验中可以总结，突尼斯的各社会阶层实现了一种阶层间的合作共识模式，它引导了国家治理倾向民主发展；而埃及的各社会阶层间却走上了相互冲突和斗争的道路，阶层间成王败寇的模式导致了更为强势的军方掌控了至高权力，以致其国家治理体系无法注入民主的逻辑。总之，阶层间的妥协还是冲突对国家治理有着不小的冲击和影响，本文仅仅是做了一个尝试性的努力，民主逻辑要在国家治理中体现和展开还需要继续深入的研究。**CPS**

参考文献：

何显明：《政府转型和现代国家治理体系的建构——60年来政府体制演变的内在逻辑》，载《浙江社会科学》，2013年第6期。

唐皇凤：《新中国60年国家治理体系的变迁及理性审视》，载《经济社会体制比较》，2009年第5期。

戴长征：《中国国家治理体系与治理能力建设初探》，载《中国行政管理》，2014年第1期。

王昊：《政府审计与国家治理体系》，载《中国经济问题》，2006年第4期。

刘建军：《和而不同：现代国家治理体系的三重属性》，载《复旦学报》（社会科学版），2014年第3期。

何增科：《理解国家治理及其现代化》，载《马克思主义与现实》，2014年第1期。

Michael Bratton and Eric C. C. Chang：《撒哈拉以南非洲的国家建设和民主化：谁

先谁后，还是同步前进?》，王正绪、方瑞丰译，载《开放时代》，2007年第5期。

张建喜：《论民主化背景下国家治理能力现代化的基础》，载《湖南工业大学学报》（社会科学版），2015年第3期。

王鹏、魏然：《拉美国家治理模式与政治风险》，载《拉丁美洲研究》，2013年第5期。

陈华文：《现代政治与治理能力的民主化》，载《中国人民大学学报》，2015年第2期。

郭佳宏、李敏静编著：《走进逻辑学》，中国社会出版社，2010年版。

〔英〕卡尔·波普尔：《科学发现的逻辑》，查汝强、邱仁宗和万木春译，中国美术学院出版社2008年版。

〔美〕萨缪尔·亨廷顿：《第三波：20世纪后期民主化浪潮》，刘军宁译，上海三联书店1998年版。

巨克毅：《第四波民主化的背景与意义》，载《全球政治评论》，2011年第34期。

〔美〕查尔斯·蒂利，〔美〕西德尼·塔罗：《抗争政治》，李义中译，译林出版社2010年版。

周明、曾向红：《埃及社会运动中的机会结构、水平网络与架构共鸣》，载《社会学研究》，2011年第6期。

曾向红、陈亚州：《政治妥协与突尼斯的和平政治过渡——基于对突尼斯"伊斯兰复兴运动"的考察》，载《外交评论》，2016年第2期。

谭君久：《民主何以成功，何以失败？——关于2010年各国民主政治几个重要事件的比较观察》，载《比较政治学研究》（第3辑），中央编译出版社2012年版。

高春芽：《结构约束与理性选择的辩证——当代民主转型理论的发展》，载《比较政治学研究》（第5辑），中央编译出版社2013年版。

王菲易：《国际因素与民主化：一种分析框架——以韩国为个案》，载《比较政治学研究》（第2辑），中央编译出版社2011年版。

潘沛：《运动民主：颜色革命的内在逻辑》，比较政治学青年论坛暨第6届比较政治学论坛会议论文，2016年。

〔美〕亨廷顿：《军人与国家：文武关系的理论与政治》，洪陆训、洪松辉等译，时英出版社2006年版。

〔英〕大卫·波特等著：《最新民主化的历程》，王谦、李昌麟、林贤治、黄伟饶译,(台北)韦伯文化国际出版有限公司2003年版。

包刚升:《民主崩溃的政治学》,商务印书馆2014年版。

Esposito, John L., Sonn, Tamara and Voll, John O., *Islam and Democracy after the Arab Spring*, New York: Oxford University Press, 2016.

Sadiki, Larbi (ed.), *Routledge Handbook of the Arab Spring: Rethinking Democratizaiton*, London and New York: Routledge, 2015.

Kamrava, Mehran (ed.), *Beyond the Arab Spring: The Evolving Ruling Bargain in the Middle East*, New York and London: Oxford University Press, 2014.

Gonzalez, Mike and Barekat, Houman (eds.), *Arms and The People: Popular Movements and the Military from the Paris Commune to the Arab Spring*, London: Pluto Press, 2013.

Murphy, Emma, *Economic and Political Change in Tunisia: From Bourguiba to Ben Ali*, London: PalgraveMacmillan, 1999.

Alianak, Sonia L., *The Transition Towards Revolution and Reform: The Arab Spring Realised*, Edinburgh: Edinburgh University Press, 2014.

Lutterbeck, Derek, "Arab Uprisings, Armed Forces and Civil-Military Relations", *Armed Forces & Society*, Vol. 39, No. 1, 2013.

Hung-en Sung, "Democracy and Political Corruption: A Cross-national Comparison", *Crime, Law and Social Change*, Vol. 41, 2004, pp. 179 – 194.

Back, Hanna and Hadenius, Axel, "Democracy and State Capacity: Exploring a J-shaped Relationship", *Governance*, Vol. 21, No. 1, 2008, pp. 1 – 24.

Riker, William, *The Theory of Political Coalitions*, New Haven and London: Yale University Press, 1962.

电子资源访问网址:

http://info.worldbank.org/governance/wgi/#home

https://en.wikipedia.org

http://www.systemicpeace.org/polity/polity4.htm

http://www.zhihu.com/question/36333912? rf = 36328561

The Changes of State Governance in the Context of Democratization
—A Comparative Study of Egypt and Tunisia

Pan Pei

Abstract: The state governance of Egypt and Tunisia has changed in the context of democratization. The process of democratization affected the capabilities of their state governance, such as political stability, government effectiveness and regulatory quality, have shown a downward trend. But in the democratic logic of state governance, such as voice and accountability, rule of law and control of corruption, Egypt and Tunisia have apparent differences. The reason is that political forces are mutual compromise or conflict in Tunisia and Egypt's democratization process. The compromise and consensus between classes is more conducive to the development of state governance towards democracy. And the logic of democracy can be injected into the governance system of state. But the inter-classes conflict and even the intervention of stronger political forces may lead to the continuing crisis of state governance.

Keywords: Democratization; State Governance; Political Compromise; Political Conflict

后发国家如何推动选举政治走向成熟[*]

——政治风险视角下的渐进民主

叶长茂^{**}

【内容摘要】 选举政治是现代政治文明的核心内容,选举政治走向成熟的一般规律是从低度竞争走向高度竞争。许多后发国家在民主发展过程中之所以会出现政治动荡、治理失败、国家分裂等严重问题,正是因为不切实际地照搬西方高度竞争性选举模式。带有强对抗特征的高度竞争性选举在现阶段不一定适合缺乏竞争传统的非西方国家。后发国家推动选举政治发展应从低度竞争性选举开始,条件成熟后再开展中度竞争性选举。中度竞争的民主是后发国家政治发展的优选目标模式。后发国家发展民主的安全之路是存在的,逐步增加选举竞争的程度能够降低民主化的风险,减少民主发展的阻力,促使民主政治平稳地、实质性地向前推进。

【关键词】 选举政治;政治风险;低度竞争;中度竞争;渐进民主

---

* 基金项目:广东省高等教育"创新强校工程"特色创新项目"新媒体时代我国政治安全面临的挑战及保障机制研究"(项目编号:2016WTSCX092);教育部人文社科规划项目"后发国家政治发展的风险及防控机制研究"(项目编号:11YJA810024)。

** 叶长茂,广东第二师范学院政法系教授,政治学博士,主要研究方向为政治学理论、中国政府与政治。

选举政治是现代政治文明的核心内容，也是世界各国难以回避的政治发展目标。但选举政治不能在一国凭空产生，也并非一建立就能稳定顺利地运行，其取代各种类型威权政治的过程必然会带来政治风险。这种政治风险是指政治转型过程中一个国家的执政者、体制外力量以及社会各个阶层在生命、财产、自由等方面所面临的高度不确定性，也包括国家在主权、领土、秩序、治理、经济、道德等方面所可能付出的巨大代价。对于经历过政治转型的国家来说，政治风险可能已经转化为政治危机、暴力冲突、经济衰退或人道灾难；对于尚未经历政治转型的国家来说，政治风险则意味着转型失误或失败所可能引发的一系列严重后果。选举政治走向成熟的一般规律是从低度竞争走向高度竞争。后发国家推进和完善选举政治如果直接从高度竞争性选举开始，社会各界都将面临不确定的政治风险，阻力巨大。如果从低度竞争性选举开始，则能使政治博弈各方产生积极的安全预期，形成改革共识，顺利突破政治转型的瓶颈。选举政治发展从低度竞争性选举开始，可以使政治家和选民同时接受竞选的训练，使其适应民主政治的游戏规则，学会理性地投票，和平地竞争，养成尊重对手和选举结果的习惯。民主政治的进一步发展就会成为一个自然而然、水到渠成的过程。

一、选举政治是现代政治文明的核心内容

人类社会进步的过程，是一个不断追求政治文明的过程。自国家产生以来，虽然经常出现政治倒退，但总体上看，人类政治生活在朝着文明化的方向不断前进。不同历史时期有不同水平的政治文明，古代社会有古代政治文明，现代社会有现代政治文明。以今天的视角观之，古代政治并未真正实现文明化，只有在现代民主宪制国家，人民主权原则体现在政治运作过程的各个方面，才真正可以被称为一种文明的政治。

政治文明在本质上意味着政治权力运作、政治活动过程的文明化，也就是政治权力运行的理性化、民主化、法治化。政治主体尤其是执掌

政治权力的政治精英能够理性地驾驭政治权力,将权力运作纳入理性、规范、文明的轨道,排除暴力、阴谋、权术对政治生活的影响。政治文明化的过程是一个从量变到质变的过程,质变的发生就是现代政治文明的产生,亦即现代民主、宪制、法治等政治制度的建立。人类政治生活文明化的关键是改变政治权力交替方式以及与之相适应的政治参与方式,通过文明、理性、非暴力的方式进行政治权力交替,政治参与也在制度化、法治化的轨道内展开。迄今为止,政治权力交替主要有四种方式,即暴力夺权、世袭交替、指定接班和选举换届。在政治文明发展的过程中,总的趋势是暴力在权力交替过程中的作用越来越小,选举的作用越来越大。最后,选举不仅成为权力交替的决定性方式,也成为人们参与政治的主要途径。在选举尚未成为政治权力交替唯一途径的地方,人们很难看到真正文明的政治活动或政治行为方式。

在古代社会,除古希腊、古罗马等少数地区的特定时期外,政治活动一般是在专制政治的框架内展开,专制政治也能够在一定时期内确立稳定的政治秩序,在一定程度上保障社会成员的人身及财产安全,促进生产的发展和文明的进步,但这种政治形态很难在整体上称为一种文明的政治,因为权力的理性化运作是不稳定的,民众的权利随时会受到侵犯,缺乏长治久安的制度机制,没有能够从根本上排除暴力、政变、杀戮等野蛮的政治现象。古代社会以及现代社会中存在的诸多不文明政治现象皆是源于权力的非民主交替,因为没有建立基于选举的交替方式,没有确立公平的并为全体社会成员所认同的政治游戏规则,权力的交替都是基于暴力或基于掌权者指令的交替,只能借助暴力、欺诈、政变等手段进行,政治必然是丑恶的、不文明的。统治者的权力是通过不文明手段获得的,所以还要借助不文明的手段维护统治,必然会限制民众的自由和权利,通过愚民政策对民众进行欺骗和蒙蔽。人民处于蒙昧状态,政治上不自主、不独立,不能理性地参与政治,要么逆来顺受,要么拼命反抗。

选举政治的出现使政治生活文明化迈出了关键一步,现代以代议制为基础的竞争性选举从根本上改变了政治的性质,使人类政治从一种野蛮的政治转变为文明的政治。① 人类的选举活动很早就存在，但选举政治是国家产生以后的事情，选举政治的完善和成熟则要等到近代代议制民主产生以后。所谓选举政治就是在全体公民参加的普遍、直接、自由、公正选举的基础上规范权力运作、开展政治活动的政治形态。选举政治最重要的功能是实现权力和平交替。选举政治真正落实了主权在民的原则，将政治决定权和选择权交给人民，确立了公平的权力交替的游戏规则，为政治精英获取权力提供公平博弈的平台，为人民提供选择的机会，能够实现政治权力的和平交替，使权力分配从少数人的幕后操纵转变为由选民公开的投票来决定，彻底排除暴力、权术对权力交替的影响，社会矛盾也借此通过理性的制度化的方式合理解决。在选举政治条件下，执政精英通过周期性选举实现制度化更新，权力滥用和腐败受到遏制，优秀的人才通过公平竞争出任各级公职，政治的性质由统治转变为治理和服务，政府治理水平显著提高，巩固政权不再是政府的主要任务。社会各个阶层对选举产生的政府更加认同和支持，每个人都成为积极的公民，热心参与公共事务，公民社会走向成熟。政治风气和社会风气也发生根本转变，政府对人民的态度更加谦卑，公民素质和道德水平也普遍提高，人民在思想上极其活跃，创造力也得到最大程度的释放，整个社会的文明程度产生一个质的飞跃。

　　选举政治的实质内容是竞争性选举。政治生活中必然会存在竞争，传统专制政治中竞争主要围绕王位、权力、领土、财产等展开，竞争中经常采用阴谋、欺诈、收买等不正当方式，甚至通过暗杀、政变、战争等暴力手段达到政治目的。建立在民主、法治基础上的竞争性选举，为政治竞争提供了公正的规则，参与竞争的各方无论输赢，都会接受竞争结果，不会采用暴力手段去消灭对手。竞争性选举使政治竞争通过公开、公正、和平的方式展开，推动政治生活趋向有序化、文明化。如果只有选举，没有竞争，选举政治实现权力和平交替的功能就不能实现，

---

① 古希腊、古罗马时期也有比较发达的选举政治，这使其政治文明程度远远高于古代社会其他专制国家，但这种选举政治是建立在奴隶制基础上，并且没有和代议制、宪制相结合，因而并不成熟。

权力仍然要通过其他非制度化或者非和平方式实现交替。没有竞争的选举会造成人民政治选择权的虚化，人民就不会自觉通过选举来参与政治，大量非制度化、非法的政治参与由此产生。没有竞争就没有真正的选举，也没有真正的民主。一个国家要推进和完善选举政治就必须开展竞争性选举，政治家和民众努力的方向应该是如何选择合适的路径降低竞争性选举的风险，而不是因畏惧风险而创造各种形式化的民主来逃避竞争性选举。面对浩浩荡荡的民主潮流，逃避于事无补，反而会遗祸未来，造成整个社会混乱倒退的结局。

总之，选举政治是政治文明化的关键因素，彻底解决了权力的和平交替问题，驯化了权力，把统治者关进了笼子里，使其无法胡作非为。当然，对权力进行驯化和制约的不仅是选举制度，还需要宪制、法治、分权、言论自由、结社自由等相关制度的配合，但其中起着基础性作用的无疑是选举制度。所以，一般认为，选举是现代代议制民主政治的基石，选举政治是现代政治文明的核心内容。

二、选举政治走向成熟的一般规律

人类政治经由选举趋向文明，但选举政治的成熟不是一蹴而就，而是一个渐进的过程。这个过程就是通过竞争性选举的训练逐步实现的。只有在特殊条件下，某些国家可以突然推行高度竞争的民主，同时保持政局的稳定，如"二战"之后的日、德等国。日本战败之后，处在美军的占领之下。美国不仅帮助日本建立民主体制，而且强制执行民主政治规则。虽然美国一般不会直接插手权力交替和政府人事，却从外部保障民主体制的稳定运行。在强大外部力量的震慑下，没有哪个政治家或政治集团敢违反政治游戏规则，消除了因民主规则遭到破坏而产生的政治风险，日本的高度竞争性选举体制于是得以顺利建立。德国的情况与日本类似，"二战"后西德的民主发展之所以比战前顺利，民主体制再未遭到破坏，一个重要原因就是外部力量保障了民主规则的执行。但这类国家的民主发展只是特例，其经验不具有普遍性。其他国家不具有这样的外部条件，而且出于维护主权独立和民族尊严的需要，一般也不会接受外部力量对本国政治的干涉，即使这种干涉对民主发展是有利的。因为没有外部力量保障民主规则的执行，很多国家的选举政治规则只能在内部政治力量的激烈博弈中演化生成①，很难在短期内建立并得到有效执行。世界上大部分国家选举政治的成熟都经历了低度竞争性选举向高度竞争性选举发展的过程。②

竞争性选举的规则很难一开始就在一个社会获得高度认同并良性运转，这首先是源于政治权力的垄断性和强制性。政治权力拥有者掌握着对社会价值和资源进行权威性分配的权力，这种分配权能够给权力主体带来巨大的物质利益和精神利益。不管掌权者在道德上如何高尚，这种利益是客观存在的。除了可以享用和支配社会提供的公共物质资源之外，掌权者还可以获得显赫的历史地位，即使是残暴的掌权者，也可以赢得一个枭雄的名声。所以，对于政治权力的争夺是非常激烈的，由暴力决定权力的归属转变为由选举这样的和平方式决定权力的归属，是一个异常艰难的过程。在不习惯竞争性选举的国家，很容易出现这样的机会主义者，一旦拥有足够的实力，或者感到自己的权力地位受到威胁，倾向于选择不遵守竞争规则。不仅原有的权力掌握者通常不愿遵守竞争性选举规则，新的挑战者也容易在于己有利时破坏竞争规则，因为一旦因违约而掌握了垄断性权力，其本人、家族及其所在集团将获得巨大的利益。

对竞争性选举规则的另外一个威胁是社会各方特别是掌权者对安全的顾虑。在非民主国家，通常存在大量的历史恩怨和现实矛盾，而且掌权者与社会各个集团之间严重缺乏信任，参与选举政治的各方都担心对

---

① 参见欧阳景根：《民主转型与巩固：民主化理论模式的评析与民主巩固的序列分析模式建构》，载《比较政治学研究》，2012年第1期。

② 王占阳先生提出，政治发展的基本规律是从低度民主走向高度民主，笔者认为这一规律的实质应是从低度竞争逐步走向高度竞争。参见王占阳：《中国急需发展低度民主》，载《探索与争鸣》，2012年第1期。

方获胜掌权后如果不遵守竞争规则，就会对自身的安全构成威胁，因此一旦有机会就会选择先下手为强，率先不遵守竞选游戏规则，从而在权力竞争中占优势。这种做法必然使竞争性选举归于失败。非民主体制的掌权者通常是靠对民众的安全形成一定的威慑而维护权力的，一旦放弃权力实行公平竞争，掌权者就会因害怕遭到清算而产生强烈的不安全感。基于在非竞争性体制中形成的心理习惯，掌权者通常认为如果自己在竞争性选举中失败，失去权力之后自身的安全将遭到极大的威胁，于是其本能的选择就是抵制竞争性选举规则的建立。尽管历史经验反复表明，建立这种公平的权力游戏规则，对于掌权者自身也是有极大好处的，对于社会来说更是一种多方共赢的制度选择。但正是由于非民主体制下各种力量相互不信任，如果突然转换为高度竞争的结果完全不确定的选举体制，各方都很难形成稳定的安全预期。

基于上述原因，一个国家要顺利建立竞争性体制需要解决两个问题：一是如何保障原有掌权者的基本利益；二是如何让掌权者及社会各方对选举体制下自身的安全形成稳定的预期，也就是建立达尔所说的共同安全体制。这两个问题也可以归结为一个问题，即如何让掌权者、体制挑战者及全体社会成员内心认同并毫无顾虑地遵守竞争性选举政治的游戏规则。

达尔对此有深入研究，他认为从一个旧的非民主政体平稳转变为一个民主政体的前提条件是要在执政者与社会各方之间建立共同安全体制，这种共同安全体制形成的标志就是竞争性政治的规则为参与政治活动的政治主体认同并严格遵守。其实，共同安全体制建立的过程就是竞争性选举逐步为政治活动主体接纳的过程。这只能是一个渐进的过程，即从低度竞争向高度竞争发展的过程。西方国家早期是通过限制选举权，即限制参加选举的人数来实现低度竞争的。[①] 虽然在享有选举权的

[①] 在理念层面，限制广大民众的政治参与权利应该受到批判，但在实践层面，限制参政人数，实行低度竞争，有利于规避政治风险。近代早期因为技术条件及其他原因无法实现普选，通过限制选举权的方式开展低度竞争，成功降低了政治风险，使一种高风险的竞争性政治体制能够建立起来并能生存下去。

少数人之间竞争是充分的,但由于大多数人不参与竞争,所以对整个社会而言,竞争的规模有限,可以看作是一种低度竞争。达尔将其概括为自由化先于包容性的道路:"一个封闭的霸权政体增加公开争论的机会,于是变为竞争性寡头政体;然后竞争性寡头政体通过增加该政体的包容性而变为多头政体。"① 在此过程中,"竞争性政治的规则、惯例和文化首先在少数精英中发展起来,而从无党派政治向党派竞争的决定性变迁也首先在有限的集团内发生了。"② 因为最初参与竞争性政治的只是上层社会的少数人,他们之间盘根错节的复杂关系抑制了竞争性政治冲突的激烈性,使其不对社会稳定构成根本性的威胁。后来,当其他社会阶层被接纳参与竞争性政治时,他们很容易接受已经在精英当中发展起来的准则和惯例,适应已经健全发展的共同安全体制,无论是新的阶层还是面临可能在竞争中失败的旧有精英,都不会感到安全受到威胁,竞争性政治就可以顺利发展起来。③

西方一些国家选举政治的发展过程比较平稳,就是因为低度竞争的选举体制经过长时间的稳定运作,已经得到上层政治精英的共同认可,权力斗争、利益冲突都可以通过这一竞争机制和平解决。竞争中的胜利者能够宽容失败者,失败者也自愿接受胜利者在政治上的领导,在制度层面充当合法的反对者,发挥监督作用,防范执政者滥用权力。虽然能够参与政治竞争的人数是有限的,但是支持这个竞争体制的规则是公平公正的。无论任何人,只要能参加这种竞争游戏,都会受到平等对待,不会去质疑规则本身。下层民众被排除在政治竞争之外,这当然是一种严重的不公平,但这种不公平是实质性的,不是程序性的,容易引发民

---

① 达尔这里使用的"霸权政体"是指专制政体,"多头政体"是指现代民主政体。达尔认为这条道路以英国和瑞典最为典型。其他西方国家普选权的实现也不是一步到位的,一般都是先在上层一部分人中间开展竞争性选举,真正意义上的普选到20世纪才得以实现。法国曾一度尝试在开展竞争性政治的同时实行普选,但很快失败,普选并未真正实施。参见〔美〕罗伯特·达尔:《多头政体:参与和反对》,谭君久、刘惠荣译,商务印书馆2003年版,第45—46页。
② 〔美〕罗伯特·达尔:《多头政体:参与和反对》,谭君久、刘惠荣译,商务印书馆2003年版,第47页。
③ 同上。

众不满的主要是竞争体制的包容性不够,而不是竞争规则本身不公平。这种对选举权的限制固然如人们一般所认为的是为了维护统治阶层的利益,将选举视为有产者的特权;但在客观上对选举权的限制也限制了政治竞争的程度和规模,使既有社会秩序不会受到竞争性政治的冲击而瓦解,从而使选举政治能够逐步走向成熟。随着经济、社会的发展,下层民众开始走上政治舞台,他们对于自身被排除在政治竞争之外非常不满,但他们首先提出的政治要求是实行普选,扩大参与竞争的范围和人数,而不是彻底推翻这套长期运行的竞争性规则体系。① 在民众的压力之下,西方各国的统治阶层选择了逐步扩大选举权,客观上顺应了选举政治的发展规律,从低度竞争走向高度竞争,避免了觉醒的民众为了夺权而去发动暴力革命,最终平稳地实现了普选制。普选制的确立具有伟大的进步意义,真正实现了政治权利方面的人人平等,但普选制只是增加了政治的包容性,扩大了选举的范围,其对改善人权的贡献远大于制度方面的贡献。选举政治的制度内涵早已确立,其实质是一套公平竞争的权力游戏规则。

综上所述,选举政治平稳发展的优选路径是从低度竞争走向高度竞争。首先开展低度竞争性选举,对社会成员进行反复训练,能够使社会成员逐步适应政治竞争的规则,掌握政治竞争的技巧,养成遵守选举规则的习惯,形成公平竞争的民主文化。当社会成员高度认同并严格遵守竞争规则时,就会形成积极的安全预期,无论在竞争中成败与否,都会相信自己的财产与人身是安全的。在此基础上,高度竞争性选举再择机推进就不会引发剧烈的政治冲突与社会动荡,可以避免竞争性政治因负面影响太大、激起强烈反对而失败的后果。当然,尽管存在一条安全的道路,存在各方共赢的制度选择,但历史证明,要掌权者放弃权力、地位和利益是非常不易的,这需要公民社会通过理性的方式给掌权者施加足够的压力,更需要掌权者有巨大的政治勇气、良好的政治品质和对历

---

① 那些没有在上层精英中建立竞争性选举政治的国家,当民众的权利意识觉醒后,很容易提出彻底推翻整个旧体制的要求。已经建立竞争性选举政治的国家,民众权利意识觉醒后,通常提出的要求是扩大体制的包容性,扩大选举权,而不是推翻整个体制。

史高度负责的精神。

三、后发国家有序推进选举政治的策略选择

政治生活文明化是人类共同的追求,虞崇胜先生指出,政治文明具有普遍性的特点,其成果为人类所共享,属于整个人类。某些国家和地区所创造的文明成果,其他国家是可以借鉴的。[①] 选举政治作为人类政治文明的成果,是后发国家所必须接纳的,后发国家也应从统治服从为主要内容的政治形态发展到以选举授权、监督问责为主要内容的政治形态。竞争性选举作为选举政治的核心内容同样是不能回避的。竞争性选举是中性的政治方法和政治程序[②],其规则本身是技术性的,并不包含意识形态的特质,不同社会制度的国家也可以借鉴和采用这套公平竞争的游戏规则。但这并不意味着后发国家发展选举政治应当重复西方的民主之路,在竞争性选举的推进策略方面,后发国家应当依循自己的国情,走一条更稳妥更安全的道路。

首先,实现权威政治与选举政治的有机结合。在后发国家政治发展过程中,有一种错误认识,认为权威政治和选举政治是截然对立的。这种认识严重限制了后发国家制度选择的空间,使政治发展不能稳健地推进。发展选举政治,尤其是竞争性选举政治是有风险的。基于风险的考虑,有的国家在发展民主时采取审慎的态度,中央政府保留相对集中的权力是有必要的。但有些国家在强化政府权威的同时,却完全排斥选举政治,尤其是排斥竞争性选举。这样做的后果就是民众和政治家都不能经受竞争性选举的训练,社会也看不到和平民主转型的希望。与此相反的另一种极端情形是,有的国家在发展选举政治的同时弱化政府权威,在社会没有任何准备的情况下,突然进入高度竞争性选举状态,街头政

[①] 参见虞崇胜:《政治文明论》,武汉大学出版社2003年版,第214—215页。
[②] 陈炳辉:《竞争性选举与民主——熊彼特的民主理论新析》,载《江淮论坛》,2013年第5期。

治和民粹行动泛滥，政治局势急剧恶化。将权威政治与选举政治对立起来，使后发国家的政治发展陷入恶性循环的困境，要么是集权政治，要么是低质民主；要么是高压之下的稳定，要么是自由以后的混乱。后发国家要推动选举政治逐步走向成熟，应把权威政治和选举政治有机结合起来，一方面推动政治权威的理性化转型，增强政治权威的凝聚力及其对政治发展进程的控制力；另一方面在政治权威的引导下逐步发展选举政治，在民主的基础上增强权威的合法性。政治权威的理性化转型为发展更大范围、更高层次的民主创造各种条件，选举政治的发展则能重新塑造权威的合法性基础，在此基础上，后发国家才有可能以渐进的方式实现传统政治向现代民主政治的和平转型。①

其次，切忌照搬西方高度竞争性选举模式。有许多后发国家的政治精英认为发展选举政治就要照搬西方高度竞争性选举模式，在多党体制下开展竞争性选举，否则就是假民主。许多后发国家缺乏选举政治的经验，或者即使曾经举办过选举，但并没有形成成熟的选举制度和文化，选民和政治家也没有形成理性的选举行为模式。照搬高度竞争性选举模式，很容易导致政局动荡，秩序混乱，甚至国家解体。现代民主制度是多种制度相互支撑构成的复合体系，其相互组合存在许多复杂的形态。西方国家是通过多党竞争的方式来开展竞争性选举，但这并不等于说非多党制条件下就不能举行竞争性选举；也不能说竞争性选举必然对非多党体制构成威胁，一旦开展竞争性选举，非多党体制就必然解体。非多党体制下难以开展西方式多党对抗的竞争性选举，但可以开展非对抗式或低度竞争的选举。非多党体制与竞争性选举是可以兼容的，可以通过低度或中度竞争性选举制度落实人民的政治选择权。因此，后发国家发展选举政治并非一定照搬西方多党体制，可以先在低度竞争的基础上开展竞争性选举，为未来发展更高程度的竞争性选举创造条件。

再次，创造低度动员的政治环境。一些后发国家发展选举政治遭受

---

① 参见叶长茂：《权威与民主平衡发展的重要价值及实现路径——基于后发国家和平转型的视角》，载《宁夏社会科学》，2012年第4期。

挫折，有一个很重要的原因就是选举政治一开始就在高度动员的政治环境中展开。推动选举政治的各方政治精英并未注意到为选举政治的逐步发展创造良好的环境，在开放选举的同时也实现了高度的政治自由，如组党自由、反对政府的自由、政治争论的自由。从理念层面看，民众的政治自由不应该受到限制，但从实践层面看，不受限制的政治自由确实会威胁政治秩序，不利于民主政治的顺利推进，也不利于政府提高治理质量。在选举政治开展之前，人们一般生活在形形色色的威权体制之下，政治自由长期受到压制，如果突然获得高度自由，必将使人们在政治上迅速亢奋起来。一方面是政治参与急剧扩大，另一方面是不受限制、无所顾忌的反对和抗争。各方力量将借助现代传播媒介提出动人的口号，激发全社会参与到政治竞争中来，竞争的烈度越来越大，政治行动越来越激进化，社会迅速陷于混乱和无序之中。这为保守力量反对和取消政治竞争提供了借口，初生的竞争体制很快会被大规模无序政治参与冲垮，向专制体制的回归成为必然。为防止社会过度动员对社会秩序和民主本身的伤害，后发国家的正确策略是先推动政治民主化，再实现政治自由化，竞争性选举的发展要始终超前于政治自由化的发展，为选举政治的开展创造低度动员的政治环境。这种策略可以降低竞争烈度，保障各方安全，保持社会稳定，降低社会各方的政治期望值，使竞争性的选举体制能够顺利建立起来。只要这个竞争性体制能够建立，并为整个社会所接受，获得稳定运行的基础，那么权力和平更替的政治游戏规则就建立起来了，利益博弈的公正平台也搭建起来，政治自由的充分实现才有制度性保障。

最后，自下而上开展竞争性选举。任何一个国家发展竞争性选举政治，都不能一步到位，需要一个逐步适应的过程。后发国家尤其如此。和西方国家相比，后发国家的选举政治更应该从低度竞争走向高度竞争。因为后发国家缺乏选举传统，竞争性政治经验严重不足，政治家和民众都没有从事选举政治的经验，不习惯参与政治竞争。政治家之间也缺乏竞争性选举所需要的信任和宽容。一般来说，如果一个国家从来没有选举政治的经验，突然开展全国范围内的竞争性选举是很难取得成功的。后发国家发展竞争性选举应该自下而上,走一条渐进之路。可行的办法是先在较低行政层级较小范围内举行竞争性选举的训练,使民众适应竞争性选举。这种小范围的竞争性选举风险是可控的,能够使社会各方逐渐认识到竞争性选举是安全的,是一种正和博弈。竞争性选举经过多次反复之后就可以建立大家认可的可靠的共同安全体制。有不少学者认为地方先行民主化使地方政府的合法性高于中央政府的合法性,容易使地方产生分离主义倾向,加剧国家分裂的危险。这个风险如果制度设计好完全是可以避免的。抑制地方分离主义倾向可以采取三条防范措施:其一,竞争性选举在中央政府的可控范围之内展开,最好是在无法与中央抗衡的行政层级展开,例如在县市、乡镇一级开展竞争性选举,因其地域和人口有限,一般不会形成强大的分离势力;其二,建立全国性的政党作为维持国家统一的凝聚力量;其三,限制分离主义政党或组织的出现。①

四、有效规避选举政治风险的三种实践模式

竞争性选举只能逐步走向成熟。西方国家近代早期的低度竞争是通过牺牲政体包容性,即限制参加选举的人数实现的。普选权实现以后,西方国家已经形成比较成熟的高度竞争性选举模式。后发国家在发展选举政治的过程中,有许多国家是直接移植西方高度竞争性选举模式,但也有一些国家和地区根据具体实际进行了低度或中度竞争性选举的实践。在后发国家,法律上通常已经实现了普选权,低度竞争已经不可能通过限制公民的选举权来实现。后发国家开展低度竞争只能通过限制候选人的资格和条件、限制竞争的范围和方式来实现。后发国家选举政治

---

① 在限制分离主义政党方面,坦桑尼亚的做法值得借鉴。坦桑尼亚在选举政治发展过程中,专门制定了《政党法》。《政党法》明确规定,禁止成立分裂国家的政党,任何政党必须维护国家统一,不能成为以地区、民族、宗教为基础的派别集团。参见李湘云:《论坦桑尼亚1995年多党民主选举》,载《思想战线》,2013年第1期。

实践中出现了竞争程度各有不同的选举形式，人类选举政治呈现同归殊途、形式多样的特征。

综合现代国家发展选举政治的实践，可以概括为三种类型，即高度竞争性选举、中度竞争性选举和低度竞争性选举。高度竞争性选举是在不同政党之间展开，是有组织的政治集团之间的竞争，一方在竞选中获胜就可以上台执掌政权，而另一方则失去政权或者不能上台执政。选举带有很强的对抗性，竞争者会采用一切手段来获取政权[①]。选举结果则具有高度的不确定性，对原有执政者来说，失去政权的概率极大。中度竞争性选举一般是在长期执政的政党与在野的个人或政党之间展开，有的采用候选人个人之间竞争的方式，有的采用政党之间竞争的方式。参与竞选的各方地位是不对等的，选举的公正性也在不同程度上受到影响。因为执政党或执政党一方的候选人具有优势的政治资源和组织资源，而在野的竞争者则处于劣势。选举结果具有中度不确定性，执政党地位不会受到威胁，政权不会易手，但具体公职的选举结果是不确定的，在野的候选人或政党在局部地区或部分政府职位具有当选的可能性。执政党面临一定的挑战和压力。低度竞争性选举一般是在执政党党员之间展开，主要有两种方式，一种是执政党党员候选人在执政党内部竞争，由党员投票选举；一种是执政党党员候选人围绕国家公共职位展开竞争，由选民投票选举。这种选举结果只具有低度不确定性，即无论选举结果如何，执政党地位不变，都是由执政党党员出任公职，但具体由哪位执政党党员担任公职是不确定的。这种竞争性选举对执政党的压力和挑战很小，但对具体执政党候选人有较大压力。

模仿西方高度竞争性选举模式的后发国家，面临比较大的政治风险，民主转型过程容易出现动乱或内战，即使转型成功也经常会出现政局动荡或治理失败。那些推行低度或中度竞争性选举的国家或地区在规避政治风险方面则较为成功，这里着重论述三种比较典型的模式：

[①] 在选举政治体制已经巩固的国家，竞争者一般不使用武力，但有的国家在选举过程中也会发生小规模的暴力冲突。

一是党内竞争模式，政治竞争在执政党的党员之间展开，以墨西哥和坦桑尼亚为代表。墨西哥在向多党制转变之前，长期实行革命制度党一党执政体制[①]，其通过党内吸纳和竞争的方式，在较长的历史时期成功实现了对多党竞争性民主的替代，规避了政治风险。墨西哥革命制度党内部分为不同的职团系统，每个系统由数个全国性行业团体组成。这些行业团体按照行业将全国民众组织起来，纳入革命制度党的组织体系，通过执政党内部的行业垂直系统建立垄断性利益代表机制。执政党内部各种职位的产生带有鲜明的竞争性民主特色，工人部、农民部和人民部等各种职团系统要获取党内职位，需要展开竞争，各个部内部的行业团体之间也要展开竞争。[②] 这种党内竞争性民主体制一方面能够通过不同行业以及职团系统的竞争，吸纳社会成员，表达公民社会的利益要求，对执政党领导层构成一定的压力；另一方面，其竞争主要是在执政党内部进行，对执政党自身的地位并没有威胁，为政治发展的稳健推进创造了条件。

坦桑尼亚在民主化之前，也长期开展竞争性选举，竞争在两个执政党提名的候选人之间展开，但不是围绕党内职位展开竞争，而是围绕立法、行政机构的职位展开竞争。因为竞争是在执政党提名的候选人之间展开，因而也可以看作是一种党内竞争。坦噶尼喀非洲民族同盟[③]控制了选举的提名权，但必须为每个选区提出两个候选人，给予民众一定选择的权利。[④] 由此而产生的选举竞争是真实的、公开的，许多内阁成员输给了默默无闻的当地候选人。因为在坦桑尼亚不允许成立除执政党以外的其他政党，所以竞争性选举并未对执政党构成根本性的威胁。这种选举尽管是受到高度限制的，但并不是没有意义的，选举过程使精英集

---

① 墨西哥除革命制度党之外，也存在反对党。但在相当长的时间内，这些反对党的力量太弱小，没法和执政党竞争，竞争主要在执政党内部展开。
② 参见康晓光：《未来10年中国政治发展策略探讨》，载《战略与管理》，2003年第1期。
③ 坦噶尼喀非洲民族同盟是坦桑尼亚大陆地区（坦噶尼喀共和国）执政党，后于1977年2月5日与坦桑尼亚桑给巴尔地区的非洲设拉子党合并组成坦桑尼亚革命党。
④ 李社辅：《尼雷尔谈坦桑尼亚的政治体制问题》，载《西亚非洲》，1991年第3期。

团内部的竞争公开化、制度化,通过制度化的方式实现精英人物的更新,也促使候选人必须在选举中表现突出,注意选民的要求,及时对选民的意见做出反应。①

墨西哥和坦桑尼亚后来的民主化转型都是统治精英在特定的国内外形势下主动推进的。当其启动民主化转型时,当局并未受到太大的压力,体制外并不存在强大的反对力量,也未发生严重的经济或社会危机。② 墨西哥和坦桑尼亚的统治精英之所以发动民主化转型,一方面是因为统治精英具有民主的前瞻性,认识到民主转型早晚会到来,不如主动变革;另一方面是源于长期开展党内竞争所形成的制度自信,竞争性选举已经反复举行,统治阶层中的精英并不畏惧竞选,相信能够驾驭并主导民主转型的展开。在竞争体制的压力下,政治精英与广大民众并不存在深刻的矛盾,不用担心民主化之后的清算问题。在第三波民主化国家中,墨西哥和坦桑尼亚的民主转型比较平稳,风险较小。这和两国长期开展竞争性选举有很大关系,竞争的规则已经以某种方式建立起来,后来的民主转型不过是在原有基础上取消对候选人的限制,扩大选民的选择范围,进一步增加竞争程度。

二是实行非政党式竞争,政治竞争在执政党推出的候选人与无党派人士之间展开,不是政党之间的竞争,而是候选人之间的竞争,以20世纪50—80年代中国台湾的地方选举为代表。台湾从20世纪50年代初期举办地方选举到80年代中后期解除党禁、报禁,实行的是非政党式竞争。在地方选举中,国民党作为执政党通常以内部协商的方式提名候选人,党外人士在法律规定的条件下可以报名参加竞选。竞选并不是在政党之间展开,而是在不同的候选人之间展开。③ 在野的中国青年党和

---

① 参见〔美〕G. A. 阿尔蒙德、小 G. 宾厄姆·鲍威尔:《比较政治学:体系、过程和政策》,曹沛霖等译,上海译文出版社1987年版,第261页。
② 参见陈尧:《新权威主义政权的民主转型》,上海人民出版社2006年版,第240—241页。
③ 参见孙代尧:《威权体制下台湾的地方选举与政治变迁》,载《台湾研究》,2002年第1期;江义益:《三十年来台湾省实施地方自治之回顾与前瞻》,载《师友月刊》,1980年第11期。

民主社会党虽然可以提名候选人，但因为其依附国民党且力量弱小，所以其参加地方选举并未使之带有政党竞争的色彩。政治竞争主要在执政党候选人和无党派候选人之间展开。这种选举能使国民党积累选举经验，使民众受到选举训练，也给地方政治精英以竞争压力，促使其改善地方治理质量。同时，党外人士以个人名义参选，疏解了国民党所面临的合法性压力，但因为没有形成组织化的力量，所以并不能对国民党的执政地位构成实质性的威胁。这种竞争性选举的特点是有多个候选人之间的竞争，但不是政党为夺取政权而展开竞争，只是候选人为获取公共职位而竞争，竞争的烈度是有限的，竞争的方式受到严格的限制，能够保证执政者和参政者的安全。在非政党式竞争体制下，候选人之间能够展开竞争，人民拥有选择政府领导人的机会，达到了最低限度的民主标准，为后续的民主发展奠定了重要的基础。

三是限制性政党竞争。竞选在执政党和在野党之间展开，但执政党利用执政地位对选举进行种种限制，采用合法或非法的方式打压在野党，使在野党在竞争中处于不利地位。新加坡是典型代表。[①] 新加坡在形式上建立了西方式竞争性议会民主的框架，有反对党存在，有定期的选举，有政党之间的竞争，但这种竞争性选举的过程和结果完全在执政党的掌控之中。人民行动党对选举的掌控除个别时期通过非常手段对反对党进行打压之外，更多的是通过建立国家与社会之间的协作关系，通过对公民社会意见和需求的精准把握，通过符合民意的政策以赢得民众在选举中对执政党的支持来实现的。人民行动党建立了由政府控制的工会组织，还成立了人民协会、公民咨询委员会、居民委员会等半官方性质的社会组织。政府通过互派代表担任职务、提供资金等方式影响和支配这些组织的运作。这些组织既受政府的影响和控制，在选举动员、政策执行等方面对政府提供支持，又能够在一定程度上表达组织成员的利益，及时向执政党和政府反映民众的意见和要求。政府与各个社会组织

---

① 参见萧功秦：《新加坡的"选举权威主义"及其启示——兼论中国民主发展的基本路径》，载《战略与管理》，2003年第1期。

沟通顺畅，在制定政策时与这些组织讨论协商，使政策更具有民意基础，也更容易得到执行。①

人民行动党通过国家与社会协作共治的合作主义体制能够获得绝大多数民众的支持，因而反对党的力量发展不起来。反对党自身也对此采取现实主义的态度，其政治行动的目的不是谋求替代执政党的地位，而是希望成为一党独大体制下的平衡性政党②，充当批评者的角色，督促执政党和政府更好地为民众服务。执政党和反对党之间的关系，由原来的对抗性关系转变为既有竞争又有合作的关系，当反对党在选举中无法获得席位时，执政党反而予以扶持。同时，因为执政党和反对党是在基本公正、开放的选举中竞争，又能给执政党足够的压力，使其不敢懈怠。新加坡目前并未被视为典型的西方式民主政体，但是因为其已经建立竞争性民主的框架，国家与社会之间已经形成良好的合作关系，可以预见新加坡民主政治的进一步发展必将是和平而安全的，不会遭遇大的政治风险。

这三种模式相对于西方高度竞争性选举模式而言，其共同特点是合作性高，对抗性低，竞争程度不高，都可以为其他后发国家提供借鉴。但具体来看，三种模式的竞争程度仍然存在较大差别。党内竞争的竞争程度是最低的，是一种典型的低度竞争，可以作为后发国家发展选举政治的初始制度选择。限制性政党竞争的制度架构是西方高度竞争的模式，但因为执政党对反对党参与竞选进行种种限制，所以其实际竞争程度处于中度竞争水平。新加坡的中度竞争性选举之所以能长期顺利地举行，是因为执政党拥有很高的威望，掌握高超的政治艺术，具有出色的国家治理能力，深受民众拥戴。当预计反对党可能在议会选举中获得较多席位从而对执政党地位构成威胁时，执政党能够妥当运用各种合法和非法手段对反对党进行打压，但又不会彻底抛弃竞争性选举体制。一旦

---

① 参见陈尧：《难以抉择：后发展国家的政治发展战略研究》，上海人民出版社2008年版，第128—129页。
② 黄卫平、陈文、陈家喜：《2011年新加坡大选的观察与思考》，载《比较政治学研究》，2012年第1期。

对执政党的威胁消除，竞争性选举又可以正常开展。这种既保留西方多党竞争的制度框架，又在实际运行中长期保持一党执政的民主模式，运行的难度较高，很难被其他国家所模仿。非政党式竞争介于低度竞争和高度竞争之间，是一种典型的中度竞争的民主形式。这种中度竞争的民主排除了对执政党构成威胁的有组织力量，执政党在竞争中不会面临真正的挑战，政治风险较小。后发国家发展选举政治可以先从低度竞争开始，条件成熟时再发展到中度竞争性选举。低度竞争也可以分两步走，第一步采用墨西哥模式，执政党党员候选人围绕党内职位展开竞争；第二步采用坦桑尼亚模式，执政党党员候选人围绕国家公共职位展开竞争。有些国家的执政党人才济济，囊括了绝大部分社会精英，即使只采用低度竞争，在真正落实公民选举权，消解民主化压力的同时，也可以大大减少腐败，改善公共治理质量。中度竞争性选举允许公民以个人身份参选，既实现了公民的选举权，又实现了公民的被选举权。虽然其竞争程度不如西方民主，但民主程度与西方民主相比已没有本质差别。深孚众望的体制外候选人一样可以在选举中脱颖而出，取得胜利。唯一受到限制的是公民的政治结社自由，但这正是防范政治风险的制度设计。长期开展中度竞争性选举，会显著提高执政党精英的选举能力和施政能力，执政党凭借政绩就可以赢得选举，不必再利用执政资源进行干涉。执政党本身将扮演一个中立的选举组织者和秩序维护者，选举的公正程度不断提高，选举将主要是政策和治理能力之争，而不是政权和意识形态之争。

中度竞争的民主可以作为西方民主的一种替代，成为一种稳定的民主模式，比较适合很多后发国家的国情。目前实行西方式高度竞争性选举模式的后发国家已经很多，并且一些国家已经经历了两次以上的政党轮替，按照亨廷顿所说的标准已经实现了民主巩固。[1] 但是很多后发国家其实并不适应这种高度竞争性选举体制，带有对抗性的高度竞争性选

---

[1] 〔美〕塞缪尔·亨廷顿：《第三波：20世纪后期民主化浪潮》，刘军宁译，上海三联书店1998年版，第321页。

举会导致过度政治动员，政治参与急剧扩大，族群、宗教和阶级矛盾迅速被激化，政治稳定受到严重冲击，政府的施政能力被削弱，经济发展长期停滞甚至倒退。大多数后发国家民主化后政府的治理绩效并不理想，除韩国等少数国家外，鲜有国家在民主政府的治理下成功实现现代化，跨入发达国家行列。对于尚未实现民主化的国家，直接照搬高度竞争性选举的风险更大。高度竞争性选举是不同政治集团为争夺执政权而展开的激烈对抗，对于原执政者来说，实行高度竞争性选举通常就意味着失去政权①，而且因为威权体制下贪污腐败、破坏法治、侵犯人权都是不可避免之事，所以政治清算也会接踵而来；对于体制外政治力量来说，主张实行高度竞争性选举，就意味着以推翻原执政者为政治目标，自然会成为执政者眼中的敌对势力，从而使自身的安全受到威胁。无论对于执政者还是体制外力量来说，立即实行高度竞争性选举都意味着高度的政治风险。而且由于双方互不信任，政治博弈陷入囚徒困境，也将使整个国家面临极大风险，很容易出现长期内战、领土分裂等严重后果。即使一些国家幸运地建立民主体制，也会因为高度竞争性选举造成的秩序动荡、政治僵局而容易面临民主崩溃的风险。如果后发国家能够建立稳定的中度竞争性选举体制，执政者和体制外力量的安全都能够得到保障。在执政者的权力受到选举的压力和制约的同时，政府的施政能力也会提高，国家的现代化建设能够取得更大成绩，人民的生活福利可以更快改善，国家在经济和政治发展方面所面临的各种风险都将大大减少。这种中度竞争性选举模式建立起来后，国家政治发展可进可守，如果有需要，选举政治可以向高度竞争性选举推进；如果政治风险太大，中度竞争性选举体制也可以长期稳定地运行。

一个国家民主发展水平的高低，不能用享有投票权的人数来判断，不能用投票率高低来判断，也不能用竞争程度来判断。竞争程度的高低

---

① 在实行自由公正的高度竞争性选举之后，威权国家的原执政者不可能再长期连续执政，政党轮替是必然结果。在初次举行的高度竞争性选举中，确实有一些国家的原执政者能够在大选中获胜，继续执政，但也很快会在后面的换届选举中失去执政地位。这正是很多威权国家的执政者本能地抵制高度竞争性选举的根本原因。

不等于民主发展水平的高低。竞争程度高的国家，民主发展水平未必高；竞争程度低的国家，民主发展水平未必低。判断民主发展水平，要看几个标准，即是否解决了国家权力的和平交替问题；是否能够保持政局的长期稳定；是否能够改善公共治理的质量，提高人民的生活水平。西方高度竞争的民主模式越来越暴露出弊端，例如选举耗费巨大、社会撕裂严重、民粹主义兴起等。后发国家现代化过程中对政治发展应该采取现实主义态度，摆脱意识形态的束缚，放弃一步到位的想法，先从低度竞争开始发展选举政治，条件成熟时再发展到中度竞争性选举。这种以中度竞争性选举为基础的现代混合政体能够替代西方民主，成为后发国家更好的制度选择。

选举政治是现代国家政治发展的必然趋势，但选举政治走向成熟是一个长期的渐进的过程。从规避政治风险的角度看，后发国家合理的选择是先开展低度竞争性选举，逐步向更高程度竞争发展。这种发展策略不仅有助于实现和平政治转型，而且有利于发展出高质量的民主。低度或中度竞争性选举能够将权威政治与民主政治的优点结合起来，构建一种非西方式的现代混合政体，在推动政治竞争的同时保持政治稳定，一方面使政府依然拥有稳定政局的能力，防止竞争过度引发政治动荡，使经济发展、民众生活不受政治波动影响；另一方面能够吸收民主政治的优点，通过选举压力限制政府权力，防止腐败，降低维护政权稳定的成本，改善政府治理质量，塑造廉洁公正的政府。

对于缺乏民主传统和选举经验的后发国家来说，发展民主的确有风险，但也没有必要因此回避民主，排斥民主选举往往带来更大的危险，从未开展竞争性选举的国家政治转型通常会以政治剧变或政权崩溃的方式实现。后发国家发展民主的安全之路是存在的，低度或中度竞争性选举的开展能够最大程度地降低政治风险，保障政治博弈中的各方安全，使选举政治能够顺利启动，为民主政治的进一步发展创造良好的政治环境和制度条件。如此一来，民主将始终在朝野合作、政治稳定、经济增长、社会有序的基础上和平推进，不会引发大的政治动荡，国家和人民也不会面临难以预测、不可逆转的政治风险。

How to Promote the Development of Election Politics in Less Developed Countries
—Progressive Democracy from the Perspective of Political Risk

Ye Changmao

Abstract: Electoral politics is the core of modern political civilization. The general rule of election politics to maturity is from low degree competition to high competition. In the process of democratic development, many developing countries will suffer from serious problems such as political instability, governance failure and national division, which is because copying western unrealistic highly competitive election mode. Highly competitive elections with strong antagonism are not necessarily suitable for non western countries in the present stage. The less developed countries should promote the development of electoral politics from the low competitive election, and then carry out the moderate competitive election after the conditions are ripe. Moderate competitive democracy is the preferred target for the political development of the developing countries. There is a security path for developing democracy in developing countries. Gradual increase in the degree of electoral competition can reduce the risk of democratization, reduce the resistance of democratic development, and promote the democratic politics to move forward smoothly and steadily.

Keywords: Electoral Politics; Political Risk; Low Competition; Moderate Competition; Progressive Democracy

中亚家族的政治角色*

〔美〕凯瑟琳·柯林斯 著**

魏娟玲 译***

【内容摘要】 为什么族群、民族和宗教认同没有导致中亚地区的暴力冲突?为什么和什么时候有些认同比其他认同更突出?虽然认同被强调为后共产主义转型的一个关键变量,却很少有研究考察认同的社会根源或思考认同是如何影响转型稳定或冲突的。在中亚吉尔吉斯斯坦、乌兹别克斯坦和塔吉克斯坦等国,家族网络既培育了社会稳定也阻止了族群民族或宗教冲突。然而,家族依然是不稳定和冲突的断层线。

【关键词】 中亚;家族;认同;冲突

族群民族认同(ethnonational)和宗教认同被看作是前苏联、东欧、非洲和亚洲近十年来旷日持久冲突的突出因果变量。但是,这两个变量

---

* 原文出处:Kathleen Collins, "The Political Role of Clans in Central Asia", *Comparative Politics*, Vol. 35, No. 2, January 2003, pp. 171 - 190。

** 作者简介:凯瑟琳·柯林斯(Kathleen Collins),美国圣母大学政治学教授。

*** 译者简介:魏娟玲,天津师范大学博士研究生,山西大学政治与公共管理学院讲师。

并没有导致苏联解体后中亚地区的冲突。要解释其原因,有必要关注作为中亚关键分析单元的家族。冲突和转型研究忽略了家族因素。通过关注家族,可以理解族群民族和宗教认同动员的有限性,也就解释了以认同为基础的冲突为什么没有发生。家族动力(Clan dynamics)也能更好地解释冲突为什么发生以及如何发生。

1945年至1998年,长期上升的种族战争使认同冲突成为学者关注的中心问题。① 现实主义者、理性选择理论家和建构主义者相似,主张一种将认同团体看作冲突中的行为者的含蓄的本质主义(implicitly essentialist)。② 假设族群(ethnic)或宗教的差异导致或塑造了民族主义的基础,许多学者预测,当族群和国家界限不一致时,冲突就会发生。③ 然而,很少有研究着眼于一系列潜在的认同,并思考为什么一些认同比另一些更突出。此外,还有一些学者探索稳定或非冲突的社会根源。一个方法论的、完整的研究议程必须能解释冲突和非冲突两种实例。④ 如何解释中亚的族群和宗教冲突的缺失?乌兹别克斯坦、吉尔吉斯斯坦和塔吉克斯坦三个中亚国家的数据表明家族认同比族籍(ethnonationality)和宗教更重要,也是理解稳定与冲

---

① Ted Gurr, *People versus States: Minorities at Risk in the New Century*, Washington, D. C.: USIP Press, 2000, pp. 34 – 39.

② 见 Benedict Anderson, *Imagined Communities*, London: Verso, 1991; Ronald Suny, *Revenge of the Past*, Stanford: Hoover Institution Press, 1993; Peter Katzenstein, *The Culture of National Security*, Ithaca: Cornell University Press, 1996。

③ 国际关系理论关于族群/认同冲突的研究通常将认同作为给定因素。V. P. Gagnon, "Ethnic Nationalism and International Security: The Case of Serbia", *International Security*, No. 19, Winter 1994 – 1995, pp. 130 – 66; Steven Van Evera, "Nationalism and the Causes of War", in Charles Kupchan (ed.), *Nationalism and Nationalities in the New Europe*, Ithaca: Cornell University Press, 1995; Barry Posen, "The Security Dilemma and Ethnic Conflict", *Survival*, No. 35, Spring 1993; Ted Robert Gurr, *Minorities at Risk*, Washington, D. C.: U. S. Institute for Peace, 1993; Samuel Huntington, *The Clash of Civilizations*, New York: Simon and Schuster, 1996.

④ 这里的冲突指一个国家内族群内部和族群之间的冲突。我依照格尔(Gurr)的测量和数值来为民族冲突编码(coding)。Gurr, p. 31.

突的关键变量。①

　　罗纳德·苏尼（Ronald Suny）认为，在中亚，"西方学者从基本的宗教和文化特点来推断行为是一个极为严重的错误"②。与他们的假设相对，族籍和宗教并不总是强大的动员认同。家族是一个基于亲属关系的非正式认同网络，常见于半现代社会。在这样的社会，认同嵌入诸如家族这一非正式网络的程度要强于嵌入正式制度化的民族和宗教认同。③数据在这里提供了一个关于认同冲突的可选择的假设。在家族网络承担强大社会角色的地方，他们能阻止民族或宗教冲突，促进社会稳定。但是，家族本身却也可以导致其他冲突断层。④ 数据没有提供一个包罗万象的关于不同族群间和平状态的解释，但他们的确解释了家族认同和权力的社会根源，阐明了家族在非精英、大众阶层促进稳定或冲突方面的因果机制。最后，数据表明，在家族扮演强大的社会角色之处，他们同样也在精英阶层的政治转型、谈判和冲突等方面扮演角色。后续研究应

---

　　① 我使用"族群民族"（ethnonational）而不是"族群"（ethnic）或"民族"（national）是强调两者之间的政治关系。"宗教"认同指伊斯兰和穆斯林-基督教关系。学者一般关注后社会主义冲突，将其看作是"族群"和/或"伊斯兰"复兴和转型的结果。Daniel Treisman, "Russia's 'Ethnic Revival': The Separatist Activism of Regional Leaders in a Postcommunist Order", *World Politics*, No. 49, January 1997; Nancy Lubin et al., *Calming the Ferghana Valley*, New York: Century Foundation Press, 1999; Valery Tishkov, *The Mind Aflame: Ethnicity, Nationalism and Conflict after the Soviet Union*, Stockholm: Sage, 1997; Alexander Malashenko, "Islam v postsovetskom souze"（后苏维埃时期的伊斯兰）, in Roald Sagdeev (ed.), *Konflikt v SNG*（独联体的冲突）, Washington, D. C.: Carnegie Foundation, 1997; David Laitin, *Identity in Formation: The Russian Speaking Population in the Near Abroad*, Ithaca: Cornell University Press, 1998; Valerie Bunce, *Subversive Institutions: The Design and Destruction of Socialism and the State*, Cambridge: Cambridge University Press, 1999; Philip Roeder, "Peoples and States after 1989: The Political Costs of Incomplete National Revolutions", *Slavic Studies*, No. 58, Winter 1999; Rogers Brubaker, *Nationalism Reframed*, Cambridge: Cambridge University Press, 1996.

　　② Ronald Suny, "Provisional Stabilities: The Politics of Identity in Post-Soviet Eurasia", *International Security*, No. 24, Winter 2000, p. 164; Treisman, p. 231.

　　③ Ernest Gellner, *Nations and Nationalism*, Oxford: Oxford University Press, 1983. 苏维埃的"现代化"是偶然的和不完全的，具有意料之外的结果。参见 Francine Hirsch, "Empire of Nations: Colonial Technologies and the Making of the Soviet Union, 1917 – 1939", Ph. D diss., Princeton University, 1998.

　　④ 此案例的选择考虑到了因变量的差异，吉尔吉斯斯坦和乌兹别克斯坦是关于和平的案例，塔吉克斯坦是关于冲突的案例。吉尔吉斯斯坦和乌兹别克斯坦考虑到多个自变量的差别（政体类型、经济改革和关于族群的国家政策），他们没能解释稳定或冲突。

关注于解释此类社会中政治行为的家族因素。①

一、重新认识认同冲突

许多学者认为，苏联的族籍制度化、苏联解体后成立民族共和国以及全球规范对民族自决的支持为认同动员奠定了基础，并且预示了中亚的民族和宗教冲突。② 有的期望精英以有效的方式重建和动员这些认同。③ 有的则认为独立和民主化将创造更多的弱势族群或宗教少数派。这些群体，感受歧视和恐惧，他们会动员起来进行民族构建以应对国家。④ 还有些人认为弱国家会造成族群或宗教群体之间的安全困境，导致暴力。⑤ 有的人进一步预测冲突的主要断层线（fault-line）会发生在前殖民者和殖民地族群之间。⑥ 无论哪种精确机制，后苏联转型研究通常以族群和宗教冲突的视角来解释冲突。⑦ 中亚，被困扰于一系列的问题：

---

① 见 Kathleen Collins, "Clans, Pacts, and Politics: Understanding Regime Transition in Central Asia", Ph. D. diss, Stanford University, 1999, chs. 2 and 3。

② 文化主义者、建构主义者、工具主义者和制度主义者一般将冲突界定和解释为族群冲突，对族群做了固定性的假设。参见 Ted Hopf, "The Promise of Constructivism in International Relations Theory", *International Security*, No. 23, 1998; Philip Roeder, "Soviet Federalism and Ethnic Mobilization", *World Politics*, No. 43, January 1991, pp. 196 – 232; James Fearon and David Laitin, "Explaining Interethnic Cooperation", *American Political Science Review*, No. 90, December 1996, pp. 715 – 35; Robert Bates, "Modernization and Ethnic Competition: The Rationality of Politics in Contemporary Africa", in Donald Rothchild and Victor Olorunsola (eds.), *States versus Ethnic Claims*, Boulder: Westview, 1983; Clifford Geertz, *The Interpretation of Cultures*, New York: Basic Books, 1973。

③ Tishkov, ch. 1; Gurr, ch. 1.

④ Jack Snyder, *From Voting to Violence: Democratization and Nationalist Conflict*, New York: W. W. Norton, 2000.

⑤ Jim Fearon and Barry Weingast, "The Politics of Interpretation, Rationality, Culture, andTransition", *Politics and Society*, No. 26 June 1998, pp. 242 – 46. For a critique, see Donald Horowitz, *The Deadly Ethnic Riot*, Berkeley: University of California Press, 2001, pp. 548 – 50。

⑥ 格尔的数据集包括中亚的俄罗斯人但不包括大部分其他少数民族。Gurr, Table D – 2, p. 324.

⑦ Exceptions include Barnett Rubin, "Russian Hegemony and State Breakdown in the Periphery: Causes and Consequences of the Civil War", in Barnett Rubin and Jack Snyder (eds.), *Post-Soviet Political Order*, London: Routledge, 1998, pp. 128 – 61; Gail Lapidus, "Contested Sovereignty: The Tragedy of Chechnya", *International Security*, No. 23, Summer 1998.

众多的民族和宗教少数派、最糟糕的经济状况以及欧亚大陆新生的、最弱的国家,似乎是一个冲突多发地。然而,如表 1 所示,中亚地区却呈现出最低水平的民族/宗教冲突。

表 1a 欧亚大陆地区的冲突(1992—2000)

地区	次数 (1992—2001)*	冲突地点	冲突类型
东欧	5	南斯拉夫,克罗地亚,波斯尼亚,塞尔维亚,科索沃	民族主义,分离主义
西部新独立国家(NIS)	1	摩尔多瓦	民族主义,分离主义
南高加索	3	奥塞梯,阿布哈兹,车臣,-卡拉巴赫	民族主义,分离主义
北高加索/俄罗斯	3	南奥塞梯,车臣 1,车臣 2	民族主义,分离主义
中亚	1	塔吉克斯坦	家族权力斗争

* 资料来源:Gurr, *Ethnic Conflict in World Politics*, Boulder: Westview, 1994, 笔者对数据进行了更新。

表 1b 中亚的冲突(1985—2001)

共和国/国家	冲突事件 1985—1991	冲突类型/原因	冲突事件 1992—2001	冲突类型/原因	当地社会参与	风险指数(2000)**
哈萨克斯坦	1. 抗议 (1986.12)	1. 民族主义者	无	无	1. 高	-0.70
吉尔吉斯斯坦	1. 暴动/社区暴乱 (1990.6)	1. 土地—族群色彩	2. 来自塔吉克斯坦的游击队袭击 (1999—2001)	2. 地区"伊斯兰"游击队组织	1. 适度 2. 无	0.15

续表

共和国/国家	冲突事件 1985—1991	冲突类型/原因	冲突事件 1992—2001	冲突类型/原因	当地社会参与	风险指数 (2000)**
塔吉克斯坦	1. 学生暴动（杜尚别，1990.2）	1. 反政府/面包价格	2. 内战（1992—1997）	2. 政治/经济	1. 低 2. 高	-2.43
土库曼斯坦	1. 学生暴动（阿什哈巴德，1990）	1. 反政府/面包价格	无	无	1. 低	-5.82
乌兹别克斯坦	1. 社区暴乱（费尔干纳，1989.6）	1. 住房/土地—族群色彩	2. 来自塔吉克斯坦的游击队袭击（1999，2000）	2. 地区"伊斯兰"游击队组织	1. 适度 2. 低或无	-5.82

** 格尔的指标是基于俄罗斯少数民族民族政治的评估。较低的分数意味着较低的风险。参见格尔（2002）。

民主理论假定，民主制度、族群权力分享和包容的语言法律能预防认同冲突。经济学方法认为平等的经济机会、私有化和经济增长能避免冲突。然而，中亚国家的经验表明，关注正式制度是不够的。民族和宗教稳定存在于差异极大的政治和经济制度环境：在专制、经济集中的乌兹别克斯坦，在半民主、以市场为导向的吉尔吉斯斯坦，在弱威权、中央集权的塔吉克斯坦。此外，尽管三个国家非正式（informal）的种族歧视都是针对非主体群体（nontitulars），特别是在工作和资助（patronage）分配上，但并没有爆发冲突。这三个国家都抵制或缓慢地推行双语法律。每个发起的大规模民族建设运动，都给予主体团体（titular group）的文化以特权。每一个族群企业家（ethnic entrepreneur）要求更大的政治代表性，经济、文化权利以及主权但未能动员民众。自从南斯拉夫和高加索地区早期暴力冲突演变成种族战争后，认为1989—1990年的骚乱避免了进一步冲突的观点变得不足为信。① 在一个动荡的中亚却有一个稳定的社会

---

① Horowitz, p.547，认为早期的暴力培育了反感、恐惧和后续暴力。

成了一种奇特的现象,这需要对认同和冲突的重新认识。要研究诸如不同族群间和平等事项,有必要探寻和平条件下的因果过程。① 作为这些国家的共同变量,家族因此提供了一个关于非冲突的更令人信服的解释。

文化的三张面孔：族籍,宗教,家族。②

莱廷（Laitin）已经观察到一个社会中文化存在多张面孔。文化的第一张面孔是族籍,具有共同的文化、语言特征,共同的历史或传统。苏联民族政策明确地将族群与政治性的和地区性的集团联系在一起。宗教认同,文化的第二张面孔面是基于教义信仰的意识形态或文明认同。③ 在亚洲、非洲和中东一些半现代社会,家族认同是文化的第三张面孔。家族既不是比较学者也不是国际关系关于认同和冲突假设的分析单元。④ 家族往往作为基本因素（primordial）被完全忽视或摒弃。然而,家族可以作为一个集体认同网络进行概念上和理论上的分析。

考量认同,特别是集体认同,是一个挑战。家族是以亲属或"拟"亲属关系为核心,成员之间具有统一的纽带的非正式社会组织。⑤ 家族是包含横向和纵向基于亲属关系的广泛网络。家族植根于基于亲属关系的规范和信任文化,同时也服务于理性目的。交易成本分析认为,非正式的纽带和网络可以在低或弱制度化和高不确定性的环境

---

① Fearon and Laitin, pp. 715 – 17.

② David Laitin, *Hegemony and Culture: Politics and Religious Change among the Yoruba*, Ithaca: Cornell University Press, 1986, ch. 1.

③ Susan Goodrich Lehmann, "Interethnic Conflict in the Republics of Russia in Light of Religious Revival", *Post-Soviet Geography and Economy*, No. 39, 1998, pp. 461 – 93.

④ 对家族的理论和经验主义讨论。见 Collins, ch. 3。

⑤ 人类学家认为亲属关系是生物意义的和虚构的,尤其是在非西方社会。Sylvia Yanagasako, *Gender and Kinship*, Stanford: Stanford University Press, 1987. 我选择了"家族"这一术语,而不是进行复杂却不具有效分析性的关于部落、家族、准家族、血统谱系和家庭的区分,承认"家族"的半虚构性质。Adrienne Edgar, "Genealogy, Class, and Tribal Policy in Soviet Turkmenistan: 1924 – 1934", *Slavic Review*, No. 60, Summer 2001, pp. 266 – 88, 说明土库曼部落和家族的半神话谱系基础

下降低交易成本。① 在半现代特别是转型国家，家族事实上充当着正式市场机制和国家官僚机构的替代选择。他们特殊的纽带和反复互动构建了理性的信任和"互惠"。② 这些将随着时间的推移而约定俗成（contracting）以及实现这些规范的非正式（informal institutionalization）制度化。③ 家族为强大且有凝聚力的内部网络提供规范和组织基础。

在不同层次的社会和国家，家族包括精英和非精英成员。家族精英是那些通过出身和个人成就而享有权力，往往也拥有财富，从而获得家族内的地位和声望的人。如果身处强大的家族，或者村庄领袖处于不那么强大的家族的话，家族精英会成为地方长官和集体农庄主席。无论哪种情况，精英们都普遍地、恰当地与自己家族网络的福祉休戚与共。他们给自己的家族网络提供政治、社会和经济机会，他们地位的维系有赖于对家族的忠诚和尊重。非精英成员则普遍而适当地与精英的利益绑定在一起。

认同民族和宗教信仰一样，家族也提供一种认同。区别是家族的关键因素是血缘关系，而非语言、文化或宗教。家族是族群内和宗教内组织。不同于依附主义，家族是指出于资助增减（patronage rises and falls）的经济需求，仍旧是按照认同纽带捆绑起来的整体的纵横关系网络。虽然家族通常基于一定的地理区域，这是因为地方主义有助于维持联系，但是家族更主要依靠世代谱系关系，人员的迁移并不影响这种关系。

---

① 新制度主义和交易成本路径为家族提供了一个强有力的理性论点。非正式纽带和规范能降低一个制度化程度较弱的环境中的交易成本是因为网络中的长期重复互动、社会监督和声誉使违规者背叛和欺骗的成本非常高。Douglass North, *Institutions, Institutional Change and Economic Performance*, Cambridge: Cambridge University Press, 1990; Oliver Williamson (ed.), *The Economics of Transaction Costs*, Northampton: Edward Elgar, 1989; Avner BenNer and Louis Putterman (eds.), *Economics, Values, and Organizations*, Cambridge: Cambridge University Press, 1998.

② Donald Rothchild, *Managing Ethnic Conflict in Africa*, Washington, D. C.: The Brookings Institution, 1997.

③ S. M. Eisenstadt and Ernest Gellner, *Patrons, Clients, and Friends*, Cambridge: Cambridge University Press, 1984. 其他人对族群的定义更加宽泛，包含了所有可归属群体的特征。Donald Horowitz, *Ethnic Groups in Conflict*, Berkeley: University of California Press, 1985, pp. 41–53. 尽管族群/民族团体经常拥有相同的谱系神话，但他们缺少家族的内在网络。宽泛的概念不能解释为什么众多可归属认同中的某一个会变得突出。

二、方法：集体认同数据

　　为了了解认同和认同冲突的概念性基础，我们在1997—1998年通过人类学的参与式观察和313个开放式深度访谈（每次2—3小时）收集了关于认同的数据。访谈地点是一个农村和半农村地区的具有代表性的样本州，但受访者不是统计学的随机样本。电话抽样在大多数人没有电话的地方是不现实的。调查可能受到政府监控并提供了虚假数据。尽管如此，受访者仍是一个基于职业、阶级、性别和年龄的具有代表性的样本。① 访谈展示了认同、信念和行为的强大模式，结果显示了一个深层的社会现实。

　　这项研究集中在农村和半农村的地区是因为80%的人口在农村。观察人士预期那里会发生冲突。通过观察他们在当地乡村单元、村庄和集体农庄内的行为，我评估了家族认同的表现（presence）和强度（strength）。样本州的民族构成、伊斯兰化程度各不相同，以保证样本内对家族、族籍和宗教信仰的比较。② 各州不同的地理和经济基础允许了在案例内对认同差别的观察。民族分裂和伊斯兰激进主义猖獗的费尔干纳盆地地区是论证本文观点最棘手的案例。③

　　80个访谈问题讨论了下列一般性问题。家族，作为民族或宗教认同的矛盾面是如何影响社会政治行为的？家族对中亚后苏联时代的社会稳定是否有贡献？访谈划分了三个认同层次，从而探索每个层次在社会动员和冲突中的力量。

---

　　① 参见 Collins, ch. 8。
　　② 研究一系列案例中的事件和非事件是非常困难的。选择性偏差见 Gary King et al., *Designing Social Inquiry*, Princeton: Princeton University Press, 1994。
　　③ 费尔干纳地区包括纳曼干、安集延、费尔干纳、奥什、贾拉拉巴德和苦盏。

三、作为政治角色和认同的家族

家族认同必须按照几个维度进行考量：家族特点在中亚农村地区的表现程度有多强烈，它是否以及如何在苏联解体后的转型中幸存下来，以及它与族群民族和伊斯兰教的关系。由于篇幅所限，我将更多的精力放在家族，仅仅关注民族及宗教认同的关键因素。考量家族认同将阐明家族在培育稳定或煽动冲突方面的作用。

衡量一个非正式的认同存在定义困难。所以，我制定了一些指标来评估家族认同网络的表现和关联。和其他类型的认同一样，以所使用的语言来体现家族认同是非常重要的。在访谈研究中，我通过对四个方面的关注来评估家族的合理性和规范性程度：语言、财政、生活方式与迁徙以及社会政治功能。

中亚人口用本土语言（titular language）和俄语两种语言表述家族的概念。虽然家族认同的本质特征几乎普遍存在于农村地区，但从吉尔吉斯村庄（aul）到塔吉克和乌兹别克村庄（qishloq 或 mahalla）以及随着这些地区乡村地貌和经济状况的不同，家族认同的性质和表现还是存在差别的。语言通常能揭示这些差异。柯尔克孜语通常涉及其传统部落或家族。柯尔克孜语使用传统词语 avlod，也就是俄语的 rod 或 klan。它们都指家族名称，用以描述其位于村庄或村庄群和集体的、以亲缘为基础的网络。除了血缘，居民被广泛婚姻关系联结，因而成为同一家族的虚拟成员。

大多数乌兹别克族长期定居于农业地区。① 最近的政治因素影响了当地对家族这一术语的理解。乌兹别克人常将 klan 与黑手党联系起来，因而不愿将他们的本地网络称为家族。乌兹别克人称 rod（较俄语的批评意

---

① Alisher Ilkhamov, "Quasi-Clans and the Shadow Economy in Uzbekistan", unpublished paper, Harvard University, 2000. 他使用"准家族"（quasi-clans），指基于亲属关系和地方主义的网络，来描述精英家族。为了用词简单，我使用"clan"，解释民族的、地区的和地方层面的变化以及近代的游牧民族与定居居民的对比。

味弱些），urug 或 avlod。他们考虑的不仅是他们的村庄，在那里大多数居民都有或多或少的血缘或拟亲属关系，但通常是几个邻近的村庄通过婚姻联盟联系起来，成为家族的一部分。①

塔吉克斯坦缺乏这样的详细数据。然而，塔吉克人也使用 klan。最近的调查结果显示，尽管苏联和后苏联的民族建设无处不在，68%的被受访者仍认为自己是"家族的成员"。塔吉克斯坦政府公开谴责家族的政治影响力。然而，家族分裂频频出现在区域和次区域层面，苏维埃政权在20世纪50年代和60年代将那里的整个噶米（Garmi）、帕米尔（Pamir）和巴达赫尚（Badakhshani）家族村迁移至塔吉克斯坦中南部。

尽管苏维埃政权对那些家族的社会结构、在解决游牧部落和农业集体化上施加了同质化的（homogenizing）影响，但苏联还是保留并培育了亲属和家族村落，并增加家族对土地的依赖。② 族类型的变化在持续。例如，布哈拉和撒马尔罕部族经常出现族群性融合。地理上和社会经济上的差异比族籍和宗教差异更明显。纵观这一地区，无论是 klan，avlod 或 urug，语言表明家族认同在整个地区是无处不在的。

金融实践是家族网络的第二个指标，特别是由于100%的非精英受访者表达了对自己的经济情况和无力维持他们的家人和大家庭（通常为7—13人）的严重关切。在吉尔吉斯斯坦和乌兹别克斯坦的 Kolkhozniki （农民/集体农庄工人）称，他们的月薪差不多6—10美元。而他们预估的基本每月的开支是他们实际薪水的至少四到五倍。而且100%的非精英受访者称他们没能也没有资格从银行、政府计划或 kolkhozy（集体农场）获得任何贷款。③

---

① 在乌兹别克斯坦和吉尔吉斯斯坦尤其是在费尔干纳的乌孜别克族，基本上已长期定居；他们的家族与部落谱系的关联要比与当地网络的关联少得多。近代的游牧部落使用更传统的家族语言。当吉尔吉斯斯坦人还没有定居的时候说乌兹别克斯坦人和塔吉克斯坦人已经定居了是草率的。

② 当苏联政府想要消灭家族认同的时候，苏联集体化和部落平权政策却讽刺性地将家族聚合在一起并使家族/部落团体具体化了。见 See Hirsch, ch. 5; Edgar, pp. 287–88。

③ 乌兹别克斯坦和塔吉克斯坦的政府集体农庄中极少或没有私有制，这些国家反对经济改革。吉尔吉斯斯坦在20世纪90年代中期从事多级土地私有化。大多数集体都被分配给了集体农庄庄员，庄员们以亲属关系为基础广泛地重建了他们的集体。

Kolkhozniki 制定了一个获取财政援助多级方案。首先，他们求助于家庭成员，特别是任意的 *bai kormyator*（负责他的家族福利的家族/亲属赞助）。其次，如果没有这样的亲戚，他们会求助于当地 bai，也可能是 *oqsoqol*（白胡子，或长辈）或他们的村庄的其他领导人。第三，他们向由多个试图维持村庄内部和谐的 *oqsoqol* 组成的 *qishloq* 或 *aul komiteti*（非国有村委会）寻求帮助。第四，转向集体农庄领导人或 *sel'sovet*（地方精英委员会）。集体农庄委员会是最后的办法。个人很可能受到剥削，除非他们寻求属于集体农庄领导人所在家族的贷款。在塔吉克斯坦，相似的，只有23%的受访者称已收到国家补贴；更少的受访者"期待这种援助"。因此，经济问题加强了维护家族网络的理念。家族内部，基于亲属关系的资助和互惠使个人度过了经济不稳定的时期。

　　在回答关于生活模式和偏好的具体问题时，受访者表达出传统、准国家和非政治化的心态，以及对他们信仰的理性论证。社会规范强烈反对向外迁移。除了已婚妇女（通常来自于邻村），99%的受访者出生于他们居住的村庄。大多数男人离开是由于强制的苏联军事义务，但大部分已返回或在近亲属的附近定居。如果国家大约50%的人口缺乏正式就业，离开亲属集团是有风险的。事实上，尽管失业率高企，但只有3.1%的人在政府做了失业登记。大部分人仅能依靠自己的家族提供自留地上的非正式工作或在黑市上寻找工作机会。①

　　吉尔吉斯斯坦和乌兹别克斯坦的迁移率低，无论是迁入还是迁出村庄，这是值得注意的。尽管苏联时代放松了农民迁入城市的限制，低迁移率的趋势仍在持续。尽管存在经济需求，但农村人口仍然附着在其"传统的土地"和当地的认同网络，很少迁移。例如，吉尔吉斯斯坦的乌兹别克族市民普遍认为乌兹别克斯坦经济更稳定。然而，98%的受访者"几乎没有外迁移民"穿越边境前往乌兹别克斯坦。同样，生活在乌兹别克斯坦的吉尔吉斯族也没有试图迁移到吉尔吉斯斯坦。1997年乌兹

---

　　① 与世界银行代表进行了会谈，Bishkek, October 1996。乌兹别克斯坦的参照数据不可用。1997年官方的失业率是5%，半失业率为10%。

别克人口的迁出率不到该国农村人口的 1%。① 即使是在塔吉克斯坦，89% 的受访者称他们不打算离开家乡。② 截至 1997 年，60 万境内流离失所者中的 98% 和在阿富汗境内 6 万塔吉克斯坦难民返回家园。③ 中亚人仍然依赖亲缘信任和当地家族网络的传统规范和实践。正如家族在苏联经济条件相对较好的时期是发展和保护的一种隐蔽手段，家族现在已成为恶劣外部条件下的弹性认同和生存机制。

最后，家族认同网络持续存在于现代国家环境。学者们往往将家族以及他们的阶层和忠诚当作传统因素而忽略，认为他们应该像苏联及其继承者那样消失于现代化的国家。然而，受访者一再重申的家族规范，包括亲属团结和忠诚，多个孩子，尊重长辈，照顾穷亲戚，生活和工作（如家庭农场）的社区结构等的重要性。这些规范加强家族单元和公共生活方式的中心地位。此外，当地家族族长委员会，通常包括当地 *domla*（宗教教师）或 *imom*（宗教领袖），实际上承担大部分的管理日常生活的实际功能，这些功能表面上是由现代国家的国家或地区行政机构承担的。结婚、离婚（通常被认为是对族内和族际关系的破坏而尽量避免）、家庭内部纠纷、邻里冲突、迁入和迁出村庄、土地分配、非正式税收、对穷人的再分配、公共节日、族群间冲突、宗教教育和实践、与集体农庄村管理者的关系甚至当地民兵的任命都由家族委员会商讨并决策。自 1992 年以来，乌兹别克斯坦已通过承认这些历史性的非正式体系的合法性加强了该国的广泛合法性。对表 2 中问题的回答说明了家族功能的深度和重要意义。

在独裁的乌兹别克斯坦，不难理解民众尽量避免跟检察院和法院打交道，这个非正式法则也普遍存在于吉尔吉斯斯坦和塔吉克斯坦。村庄家族委员会几乎总是篡夺国家法院的作用。伊斯兰法庭，由苏维埃政权废除，没有得到恢复。部族长老和名流根据当地传统、习俗和 *adat*（部

---

① 乌兹别克人的零外迁被乌兹别克迁入抵消。*Migratsiya Naseleniya 1995；Statesticheskii Sbornik* [人口迁移：1995 年统计手册] (Toshkent: Goskomstat, 1996). UNDP 对土库曼斯坦、吉尔吉斯斯坦和塔吉克斯坦做出了相似的估计，1997 年 4 月访谈。

② Wagner, p. 110. 86% 的受访者都是乌兹别克族和塔吉克族。

③ UNHCR Report on Tajikistan, Dushanbe: U NHCR, May 1996, pp. 10 – 19.

落习惯法）来管理；他们在苏联体制下隐蔽行动，而现在已经公开活动了。在民主的吉尔吉斯斯坦和专制的乌兹别克斯坦都只有一个受访者称自己与国家法院打过交道，法院被一致认为是别无选择之下的最后选项。这种根深蒂固的对正式的法律机制和司法程序的厌恶已经使吉尔吉斯斯坦从后共产主义阵营的其他半民主国家中分离出来。家族依赖的增强速度正在放缓，如果不进行阻止，有关转型、制度和认同预测；城市化和现代认同、跨地域集体、民族与国家的社会进程都会是有限的。同样，依赖家族降低了跨家族伊斯兰和族群运动的吸引力。①

表2 家族的角色

1. 得到一份工作最重要的因素是什么，经济发展，还是政治发展？

回答

调查地点	教育	政府机构	清真寺	金钱/"贿赂"	家庭/家族关系
吉尔吉斯斯坦	<1%	0	0	11.7%	87.6%
乌兹别克斯坦	0	0	0	31%	69%

2. 当你需要贷款或经济援助时，从哪里寻求帮助？

回答

调查地点	银行	政府机构	清真寺	集体农庄委员会	家庭/家族关系
吉尔吉斯斯坦	1%	2%	0	4%	93%
乌兹别克斯坦	2%	3%	0	3%	92%

3. 当你需要解决一个冲突（不是暴力犯罪），从哪里寻求帮助？

回答

调查地点	法院	政府机构	清真寺	集体农庄委员会	家庭/家族关系
吉尔吉斯斯坦	0	0	0	3%	97%
乌兹别克斯坦	0	0	2%	2%	96%

---

① 政治伊斯兰通常对城市青年和知识分子具有吸引力。Olivier Roy, *The Failure of Political Islam*, Cambridge, Mass: Harvard University Press, 1991. 但是，塔利班确是面向农村的。

家族的这四个方面构建了其作为认同网络其合理性和规范性内容，及其现代化和转型中的持续性。家族没有正式制度化，却深深植根于半现代社会的经济结构和文化中。最关键的是，家族的角色表明它是如何创建一个降低了民族或宗教冲突可能性的地区性因果机制。家族认同与其他认同在性质和强度上如何比较？

四、民族认同（Ethnonational Identity）

族籍是在苏联解体后的中亚精英们最敏感的政治问题之一。苏联民族政策的遗产和1991年苏联解体重整了大量的少数民族主义企业家（ethnonationalist entrepreneurs）。学者们预测了主体族群（titular ethnic groups）和俄罗斯侨民之间在这些问题上的尖锐冲突。在评估非精英、社会层面民族认同的力量中，访谈讨论了语言、主体成员—俄罗斯人（titular-Russian）的关系，生活模式和迁移等问题。他们探索了民族认同的具体元素及其与冲突的潜在联系。

后殖民主义国家群际关系的研究一直侧重于语言法律和冲突。[1] 20世纪90年代初的研究预测语言法律会煽动社会动乱或参与"主体群体"（titulars）和"俄国殖民者"之间的冲突。80年代末，阿萨巴和比尔利克运动的民族领导人，甚至包括中亚政府自己推动了"民族"语言的合法化。[2] 相比之下，农村人口一直没有使语言成为一个政治问题。虽然94%的人在家里使用自己的本土语言，但在集体农庄，以及与其他非主体群体交流中，他们则讲俄语。他们关于他们的孩子应该讲什么语言的观点是明确的。在乌兹别克斯坦，95%的人希望自己的孩子学习英语，68%希望他们同样学习俄语。在吉尔吉斯斯坦，74%支持学习俄语，99%支持英语学习。这些反对学习俄语的人解释说："这是不实际的，

---

[1] Laitin, *Identity in Formation*, 将语言看作是文化或族群团体的代表。
[2] 作者和阿萨巴和比尔利克领导人的会谈，1995年12月和1997年3月。

我们与俄罗斯人没有接触。"他们不反对殖民主义，但视俄罗斯知识为认同、文化和教育的一个标志。他们也不反西方。英语作为外语逐渐取代俄语是经济发展的必然，72%的人偏爱英语超过俄语。只有四个受访者认为除了伊斯兰教师，其他人也应该学习阿拉伯语。受访者认为在学校学习其他中亚语言是"不必要的"。在集市经济中，乌兹别克人讲乌兹别克语和吉尔吉斯语。后者用吉尔吉斯语回应。他们可以顺畅沟通。

在印度次大陆和非洲大部分地区，紧张的殖民—本地冲突和消极的族群模式化形成鲜明的对比，中亚主体成员通常把俄罗斯人典型模式化地肯定为"受过良好教育的""品质良好的""更加专业的"。例如，311个受访者中，303个人更加信任俄罗斯的医生和教师而非中亚人。虽然很多人拒绝回答关于他们当地或本国政府官员的问题，但很多观点仍被清晰地表达出来，正如一个 *oqsoqol* 所说："或许乌兹别克斯坦应该有乌兹别克人做领导人，但官员最重要的品质是专业和诚信"。在当地的行政机构和国家政策中，超过98%的人宣称在苏维埃时期有较少的腐败、血缘政治和集体农庄操控。受访者认为"亲属联系"，其次是"行贿的能力"是现在晋升的关键。而且，100%的俄罗斯受访者认定且抱怨缺乏家族关系致使他们无法得到政治权力和工作。这些发现解释了没有对俄罗斯移民产生社会敌对的原因。①

国家的努力促进了很多本土语言学校的发展，但通过对符号和历史的操纵来构建民族认同对生活模式的影响是有限的。国家未能说服兄弟少数民族迁徙表明国家排斥少数民族的政策和当地居民关注点是不协调的。乌兹别克斯坦从1992年就劝说当地乌兹别克斯坦人从吉尔吉斯斯坦移民到乌兹别克斯坦，但没能成功。尽管乌兹别克斯坦民族企业家煽动人民，宣称吉尔吉斯斯坦政府歧视乌兹别克斯坦少数民族，当地村庄96%的居民没有从吉尔吉斯斯坦移居到乌兹别克斯坦的意愿。

---

① 1993年，在哈萨克斯坦进行的调查研究显示在语言法律决议之前，俄罗斯人和哈萨克人的紧张关系在逐渐缓和。Tishkov, p. 129.

民族共栖和合作是抵抗强制的和非强制的蚀变企图的经济，政治和历史现实。①

总的来说，受访者之间存在差别，但仍普遍缺乏对国家构建的民族认同的认同感，尤其是与家族认同对比。例如，乌兹别克斯坦人和塔吉克人在很多城市区域拥有同样的文化和社会经济地位，认为他们自己是一个整体。相比之下，一个来自花刺子模大草原（Khorezm steppe）的乌兹别克斯坦人和一个来自费尔干纳山谷的乌兹别克斯坦人之间的文化和社会差异很大。共同的反应是："乌兹别克指什么？"或"没有这回事"。这些观点可能比较极端。受访者肯定能意识到族群家族的政治意义。尽管如此，成为乌兹别克斯坦人或吉尔吉斯斯坦人更多的是民族主义精英为构建民族国家寻求广泛合法性的策略性活动，而不是民族认同的内化。薄弱的民族认同在早期民族建构阶段和不发达的环境下是普遍的。②但是，当和东欧、波罗的海、乌克兰甚至是高加索相比，中亚的情况是令人惊讶的。在苏维埃国家建设70年后，冲突少发，民族凝聚力甚至更加缺乏，这与大部分现实主义者、理性主义者、构成主义者的假设背道而驰。

五、伊斯兰认同

伊斯兰认同是中亚文化第三张而且是逐渐强大的面孔。像现在这样允许公众崇拜和信仰伊斯兰教在1991年之前甚至在后来自由化的苏维埃年代是不可能的。中亚国家鼓励清真寺传播精神和公民价值，但也致力于将伊斯兰教组织政治反对派的潜能最小化。访谈问题集中于伊斯兰教的宗教认同、文化认同和集体认同，还有伊斯兰教实际的和潜在的政治作用。

---

① 在高加索也有同样的发现。Suny, "Provisional Stabilities", p. 155.
② Eugen Weber, *Peasants into Frenchmen*, Stanford: Stanford University Press, 1976.

1993年在乌兹别克斯坦的一个调查显示,在国家大力打击伊斯兰教的阶段,民众对伊斯兰教的认同性较低。① 然而,此次的调查数据体现了普遍的对伊斯兰教的广泛认同,表明了一种对伊斯兰教宗教信仰或开放认同的增长趋势。在这两种实例中,100%的受访者认为他们是信教徒。在乌兹别克斯坦,98%的人是穆斯林,2%的人是基督教徒。在吉尔吉斯斯坦,96%的人是穆斯林,6%的人是基督教徒。100%的中亚少数民族认为他们是穆斯林。典型的,受访者们对于这个问题表现出了惊讶。超过50%的人补充道:"在我们的村庄没有人不是信教徒。"311个受访者中,308个人坚称:"在信教徒和不信教徒之间存在区别",表明宗教界线上的群体认同。苏维埃人被认为是无神论者,但即使前共产主义党员也声称他们只是"在当局面前伪装成无信仰者",而在私下参与宗教活动。②

中亚伊斯兰的学者已经区分了正式与非正式的伊斯兰教。前者被苏维埃政府批准与控制,后者包括在苏维埃打击下存活下来的文化传统与信仰。③ 这种区别并没有解释清楚苏维埃政府控制下的伊斯兰教的复杂性,但是今天这种类似的双层伊斯兰教依然存在。④ 形式上,伊斯兰教的社会政治角色是受限的,尽管它的文化和宗教已经复兴,尽管国家对于伊斯兰教机构和惯例的限制明显减弱。伊斯兰教和社会团体关系的两方面显示了它的有限性。首先,在苏维埃和前苏维埃时期,伊斯兰教从属于中亚公共结构,现在仍然是。*mahalla* 或 *qishloq* 委员会——非官方的,非国家的,公共管理机构——通常包括一个宗教领袖,*domla* 或 *imom*,*imom* 总是从属于 *oqsoqols* 和 *el-bashi komiteti*(委员会主席)。⑤ 宗教

---

① Nancy Lubin, "Islam and Ethnic Identity in Central Asia: A View from Below", in Yacov Ro'i, *Muslim Eurasi: Conflicting Legacies*, London: Frank Cass, 1995, p.58. Lubin's survey, pp.64-65,认为族群分裂(ethnic divisions)扎根很深,但"其他"认同(家庭、社区、地区)可能更为重要。

② Yacov Ro'i, *Islam in the Soviet Union*, New York: Columbia University Press, 2000, ch.1.

③ Ibid., p.289.

④ Mark Saroyan, *Minorities, Mullas, and Modernity*, Berkeley: International and Area Studies, 1997.

⑤ 城市马哈拉(Mahalla)是一个邻里单位。

指令、村庄清真寺、宗教活动资金都受到世俗委员会的监督。其次，宗教牧师的权威是高度明确的。尽管在伊斯兰学校受到训练，但他首先而且最关键的是必须具备当地的家族认同。超过96%的村民声称他们反对来自另一个地区的宗教权威。伊斯兰教因此依然非正式地存在于和从属于家族。

从1993年开始，伊斯兰文献在当地突厥语中已经扩散。虽然严格的经文传统要求用阿拉伯语阅读古兰经，但中亚的穆斯林精神领袖选择放弃保守的宗教规则，换取伊斯兰内容的快速扩张。这些文献的快速且经济的传播使清真寺能培养更广泛的和更多知识化的追随者。毛拉，*domlas* 和 *oqsoqls* 运用神圣的理论教授村庄里的年轻人和老人。塔什干 *madrasa* 学校每年接收350个全日制男学生和100个女学生。虽然整个苏维埃共和国仅仅有450个清真寺，但截止到1998年，以 *hashar*（集体参与）的形式建造的清真寺已几乎遍及每个村庄，仅在乌兹别克斯坦干纳山谷就建造了超过3000所。① 奥什、费尔干纳和纳曼加州的行政机构估计，从1992年起，每个州都有3000—4000名居民前往伊斯兰教五大圣地之一的麦加朝圣。但是普遍的对伊斯兰教仪式的遵守暗示了认知和实践之间的鸿沟。② 虽然在星期五参加清真寺朝圣的人数在增加，但参与的多为男孩和老人，没有壮年男子参加。

例如割礼、纳吾肉孜节、斋月期间的禁食等仪式也被恢复。大多数受访者不能区分出"穆斯林""民族"和"当地"传统的区别。③ 文化复兴带动了伊斯兰教与游牧习俗的复兴。大众偏好已经成为传统的伊斯兰的局部表达。大众至今仍偏好伊斯兰传统的民间话语。毛拉试图改变这些仪式却被当地社会所拒绝，因为改变具有了"外国的"色彩。④ 因此伊斯兰复兴党（IRP）和塔利班已经集结了一些当地的信徒。最近，伊

---

① 1997年10月与塔什干伊斯兰学校 *imoms* 访谈，1998年5月在奥什星期五清真寺访谈。
② Saroyan, ch. 2, 高加索也发现了相同的说明。
③ Adeeb Khalid, *The Politics of Muslim Cultural Reform*, Berkeley: University of California Press, 1998. 1917年以前，穆斯林与国籍等同。
④ Tamara Sivertseeva, *Dagestanskoe Selo*: *Voprosi Identichnosti*［达吉斯坦村庄：认同的问题］, Moscow: Tipografia GPIB, 1999, ch. 3.

扎布特和乌兹别克斯坦伊斯兰运动组织（IMU）联合游击队于1999年和2000年入侵南乌兹别克斯坦和吉尔吉斯斯坦，在他们对中亚国家的对抗中没有得到地方支持。他们转而依靠跨国恐怖分子网络，包括阿富汗阿拉伯人。

伊斯兰法院和伊斯兰教法盛行于前苏联时期中亚部分地区，但是在1917年12月被苏维埃下令取消，并且在接下来的20年被强行废除。后苏维埃时代政权同样禁止了伊斯兰教法，但是所有的受访者都熟知关于结婚、离婚、性和偷盗的伊斯兰基本规则。

为了评价大众对伊斯兰教法的认知和遵循，我对受访者进行了场景测试。乌兹别克斯坦超过25%（53人）和吉尔吉斯斯坦大约5%（5人）的受访者，都是来自费尔干纳山谷宗教区，强烈支持两种教法：一个犯了通奸罪的女人应该以石刑被处死，盗贼应被砍掉一只手。这些受访者中仅有3%的人认为这些准则"应毫无例外"，"即使是对我们自己的孩子。这些惩罚应该被执行下去，根据法律，如果有三个目击者就可以将一个罪犯定罪"。大多数人认为这样的惩罚以"公共和谐"为依据。然而，当问到这些惩罚被施行的频率，100%的人声称："从没有过，因为我们的村庄没有这样的罪犯。"因为在乡村生活中有这样社会监督，这种解释是可信的。接下来讨论了是否保留这种联结了共同体的社会结构、准则和价值的问题。保守派的做法是，比如给妇女戴头巾和让女性待在家，被费尔干纳山谷的居民认为是符合"伊斯兰"教义的，是"适当"的，鼓励其推行。与此形成鲜明对比的是，来自北吉尔吉斯斯坦和乌兹别克斯坦的受访者呼吁他们的"游牧部落传统"，普遍反对遵循如此严格的伊斯兰教义。

甚至这种严格伊斯兰教义的支持者也认为国家法律"不允许"这样的惩罚。总的来说，少于1%的人（4名受访者）支持采用这种"超越法律"的伊斯兰教义。受访者可能仅仅是害怕表达对于教义的支持。即使是那些拥护严厉法律的人，也在不停地解释他们的立场，"在中亚根本没有伊斯兰国家。我们不是阿富汗人或者沙特阿拉伯人。伊斯兰教和我们的国家一直是分离的，即使在苏维埃政权之前。"绝大多数（94%）倡导符合更加保守的伊斯兰规则的社会要素——包括严格限制女性性行为，严格限制酒精消费，尊敬老者和家庭以及社会秩序，但100%的人更倾向于不借助国家，在村庄层次执行这些规则。对塔利班运动和塔吉克族的战争的认知引发了大规模的对政治性伊斯兰的反感。100%的受访者表达了对"呼吁圣战"的蔑视和对"伊斯兰解决政治和经济问题能力"的怀疑。

伊斯兰复兴党（IRP）只有在塔吉克斯坦是合法和活动的。虽然媒体普遍把塔吉克人定性地描述为比他们的邻居"更伊斯兰化"，但调查显示他们的伊斯兰教程度同乌兹别克斯坦和吉尔吉斯斯坦是相同的。超过97%的塔吉克人宣告他们是穆斯林，"真主阿拉的信徒"，但是78%的人说他们不参加星期五的主麻日，而且59%的人宣称他们根本不会祈祷。① 鉴于这项调查中我们包含了一些政治的、家族的和伊斯兰领袖，60%的人表明他们信任总统，25%的人信任他们的家族领袖，只有1%的人信任议会成员、某些政党和伊斯兰教领袖。② 其他研究显示很少的塔吉克人支持伊斯兰国家或政党，包括伊斯兰复兴党。的确，不管伊斯兰教的议程如何，塔吉克伊斯兰教领导人卡齐·阿里·阿克巴尔·图拉永佐达（Qazi Ali Akbar Turadzhonzod）依靠他自己的农庄和家族凝聚他的社会基础。与伊斯兰复兴党敌对的其他塔吉克毛拉，也吸取地方家族的支持，表明了伊斯兰软弱的凝聚力。

伊斯兰教遍及中亚社会，是其社会文化、社会经济生活和历史无法摆脱的元素。虽然如此，和在前苏联和苏联时期一样，伊斯兰教的力量较弱。广泛的和分散的伊斯兰教不能提供一个紧密结合的和强有力的政治认同。它不是一种标志着社会中深层次的政治分裂的信仰，不能成为一种排斥非伊斯兰信徒的工具。③

---

① Wagner, *Public Opinion in Tajikistan*, p.106.
② Ibid., p.106. 随机抽样调查了四个州。调查清楚地反映了对直接批评总统的恐惧。
③ 俄罗斯缺乏政治化的宗教分裂，见 Lehmann, p.493.

六、家族冲突的可能性

虽然家族是后苏联时期中亚维持社会稳定的关键变量,但集体家族认同不是不可改变的。他们减弱了但并不能完全排除民族和宗教冲突的可能性。虽然群体间存在合作,但国家仍然是要么促进要么分解家族稳定性的一个潜在的重要角色。在中亚,国家在这两个方向都做到了。

中亚的经济转型,尤其是集体农庄的私有化有极大的可能性。在乌兹别克斯坦,例如,国家撤换了一些非乌兹别克族的传统的集体农庄管理者,尤其是乌孜别克族的 hokims(地区或宗教首领)干部和家族成员。集体农庄管理者是一个权力极大的职位,它控制了丰富的物质资源、土地和来自棉花产量的巨大收益。管理者还控制了一些村庄的生计,可能有 1 万到 2 万人。如果推翻当地传统政权,国家可能会出现族群紧张。

现行国家政权对"主体群体"的支持引起了族群企业家和暴动煽动者的出现。在乌兹别克斯坦,塔吉克文化组织动员塔吉克人反对取消塔吉克语言学校、免职塔吉克集体农庄管理者、驱逐塔吉克难民、忽视由塔吉克人管理的地区的经济。但是塔吉克领导者很少得到来自塔吉克少数民族的支持。吉尔吉斯斯坦议会代表索比罗夫(Sobirov),代表乌兹别克人主导的贾拉拉巴德地区,发起了一个乌兹别克语媒体,力图使乌兹别克少数民族问题政治化。自 1995 年起,他为更多的乌兹别克语学校和政治代表进行游说却没有成功。尽管在吉尔吉斯斯坦存在族群煽动和对乌兹别克少数民族的政治和经济歧视,但自独立以来并没有发生民族冲突。很少有人移民到乌兹别克斯坦或支持分离主义。

伊斯兰教和家族认同的交汇在这里不能完全探究,但是访谈数据说明了一些事实。首先,在中亚,随着时间和空间的变化,伊斯兰化程度呈现出多样性。虽然 100% 的受访者认定他们自己是教徒和"穆斯林",但在区域内存在着不同的伊斯兰教惯例、宗教和文化。例如,纳曼干人

(Namanganlik)认为花剌子模人(Khorzemlik)是"不太虔诚的伊斯兰"。①相反的,来自游牧地区的受访者认为费尔干纳人是"保守的,落后的"。从1998年初开始,地区性观念认为其他地区"不仅仅是伊斯兰的",由于对国家宣传和对塔利班的畏惧,这一观念更加明显。同时,卡里莫夫政府对伊斯兰的残酷镇压激起了某些家族的反对,给早已存在的部族斗争增加了伊斯兰色彩。

的确,家族单元,精密地牢固地交织于村庄和集体农庄内部,拥有在结构内部传播暴力神话的方式,煽动恐慌,以及动员保卫社会单元。在家族的族群成分单一的地方,家族传播族群不信任的威胁就高。② 同样的,伊斯兰分裂集团有时强化家族分裂,以家族为基础的矛盾可能呈现出宗教维度,从而渲染暴力。但是,证据并不支持家族(更不用说民族和宗教)造成冲突这一原生论论点。反而是家族塑造了冲突的形式和断层线。如果发生动员,冲突可能具有人格特征和持久性,由复仇的亲人的规则驱使。家族冲突甚至可能动摇政权和国家,就像1992年的塔吉克斯坦。③

暴力冲突在苏维埃时期确实发生过,例如在1989年乌兹别克斯坦的费尔干纳,在1990年塔吉克斯坦的奥什。冲突是由民族和家族之间的土地转移引发的。④ 然而,暴乱并不意味深层的族群和宗教仇恨或可能发生的族群暴力。虽然这些事件典型地贴上了族群冲突的标签,季什科夫的(Tishkov)人类学研究揭示了由政府官员唆使的围绕土地的冲突

---

① 突厥语后缀"lik"代表一个家族村庄和地方主义。
② See Ashutosh Varshney, "Ethnic Conflict and Civil Society: India and Beyond", *World Politics*, No. 53, April 2001, pp. 362 – 98.
③ 关于塔吉克内战,见 Rubin, pp. 147 – 48; and Kathleen Collins, "Prolonging Civil Conflict: The Case of Tajikistan", in Chandra Sriram and Karen Wermerster (eds.), *From Promise to Practice: Strengthening UN Capacities for the Prevention of Violent Conflict*, Boulder: Lynne Rienner, 2002.
④ Charles Tilly, "Contentious Conversation", *Social Research*, No. 65, Fall 1998, pp. 491 – 511.

是徒劳无功的。① 当地的专家和村民声称"政府精英阶层的家族竞争"和"克格勃对破坏地区稳定感兴趣"引发了这一事件。② 这些冲突很快通过当地家族精英和村庄长者的调停得到控制。此外，这些精英集团通过公共对话和对年轻人强有力的"非正式监控"成功地控制了对暴力的厌恶和暴力再发生的可能。

吉尔吉斯斯坦和乌兹别克斯坦团体这种紧密结合的家族认同和结构确保他们能快速地传播关于团体威胁的恐慌和信息，并武装、动员起来以维护团体利益。在塔吉克内战期间，村庄家族的行为与此类似。这些事件展示了家族集体行动的潜力，也展示了在一个分裂的社会，当生存的特殊基础——家族，而不是族群民族和伊斯兰面临威胁的时候，社会将面临毁灭。

七、结论

这里呈现的数据为人们在社会层面，在与民族、宗教认同的比较中评估家族认同的社会政治力量和相关性成为可能，也使观察家族网络的内在运作——他们的社会经济的基础和功能——以及他们所提供的集体认同成为可能。这些数据展示了关于冲突、稳定和家族认同的更加宽泛的结论和命题。

自从1991年之后，中亚的社会转型相对稳定。民族、伊斯兰认同与家族认同共存。但是家族结构，以非正式制度和集体认同植根于乡村，极大地稳定了潜在的危险局面。通过非正式地提供物品、资源和工作，家族提供了一种社会安全网，确保它的成员能在转型中生存下来。在没有阻碍转型的前提下，家族网络缓和了经济剥夺和认同政治的破

---

① Tishkov, pp. 136 – 37. Rubin, p. 169, 将奥什/费尔干纳的冲突归类为和住房和土地缺乏有关，"被族群和民族权力缺乏透明度激化"。

② 以与吉尔吉斯斯坦和乌兹别克斯坦的村民、长者、政府官员和学者访谈为基础，1997—2000年。

坏性。

族群和民族主义，与家族相比，都不是植根于社会，不是传统或半现代社会的经济基础。主体族群认同（Titular ethnic identity）是一种构建的概念，一种七十多年前由苏维埃机构和苏联民族政策创造的认同。冲突不仅仅在战略精英为了其政治目的而利用族群因素时发生。围绕民族需求动员群众需要一个认同这些诉求的社会基础。强大的社会网络通常会打压国家诉求或政治体系，族群煽动者也得不到社会共鸣。在中亚相似的逻辑同样适用于宗教认同问题。通过最终弱化"科学的无神论"，进而导致了一个集权的伊斯兰，苏维埃政权讽刺性地强化了基督教—穆斯林的区别。但是中亚国家并没有联合伊斯兰阵线反对基督教徒或俄罗斯人。伊斯兰教没有展示出超地域的凝聚力。

乌兹别克斯坦受访者比吉尔吉斯斯坦和塔吉克斯坦受访者显现了更强的族群民族感。然而在这些案例中没有出现民族认同取代家族认同进而导致动员和冲突。在费尔干纳也没有更强的伊斯兰认同导致对宗教动员或冲突的支持。以民族和宗教为基础的团体和动员在中亚部分地区不受欢迎的原因在于一个极具竞争性的集体认同——家族认同的强势存在。家族认同，既不是意识形态的构建也不是完全想象的认同，它们是集体认同，一种有着有力的规范和社会经济基础的非正式的社会网。在非正式聚集和维护利益的过程中，家族的重要性超越了正式的制度化性质。

家族在后苏维埃转型时期的动荡与创伤中极其有益于维持社会和经济的稳定。家族提供了一种竞争性的集体认同，削弱了与民族或宗教冲突的潜在可能。更普遍的是，家族或者亲缘社会结构在亚洲和非洲转型中有着相似的稳定性作用。[①] 在社会结构遭到殖民主义的破坏甚至摧毁的地方，民族主义和原教旨主义可能会有强大的吸引力。社会认同是复杂的、构建的、不固定的，但也是"凝固的荣誉"，既不能无限地也不

[①] 基于当地社会结构，见 James C. Scott, *Seeing Like a State*, New Haven: Yale University Press, 1999; Rothchild, ch. 7。

能快速地被塑造。① 超越建构主义—本源（constructivist-primordial）的讨论，家族限制了民族和宗教认同的构建和动员能力。② 然而，即使没有这些认同冲突，国家精英在以家族为基础的社会里构建民族国家也面临巨大的挑战。一旦家族或裙带关系（patronage）之间的平衡遭到破坏，国家出现分裂，家族界线（clan lines）就会非常明显，家族战争是极其人格化和复仇性的，重建跨家族界限的信任和合作变得非常困难。家族冲突的亲缘元素使得他们很难管理。塔吉克就是鲜明的案例，基于认同的冲突深深植根于社会结构和国家结构，解决起来是非常棘手的。精英如何在国家中成功重建国家制度或重新整合分裂的社会网络仍是未解之题。

访谈数据强烈地支持了家族认同在中亚强大有力这一论点。家族认同深深植根于非正式（村庄）和正式的（集体农庄）社会经济结构中，家族既没有被苏维埃创建共和国民族认同的运动摧毁，也没有被归入其中。甚至是现在，家族也没有被后苏维埃时期政治领袖构建国家认同的努力所打破，他们将国家认同作为新中亚民族国家的合法性基础。这些非正式的认同限制了上层集团根据他们的意志构建新认同和动员社会的能力。最后，中亚的家族系统限制了其他认同运动，因此在后苏联转型期有助于民族和宗教的稳定性。然而，以家族为基础的稳定是一把双刃剑，因为它同样可能会破坏这些国家的稳定性。

The Political Role of Clans in Central Asia

Kathleen Collins

Abstract: Why have ethnic, national, and religious identities not led to violent conflict in Central Asia? Why and when are some identities more salient

---

① Hopf, p. 171.
② Suny, "Provisional Stabilities", p. 169.

than others? Although identity has been highlighted as a critical variable in postcommunist transitions, few studies have examined the social roots of identity or asked how identity affects transitional stability or conflict. In the Central Asian countries of Kyrgyzstan, Uzbekistan, and Tajikistan, clan networks both foster social stability and deter ethnonational or religious conflict. However, clans also define the fault lines of instability and conflict.

Keywords: Central Asia; Clan; Identity; Conflict

政党会终结吗？民主国家政党行动主义和党员的衰退*

〔英〕保罗·惠特利 著**
陈 鹏 编译***

【内容摘要】 虽然学界曾充分证实欧洲民主国家政党行动主义和党员的衰退，但对该现象的理论解释却乏善可陈。全面考察民主国家党员和行动主义的现况，表明绝大多数民主国家的政党出现严重衰退。研究结合2004年国际社会调查项目数据建构多层分析模型，检验政党衰退的两个代表性观点：前者认为"国家俘获"即政党和国家联盟关系带来的国家过度规约会抑制基层志愿活动；后者则假设伴随新型参与行为的不断扩展，特别是交易式（check book）参与、消费者参与和互联网参与为公民在入党之类传统参与形式外拓展了新的参与渠道。实证研究支持"国家俘获"的假设。

【关键词】 比较政治参与；多层建模；政党规约；政党志愿者

---

* 本文原载于《政党政治》(Party Politics) 2011年第17卷第1期。
** 作者简介：保罗·惠特利（Paul Whiteley），英国埃塞克斯大学政治学系教授。
*** 译者简介：陈鹏，武汉理工大学政治与行政学院讲师，北京大学中外制度专业博士，研究方向为政党政治与量化研究方法。

一、导论

欧洲政党行动主义和基层组织党员长期衰退的事实已被充分证实,但对该现象的解释却乏善可陈。① 政党在现代民主治理中居于中心地位,因此,政党志愿者基础(Voluntary base)的削弱对民主远景具有深刻影响。政党衰退通过破坏政党的政治沟通功能而最终侵蚀公民社会。②

与上述现象伴随的另一种发展趋势即日益增强的政党与国家关系。有研究反思上述国家的政党已逐渐蜕变并构成国家主导的卡特尔联盟。③还有学者指出政党"卡特尔化"将这些国家的政党逐渐改造成"公共机构"。④

研究主要考察民主国家基层党组织衰退的两种代表性观点。第一种观点认为政党和国家的联盟关系吞噬了志愿活动。伴随政党与国家联盟关系的不断增强,不断增多的规约和控制使政党志愿者沦为无酬劳的国

---

① Dalton, R. J., *Citizen Politics*, Washington, D. C.: Congressional Quarterly Press, 2005; Katz, R. S., P. Mair, L. Bardi, et al., "The Membership of Political Parties in European Democracies, 1960 – 1990", *European Journal of Political Research*, 1992 (22), pp. 329 – 45; Mair, P., "Party Organizations: From Civil Society to the State", in R. Katz and P. Mair (eds), *How Parties Organize*, London: Sage, 1994; Mair, P. Van Biezen, "Party Membership in Twenty European Democracies, 1980 – 2000", *Party Politics*, 2001 (7), pp. 5 – 21; Scarrow, S., P. Webb and D. Farrell, "From Social Integration to Electoral Contestation: The Changing Distribution of Power within Political Parties", in R. J. Dalton and M. P. Wattenberg (eds), *Parties without Partisans*, Oxford: Oxford University Press, 2000; Whiteley, P. and P. Seyd, "The Dynamics of Party Activism in Britain: A Spiral of Demobilisation?", *British Journal of Political Science*, 1998 (28), pp. 113 – 38.

② Dalton, R. J. and M. P. Wattenberg, *Parties Without Partisans: Political Change in Advanced Industrial Societies*, Oxford: Oxford University Press, 2000; Scarrow, S., *Parties and Their Members*, Oxford: Oxford University Press, 1996; Webb, P, Farrell, I. Holliday, Political Parties in Advanced Industrial Democracies, Oxford: Oxford University Press, 2002.

③ Detterbeck, K., "Cartel Parties in Western Europe?", *Party Politics*, 2005 (11), pp. 173 – 91; Katz, R. and P. Mair, "Changing Models of Party Organization and Party Democracy: The Emergence of the Cartel Party", *Party Politics*, 1995 (1), pp. 5 – 28.

④ Van Biezen, I., "Political Parties as Public Utilities", *Party Politics*, 2004 (10), pp. 701 – 22.

家官僚，而这会严重抑制公众参与的动机。另一方面，如果政党过度依赖国家的财政支持，那么，政党几乎不存在招募和保留党员的经济原因。因此，这种观点认为国家是志愿性政党活动发展的绊脚石。

第二种观点指出政党衰退在于社会发展和技术变迁导致新型政治参与行为不断涌现。如诸多日益丰裕的国家，消费者参与快速成为政治的重要特征。以欧洲民主国家为例，这些国家公民往往基于政治或道德原因购买或抵制商品。相对传统的选举和入党，消费者参与的程序和条件显然更加简易。如果伴随社会发展，越来越多的公民将消费者参与视作更有效的参与形式，那么，这或许是政党衰退的一种新解释。

同时，伴随先进民主国家日益丰裕而来的是公民时间的日益匮乏。对于个体而言，解决时间匮乏问题的方案是通过向与其共享价值和政治目标的利益集团和组织进行捐赠，以替代自身的参与。通过捐赠给政党或利益集团并由这些代理组织使人们产生心理卷入，即使他们没有积极加入政党组织。[1] 因此，政治捐赠的扩大倾向抑制党员和政党行动主义的发展。

互联网参与是另一种新型的政治参与行为，其涵盖政治论坛、聊天室、线上请愿、阅读和撰写博客等活动。[2] 互联网将政治活动转移至虚拟空间从而抑制诸如政党行动主义等传统参与行为。

上述有关政党衰退的观点并非相互排斥，或许上述观点皆可解释志愿性政党（Voluntary Parties）的衰落。我们采用多层模型以检验上述观点。首先，选择国际社会调查项目2004年36个国家的数据建构微观个体层次模型。其次，在最佳个体层次模型基础上纳入国家层次的控制变量，诸如"汇总层次"（Aggregate Level）的"背景效应"（Context Effect）也应视为解释政党衰落的重要因素。

---

[1] Jordan, G. and W. Maloney, *The Protest Business: Mobilizing Campaign Groups*, Manchester: Manchester University Press, 1997.

[2] Gibson, R. and S. Ward, *Reinvigorating Democracy? British Politics and the Internet*, Aldershot: Ashgate, 2000; Oates, S., D. Owen and R. Gibson, *The Internet and Politics: Citizens, Voters and Activists*, London: Routledge, 2006.

虽然政党衰退趋势的检验亟需大跨度的历时数据，但研究认为全球民主国家约 50000 名被访者的截面调查数据包含足够的变异以解释政党衰退问题，研究第一部分呈现了基层政党活动的现况和世界价值观调查数据展现的历时性变迁图景。第二部分拓展政党参与的个体层次模型并予以量化检验。第三部分，研究纳入来自宏观层次的政党参与控制变量比较宏观层次变量对政党参与的作用。最后，我们讨论上述发现的理论意义和启示。

二、当代民主国家的党员和政党行动主义

国际社会调查项目（ISSP）"公民研究"问卷涉及政党参与的问题，表 1 展现当代民主国家被访者对该问题的应答结果。表 1 显示 20% 以下的被访者曾是积极分子、党员或曾归属某一政党。显然，各国属于政党积极分子的公民为数甚少，而曾经或现在是党员的公民共超过总体 10%。不过，表 1 数据隐匿着当代民主国家政党和行动主义发展系谱上的巨大差异。图 1 显示波兰积极分子和党员数量最少，紧随其后的是匈牙利、拉脱维亚和俄罗斯，而党员比例最高的是美国。

表 1 2004 年 36 个国家的党员和行动主义

参与团体或组织的情况	百分比
属于党员并参与（政党活动）	3.4
属于党员但不参与（政党活动）	7.2
曾经隶属政党	8.6
从未加入任何政党	80.9

来源：国际社会调查项目公民研究，2004 年，n = 48923。

问题："人们有时曾隶属不同类型的团体或组织。对于每种团体，请表明你的情况：隶属并积极参与；隶属但并不参与；曾隶属但现已不再参与；或从未参与并隶属。"

数据突出表明比较政党活动分析的一个重要问题即不同国家公众对

政党归属的理解存在巨大的认识鸿沟。在绝大多数欧洲民主国家,"党员"是指公民向党组织缴纳党费并赞同政党主张的某些宽泛原则。① 然在其他国家,尤其是美国,公众对"党员"的理解却大相径庭。众所周知,美国人以注册投票政党的结果衡量政党归属而非缴纳党费。这导致美国研究者将欧洲国家党员概念等同于向候选人竞选献金的美式党员概念。② 为解决可比性难题,国际社会调查项目通过允许被访者主观定义党员解决上述问题。虽然对"党员"的理解各国公民仍存在广泛差异,但该问题却可反映测量个人主观认同政党归属的程度克服上述难题。

国际社会调查数据使用前党员数量大致表明每个国家志愿性政党组织的良莠。数据不仅显示前党员比例呈现从爱尔兰的3.9%到以色列16%的起伏变化,而且表明党员身份是人们在行动主义、党员和前党员变化的动态现象。比较表明前党员数量大大超出当前诸多国家的党员数量,总体上当代民主国家政党处于衰退状态。

世界价值观调查数据展现的历时性变迁可能更能直接体现政党衰退状况。这一调查涵盖国际社会调查项目1989—1993年、1999—2004年25个国家的党员数量。下滑幅度最明显的是前共产主义国家如俄罗斯、拉脱维亚,其他衰退比较显著的国家包括德国、英国和芬兰。1989—1993年,6.9%的被访者是党员,但1999—2004年为4.8%,下滑近30%。

既有研究对政党志愿性活动衰退的解释主要聚焦于现代政治传播和竞选的发展,这类发展大大有损党员"社群大使"(ambassadors in the community)的地位。③ 研究认为,如果党员在选举传播和动员选民的过程中仅占据边缘地位,那么政党组织将更少可能招募和保

---

① Whiteley, P. and Seyd, *High Intensity Participation—The Dynamics of Party Activism in Britain*, Ann Arbor, MI: University of Michigan Press, 2002.
② Rapoport, R. B. and W. J. Stone, *Three's a Crowd: The Dynamic of Third Parties, Ross Perot and Republican Resurgence*, Ann Arbor, MI: University of Michigan Press, 2006.
③ Scarrow, S. E., *Parties and Their Members*, Oxford: Oxford University Press, 1996.

留党员。① 然而，这种解释存在若干局限。如近年较多政治领袖通过修改党章以期赋予党员在招募候选人、选举领导人和制定政策的过程中发挥更大的作用。② 如果过往研究认为党员在政治过程中仅仅扮演边缘角色，则较难解释政党领袖改革的初衷。其次，大量新证据表明政党积极分子在传播政治观点和动员选民方面具有重要作用。③ 这些发现明显与那些认为党员和积极分子无足轻重的论调不符，而且这似乎是解释政治领袖努力招募党员和积极分子的原因之一。

更为一般的，有关政党衰退的观点认为20世纪中期政党全盛时期，政党领袖主要依靠大众传达政治信息。虽然电视正处于发展初期，但当时却是大众报纸发行和大型收音机的时代。党员在传播和动员公众的作用实际上并不明确。或许，党员始终重要，只不过这种作用被媒体遮蔽。

为理解党员历时性变迁，我们需要在政治参与的理论背景下进行考察。接下来我将考察三种政治参与的微观个体层次模型以解释人们加入政党并渐趋成为积极分子的原因，并解释部分党员退党的原因。

---

① Epstein, L., *Political Parties in Western Democracies*, New York: Praeger Publishers, 1967; Farrell, D. and P. Webb, "Political Parties as Campaigning Organizations", in R. J. Dalton and M. P. Wattenberg, *Parties without Partisans*, Oxford: Oxford University Press, 2000; McKenzie, R. *British Political Parties*, London: Heinemann, 1955; Panebianco, A., *Political Parties: Organization and Power*, Cambridge: Cambridge University Press, 1988; Ware, A., *Parties and the State*, Princeton, NJ: Princeton University Press, 1987.

② Pennings P. and R. Hazan, "Democratizing Candidate Selection: Causes and Consequences", *Party Politics*, No. 7, 2001, pp. 267 – 75; Scarrow, S., P. Webb and D. Farrell, "From Social Integration to Electoral Contestation: The Changing Distribution of Power within Political Parties", in R. J. Dalton and M. P. Wattenberg (eds), *Parties without Partisans*, Oxford: Oxford University Press, 2000; Seyd, P. and P. Whiteley, *New Labour's Grassroots: The Transformation of the Labour Party Membership*, London: Palgrave-Macmillan, 2002.

③ Denver, D. and G. Hands, *Modern Constituency Electioneering*, London: Frank Cass, 1997; Green, D. P. and A. S. Gerber, *Get Out the Vote!*, Washington, D. C.: Brookings Institution Press, 2004; Huckfeldt, R. and J. Sprague, "Political Parties and Electoral Mobilization, Political Structure, Social Structure and the Party Canvass", *American Political Science Review*, No. 86, 1992, pp. 70 – 86; Seyd, P. and P. Whiteley, *Labour's Grassroots: The Politics of Party Membership*, Oxford: Oxford University Press, 1992.

三、党员和行动主义的竞争模型

目前学界已提出诸多解释人们入党并成为积极分子的政治参与模型。[①] 国际社会调查项目数据使检验不同的模型成为可能。既有政治参与模型主要包括公民志愿主义模型、认知参与模型和社会资本模型。

(一) 公民志愿主义模型 (Civic Voluntarism Model)

公民志愿主义模型是政治参与领域最经典的模型,与韦巴及其合作者的研究努力密不可分。[②] 韦巴和奈在美国公民政治参与研究中特别强调公民个体拥有的资源在相当程度上决定其参与状态。韦巴曾写道:"依据模型,个体的社会地位——他的工作、教育和收入——相当程度上决定其参与的程度。"

其后的研究界定"资源"为"时间、金钱和公民技能"[③],并将其他心理变量纳入模型。后者测量个体对政治的心理卷入程度及其效能感意识。然这类理论框架下心理变量在相当程度上视为个体资源的派生物,并成为联结社会特征和政治参与的纽带。

虽然模型源自美国政治情境,但该模型后被广泛应用于跨国政治参与研究。后续研究强调个体资源和团体资源的区别,如"组织——并纳

[①] Seyd, P. and P. Whiteley, *New Labour's Grassroots: The Transformation of the Labour Party Membership*, London: Palgrave-Macmillan, 2002.

[②] Parry, G., G. Moyser and N. Day, *Political Participation and Democracy in Britain*, Cambridge: Cambridge University Press, 1992; Verba, S. and N. H. Nie, *Participation in America*, Chicago, IL: University of Chicago Press, 1972; Verba, S., N. H. Nie and J. O. Kim, *Participation and Political Equality: A Seven Nation Comparison*, Cambridge: Cambridge University Press, 1978; Verba, Sidney, Kay Lehman Schlozman and Henry E. Brady, *Voice and Equality: Civic Voluntarism in American Politics*, Cambridge, MA: Harvard University Press, 1995.

[③] Verba, Sidney, Kay Lehman Schlozman and Henry E. Brady, *Voice and Equality: Civic Voluntarism in American Politics*, Cambridge, MA: Harvard University Press, 1995, p.271.

入意识形态,是弱者的武器"①。因此,公民与诸如政党、工会等机构的意识形态纽带弥补个体资源欠缺并鼓励个体参与,个体所处背景对其政治卷入作用甚为重要。

研究纳入个体社会地位、教育获得和闲暇时间等资源指标以求估计个体层面模型。此外,我们选择政治效能反映公民的参与心理内容、志愿活动和宗教性礼拜作为测量公民技能的指标。同时,研究还控制年龄和性别。

公民志愿主义模型的核心观点是受教育水平和社会地位较高的公民应该更可能加入并成为政党积极分子。闲暇时间越多的公民在政党活动上更积极、政治效能感更高。模型的另一个变量如志愿性活动会提升政党卷入。志愿性运动、休闲或文化组织和志愿性组织密切联系而非政党活动。积极参与非政治志愿性组织,公民可提升他们的参与技能。最后,积极参与宗教性组织对志愿性活动有类似的影响。

(二) 认知参与模型 (Cognitive Participation Model)

第二个个体层次参与模型为认知参与模型。模型认为个体政治参与取决于人们处理和理解政治、社会信息的能力。② 诸如教育获得 (Education Attainment)、政治知识和政治关注度,政治过程参与经历等因素均可解释公民个体参与。教育是模型的核心变量,关键在于教育是个体提升处理和理解政治信息能力的基础。教育是衡量个体理解政治世界能力的指标。当代世界公民获取信息的成本迅速降低,媒体渠道的拓宽使公民更易接触信息。电视和广播频道的不断发展,24小时不间断的新闻媒体和互联网迅猛发展更易培育出"批判性公民"。③

---

① Verba, S., N. H. Nie and J. O. Kim, *Participation and Political Equality: A Seven Nation Comparison*, Cambridge: Cambridge University Press, 1978, p. 15.

② Clarke, H. D., D. Sanders, M. C. Stewart and P. Whiteley, *Political Choice in Britain*, Oxford: Oxford University Press, 2004; Dalton, R. J., *Citizen Politics*, Washington, D. C: Congressional Quarterly Press, 2005; Norris, P., *A Virtuous Circle: Political Communications in Postindustrial Societies*, Cambridge: Cambridge University Press, 2000.

③ Norris, P. (ed.), *Critical Citizens*, Oxford: Oxford University Press, 1999.

"批判性公民"不仅政治知识丰富,而且能够评估政策效能并评判执政党的选举承诺兑现情况。以古典政治理论视野审视,积极主动的公民接近古希腊"好公民"的概念即城邦中见多识广并全心参与政府过程的成员。

认知参与模型中,教育、政治媒体消费、政治关注度和支持参与的公民规范均是预测政党参与状况的主要实证指标(电视、广播、报纸和互联网使用综合衡量"媒介使用"概念)。

(三) 社会资本模型 (Social Capital Model)

第三个模型是社会资本模型。该模型假设嵌于强大社会网络、信任同胞的人们热衷于政党参与。普特南认为"社会组织特征,如信任、规范和网络通过协调行为以提升社会效率"。[1] 科尔曼反思指出,志愿性背景下社会互动有助于产生义务的"信用票据"[2],社会互动培育了互惠规范。这类关系有助于建构公民信任,使这些"信用票据"(credit slips)以解决集体行动问题。激发政治参与是社会资本的一种重要影响。因此,如果个体信任并与他人在志愿活动中合作,他们更愿参与政党并成为积极分子。[3]

绝大多数研究者指出信任是测量社会资本的重要指标。[4] 人际信任促使个体超越身边亲友关系圈继而与陌生人展开积极合作。主流社会资本模型认为公民参与志愿性组织,公民间的互动会培育人际信任

---

[1] Putnam, R., *Making Democracy Work: Civic Traditions in Modern Italy*, Princeton, NJ: Princeton University Press, 1993, p. 167.

[2] Coleman, J., *Foundations of Social Theory*, Cambridge, MA: Harvard University Press, 1990.

[3] Putnam, R., *Bowling Alone*, New York: Simon and Schuster, 2000.

[4] Brehm, J. and W. Rahn, "Individual—Level Evidence for the Causes and Consequences of Social Capital", *American Journal of Political Science*, No. 41, 1997, pp. 999 – 1023; Fukuyama, F., *Trust: The Social Virtues and the Creation of Prosperity*, London: Hamish Hamilton, 1995; Pattie, C., P. Seyd and P. Whiteley, Citizenship in Britain: Values, Participation and Democracy, Cambridge: Cambridge University Press, 2004; Van Deth, J. W., M. Maraffi, K. Newton and P. F. Whiteley (eds.), *Social Capital and European Democracy*, London: Routledge, 1999.

和社会资本。[1] 因此，志愿性活动对于公民志愿主义模型和社会资本模型均非常重要。社会资本模型的其他预测指标包括人际信任和政府信任。尽管两种信任指标在理论上互有区别，但信任政府和其他个体的成员更可能参与政党活动，婚姻状况被视为培育社会资本的社会纽带指标。最后，被访者被要求描述他们的社群。一般的，城市社会资本要弱于城镇。[2]

四、政党行动主义的模型检验

以非党员作为参考基准，建构非党员为参考类别的定类 logit 回归模型以检验积极分子、党员和前党员的影响因素。纳入总体层次协变量前，首先估计个体层次模型。表 2 包含对三个模型的估计，结果显示认知参与模型最具辨别力。伪判定系数和赤池信息标准显示认知参与模型要优于其他模型。[3] 然而，上述模型的拟合度差异有限，这或许与模型相关变量均有一定的解释力有关。解释效力最弱的模型为社会资本模型。似然率检验表明如果将政府信任和婚姻状况从社会资本模型中剔除，那么解释强度并不会显著降低。相反，对于公民志愿主义模型或认知参与模型，任一变量的剔除均会引起拟合度的损失。

评估模型效力的另一要求是考察模型符合理论的程度。公民志愿主义模型显示教育获得、社会地位、每周工作时间对党员和积极分子均有积极影响。前者符合理论预测，后者则均有悖于模型预测。数据表明全职工作的被访者更可能参与政党而非兼职工作者或退休人员，闲暇时间

---

[1] Putnam, R., *Making Democracy Work: Civic Traditions in Modern Italy*, Princeton, NJ: Princeton University Press, 1993; Putnam, R., *Bowling Alone*, New York: Simon and Schuster, 2000; Whiteley, P. F, "The Origins of Social Capital", in J. W. Van Deth, M. Maraffi, K. Newton and P. F. Whiteley (eds.), *Social Capital and European Democracy*, London: Routledge, 1999, pp. 25 – 44.

[2] Oliver, J. E., "City Size and Civic Involvement in Metropolitan America", *American Political Science Review*, No. 94, 2000, pp. 361 – 73.

[3] Burnham, K. P. and D. R. Anderson, *Model Selection and Inference: A Practical Information-Theoretic Approach*, New York, NY: Springer-Verlag, 1998.

的匮乏似乎并不左右政党参与。效能感、志愿活动和宗教均积极作用于政党参与，公民志愿主义模型的估计与理论预测一致。政治效能感对于积极分子、党员的影响强于非党员，志愿活动效果与此类似。宗教活动则提升积极分子和党员参与的积极性而抑制退党活动。

表 2.1 党员和行动主义的公民志愿主义模型

	积极分子	党员	前党员
最高学历	0.050***	0.050***	0.180***
主观社会地位	0.030*	0.030***	-0.007
周均工作时间	0.003**	0.050***	0.005***
效能感水平	0.200***	0.120***	0.040***
志愿组织活动	0.460***	0.300***	0.240***
宗教	0.080***	0.030***	-0.050***
年龄	0.060***	0.030***	0.100***
年龄^2	-0.001***	-0.000	-0.006***
男性	0.570***	0.210***	0.380***
伪判定系数		0.070	
赤池信息标准指数		62275.3	
似然比变化		860.1	

注：*** $p<0.01$；** $p<0.05$；* $p<0.10$

表 2.2 党员和行动主义的认知参与模型

	积极分子	党员	前党员
最高学历	0.020***	0.080***	0.140***
政治兴趣	0.030	-0.030	-0.007***
议政率	-0.003***	-0.050***	-0.005***
媒介的政治使用	0.200	0.120	0.040*
公民规范	0.460***	0.300***	0.240***
年龄	0.080***	0.030***	-0.050***
年龄^2	0.060***	0.030***	0.010***
男性	-0.001***	-0.000***	-0.006***
伪判定系数		0.010	
赤池信息标准指数		59982.4	
似然比变化		3146.6	

表 2.3 党员和行动主义的社会资本模型

	积极分子	党员	前党员
人际信任	0.140	0.100***	0.070***
政府信任	-0.004***	-0.030***	-0.090***
社区规模	-0.070***	-0.060***	-0.050***
婚姻状况	0.010***	0.020***	0.030***
志愿组织活动	0.530***	0.370***	0.310
年龄	0.070***	0.040***	0.100***
年龄^2	-0.001***	-0.000***	-0.001***
男性	0.630***	0.300***	0.480***
伪判定系数	0.050		
赤池信息标准指数	63381.0		
似然比变化	49.0		

注：*** $p<0.01$；** $p<0.05$；* $p<0.10$

又，认知参与模型中除媒体消费因素外的其他预测变量与理论一致。政治兴趣、议事率和公民规范均有助于党员和积极分子参与政党，公民规范则有益于积极分子和党员，但对退党不存在显著影响，表明这些因素可抑制政党衰落。同时，媒体消费与积极分子和党员政党卷入活动呈现负相关关系且导致退党。这意味着"媒介抑制论"成立并抑制个体动员。然而，下一部分接下来的分析表明负面效果是受限模型的结果而非真实效应。

社会资本模型的两个关键变量，如人际信任和志愿活动均是预测积极分子和党员与否的重要因素，但这些变量也是预测前党员与否的正向因素。然而政府信任有助于抑制个体退党行为发生并影响政党衰退。最后，婚姻状况对党员和积极分子与否不存在作用，但对退党仅产生有限影响。模型还表明城市社区比乡镇或农村社区公民的政党参与存在更大影响。

人口变量在以上三个模型均有同样效应。上述模型表明年龄越大的公民越易成为积极分子、党员和非党员，但上述效应是非线性的并随年龄逐渐减弱。同时，上述模型中男性比女性更可能卷入政党活动。总之，估计表明资源变量一方面与像教育、社会地位和政治参与等变量相关,另一方面与效能感、政治兴趣和政党卷入相关。因此,我们综合公民志愿主义和认知参与模型的各个变量组成预测政党参与的最佳"公民参与"模型。

五、总体层次效应

研究总体层次变量来自"国家俘获"和"渠道拓展"的理论假设。国家过度规制导致的负面效应早已成为经济分析的关键论题,"国家俘获"的观点并非新颖。[1] 同样的,国家和政党日益紧密的联盟关系不时见于政党研究文献。卡茨和迈尔特别强调政党和公民社会的关系日益遭受冲击而政党与国家的联盟关系却渐趋紧密。[2] 具体而言,国家财政对政党的支持已促使政党越发依赖纳税人,从而减少政党对其支持者志愿性工作的依赖。[3] 这一过程可从两个方面进行理解。首先,对国家财政的依赖削弱了政党领袖对其支持者和积极分子的关注。如果党员相对于依赖于国家支持的职业政党组织,对政党财政的贡献甚微,那么政党极易演变为专业选举组织而忽视其基层支持者[4],政党领袖将减少招募和维系党员的兴趣[5]。其次,伴随国家财政支持的是各类审计追踪,政党和

---

[1] Peltzman, S., *Political Participation and Government Regulation*, Chicago, IL: University of Chicago Press, 1998; Stigler, G. J, "The Theory of Economic Regulation", *Bell Journal of Economics and Management Science*, No. 2, 1971, pp. 3 – 21.

[2] Katz, R. S. and P. Mair, "Changing Models of Party Organization and Party Democracy: The Emergence of the Cartel Party", *Party Politics*, No. 1, 1995, pp. 5 – 28.

[3] Bartolini, S. and P. Mair, "Challenges to Contemporary Political Parties", in L. Diamond and R. Gunther (eds.), *Political Parties and Democracy*, pp. 327 – 43; Baltimore, MD: Johns Hopkins University Press, 2001; Kopecky, Petr and Peter Mair, "Political Parties and Government", in Mohamed A. Salih (ed.), *Political Parties in Africa*, pp. 275 – 92, London: Pluto, 2003; Van Biezen, I. and P. Kopecky, "The State and the Parties: Public Funding, Public Regulation and Rent Seeking in Contemporary Democracies", *Party Politics*, No. 13, 2007, pp. 235 – 54.

[4] Panebianco, A., *Political Parties: Organization and Power*, Cambridge: Cambridge University Press, 1988.

[5] Van Biezen, I. and P. Kopecky, "The State and the Parties: Public Funding, Public Regulation and Rent Seeking in Contemporary Democracies", *Party Politics*, No. 13, 2007, pp. 235 – 54.

国家的紧密联系将为政党带来更大的规约。为此，地方党员为遵守各种复杂规则而承担过多的规约负担，这将减少党员成为积极分子的动机。

欧洲各地政党规约程度各异。有研究发现：与波兰和意大利等南欧国家相比，瑞典和丹麦等斯堪的纳维亚国家规约和干涉程度较低。① 民主和选举援助国际研究所（IDEA）曾考察政党收支披露规则、财政约束、特定收入来源限制和政党财政相关的规约制度。如果"国家俘获"的观点正确，那么，一国政党规约指数越高，则个体参与政党的水平更低。

第二个规约环境指标来自世界银行卡夫曼及其同事开发的治理指数体系。② 该指标体系来源甚广，由上百个测量治理观念的变量组成。"规约质量"用以衡量制定和执行有效规制的政府能力。通过刺激经济活动和控制腐败，综合规约具备积极效应。然而规约易变为过度规制，国家同样可能过度规约其政党体制。如果"国家俘获"假设正确，那么规约质量取值越高则政党组织志愿性活动越受侵蚀。

有关新型政治参与行为的第二个假设仅受到少数研究关注。乔丹和马洛尼（Jordan and Maloney）曾讨论"支票式参与"（Checkbook）即公民参与将其参与"转包"予游说组织和职业政客。或许特定国家的政治捐赠文化会限制政党参与。③

与政治捐赠不同，过往研究尚未严谨考察消费者参与和互联网参与对政治活动的影响。消费者参与是社会原子化发展的结果，其不利于团结性纽带的稳固并破坏社群积极参与的网络。④ 消费者参与是一类简单、可重复的参与行为，相比于为政党做志愿性服务工作这类参与行为，其以较低代价即可满足部分人群参与政治的需要。无论如何，消费者参与

---

① Kaufmann, D., A. Kraay and M. Mastruzzi, *Governance Matters V: Aggregate and Individual Governance Indicators for 1996 – 2005*, Washington, D. C.: World Bank, 2006.

② Jordan G. and W. Maloney, *The Protest Business: Mobilizing Campaign Groups*, Manchester: Manchester University Press, 1997.

③ Richardson, J., *Governing under Pressure: The Policy Process in a Post-Parliamentary Democracy*, Oxford: Martin Robertson, 1979.

④ Bellah, R., R. Madsen, W. Sullivan, A. Swindler and S. Tipton, *Habits of the Heart*, Berkeley, CA: University of California Press, 1985; Etzioni, A., *The Spirit of Community: Rights, Responsibilities and the Communitarian Agenda*, London: Fontana Press, 1995.

总会有损政党活动。这类观点同样适用于互联网参与。

国际社会调查项目（ISSP）曾测量公民对政治组织的捐助和消费者参与行为。研究显示，37%的被访者在过去曾对政治组织有所捐助，26%的被访者曾基于政治原因抵制购买某种产品，而5%的被访者曾加入过某个互联网政治论坛。各国在上述参与形式的结构上千差万别，我们计算上述指标的均值以测量消费者参与行为并纳入多层模型。

除"国家俘获"和"竞争性参与"模型下的核心变量外，研究还纳入若干控制变量。第一个指标是由盖勒（Gallagher）提出以测量选举各政党选票比例和议席比例差距的代表指数。[1] 选举机制扭曲的程度会减少政党参选的积极性。如单记多数制倾向产生较高水平的扭曲结果而导致政党集中精力争夺边缘选区，政党核心选区的竞选活动仅产生有限的选举收益。相反，比例代表制的扭曲程度较低，每一名选民的选票都不可忽视，政党就会有积极竞选的动力。如果选举扭曲减少政党竞选动力，则其会削弱政党招募和保留积极分子的动力。因此，政党参与和选举扭曲度为负相关。

另一个控制变量为有效政党数量（Effective Party Number）。这一概念主要以立法机构最近一次选举获得至少5%选票政党的数量作为衡量指标。激增的有效政党数量既可能推动党员数量的增长，也可能产生相反效果即为争夺有效选票使政治空间充斥各类政治博弈组织，削弱政党对政治过程的影响。这使影响公共政策制定的群体减少了参与政党的动机。高强度的政党竞争更可能抑制政党参与。最后，党员身份方面呈现鲜明的"美国例外论"[2]，故美国作为虚拟变量纳入控制变量。

表3在政党参与个体层次模型基础上嵌入总体控制变量以建立多层模型。[3] 个体层次模型主要包括公民志愿主义和认知参与模型中的12个

---

[1] Gallagher, M. and P. Mitchell, *The Politics of Electoral Systems*, Oxford: Oxford University Press, 2005.

[2] Lipset, S. M., *American Exceptionalism: A Double-Edged Sword*, New York: W. Norton, 1996.

[3] Raudenbusch, S. W. and A. S. Bryk, *Heirachical Linear Models: Applications and Data Analysis Methods*, Thousand Oaks, CA: Sage, 2002; Snijders, T. and R. Bosker, *Multilevel Analysis: An Introduction to Basic and Advanced Multilevel Modelling*, London: Sage, 1999.

变量。除其中两个变量外,"公民参与"模型与表2的对应部分一致,数据分析表明教育获得模型抑制行动主义但对党员和退党似乎无显著影响、媒体消费始终呈现正向影响。后者显示表2的媒体负面效应源于公民志愿主义模型中资源和动机变量欠缺产生的识别问题。

表3 政党参与的多层次随机截距模型

	积极分子	党员	前党员
宏观层次预测指标			
消费者参与	-0.010	0.008	-0.006
互联网参与	0.097	0.111	0.060
捐助资金	-0.001	-0.003	-0.006
政党规约指数	-0.079	-0.097*	-0.051
卡夫曼政府规制指数	-1.039***	-0.830**	-0.520**
有效政党数量	-0.284**	-0.307**	-0.001
盖勒非比例指数	-0.524*	-0.689**	-0.148
美国虚拟变量	1.689*	1.408	-0.051
R^2		0.400	
微观层次预测指标			
最高教育获取	-0.11***	-0.02	0.08***
主观社会地位	0.05***	0.00	0.01
每周工作时长	0.00	0.002**	0.003***
效能感	0.07***	0.02***	0.02***
志愿性组织活动	0.42***	0.24***	0.21***
宗教	0.07***	0.04***	-0.01
政治兴趣	1.05***	0.46***	0.31***
议政率	0.46***	0.25***	0.28***
政治关注	0.07***	0.04***	0.06***
公民规范	0.35***	0.20***	0.03***
年龄	0.07***	0.03***	0.09***
年龄^2	-0.001***	-0.0001***	-0.0005**
男性	0..47***	0.23***	0.31***

注:*** $p<0.01$;** $p<0.05$;* $p<0.10$
宏观层次变量均为加总平均指标,微观层次变量为个体层次变量;为考察年龄的周期效应,纳入变量年龄平方项;性别为男性(参考组别)

表3中的协变量解释了总体层次模型40%的方差。研究表明，政府规制抑制公民行动主义，也通过政党规约和考夫曼规约指数妨碍公民的政党参与。当公民参与模型其他变量不变时，政府规约水平较高时，公民加入政党的可能性降低。政党规约抑制政党数量，但其对行动主义和退党不存在显著影响。相反，卡夫曼规制指数对三类政党参与行为具备消极影响，这表明政府规约对政党招募和党员数量均构成阻碍。

多层模型的估计结果（表3）表明，数据不支持竞争性假设，即消费者参与、互联网和捐助资金对政党参与存在显著影响。同时，比例代表性指数、有效政党数量和美国虚拟变量均是重要的影响变量。前两个因素对政党行动主义和党员数量存在消极影响，但对退党不存在影响。因此，扭曲程度高的选举制度和政党众多的国家均抑制了积极分子和党员的招募，但对退党行为不产生影响。最后，美国虚拟变量对行动主义产生积极影响且是影响党员与否的重要因素，表明政党参与上的"美国例外"现象确实存在。

一般而言，截面数据研究难以通过上述发现而直接获得有关党员和行动主义长期衰退趋势的结论。不过，研究使用的数据却可为理解这种趋势提供间接证明。我们从个体层次模型可知，年龄是政党参与的重要影响因素。如果越年轻的公民选择加入政党越与其对国家的态度有关，那么我们有理由认为年龄和国家规约测量指数的交互项系数为负。因此，存在广泛规约的国家，青年人更不可能加入政党。表4加入表3中统计显著的总体层次变量与截距项的交互项、规约指数和年龄的交互项以检验上述假设。表4显示政党规约测量不再是党员身份的显著预测因素且对年龄不产生影响。但，考夫曼规约指数和年龄的交互项为统计显著。研究认为对政党过度规约的国家，青年公民更不可能加入政党。卡夫曼规制指数和年龄的交互项显著相关。上述结果意味着高规约国家的政党参与和年龄的交互效应要强于低规制国家：对政党实行高规约的国家，青年人更不可能加入政党或称为积极分子。同时，年龄—规制变量的交互项对党员退出几乎无任何作用，规约是招募的壁垒且似乎对维系党员无甚影响。

此外，有效政党数量、比例代表性指数和（美国）虚拟变量依然是预测表4中个体层次党员参与平均水平的重要影响因素。这些发现表明，队列效应对于理解党员长期衰减的问题具有一定解释力。上述结果与年轻公民避免参与政党的预测相符，特别对那些政党正逐渐蜕变为"公共机构"的国家，这有助于解释基层党组织的衰退。

表4 公民政党参与的最佳总体层次完全模型

总体层次预测变量	积极分子	党员	前党员
截距系数			
政党规约指数	-0.034	-0.028	-0.006
考夫曼政府规约指数	-1.454***	-0.978***	-0.806***
有效政党数量	-0.213*	-0.272**	0.048
盖勒非比例指数	-0.455*	-0.748***	-0.093
美国（虚拟变量）	1.915**	1.629*	0.305
与年龄的交互项			
政党规约指数	-0.001	-0.001	-0.001
考夫曼政府规约指数	0.008*	0.007*	0.003

注：*** $p<0.01$；** $p<0.05$；* $p<0.10$

六、讨论和结论

政党行动主义和党员的衰退已波及绝大多数民主国家。但，既有研究却对衰退现象缺乏有效解释，这部分或因缺乏跨期的纵贯数据支持。本研究运用截面数据表明国家规约在政党衰退过程中扮演着重要角色。伴随政党与国家关系的日趋紧密、政党组织渐趋专业化，政党愈发忽略其志愿者的支持却期望他们承担更多的规约负担。因为如果纳税人负担政党组织运营的成本，那么政党领袖几乎不存在任何动力去招募和保留新党员。数据显示，这些趋势存在代际效应即对年轻公民的招募问题日益严峻，这种效应在高规约的国家尤其突出。因此，国家似乎正逐渐使政党志愿性活动日益窒息。

如果政党组织缺乏志愿者,那么政党将可能彻底依赖于国家。无疑,政党对国家的过于依赖将对民主国家的政党体制产生更为广泛的影响。若国家对政党的"俘获"提升了反党情绪并导致选民政党认同减弱,这对于当代民主国家将是非常严重的后果。总之,国家对政党的俘获将进一步导致低投票率、公民对反体制政党支持的增强和治理问题日益严峻。脆弱的政党将产生政策僵局,而类似利益集团的"制度硬化"(institutional sclerosis)将掌控传统由政党支配的寻租场域。① 更广泛地说,由于政党有助于综合弥散的政治利益并促使政治过程的败选方接受民主决策,因此,政党的日益衰落将会使政府陷入困局。CPS

Is the Party Over? The Decline of Party Activism and Membership across the Democratic World

Paul F. Whiteley

Abstract: The decline of party activism and membership in European democracies has been well documented, but not effectively explained. This article examines the state of party membership and activism across a wide spectrum of democratic countries and shows that membership is in decline in most of them. It tests two rival explanations of the decline using a cross-sectional multi-level analysis of data from the ISSP Citizenship survey of 2004. One hypothesis is that the decline is due to "state capture", or excessive state regulation brought about by an ever-closer relationship between parties and the state which has the effect of stifling voluntary activity at the grassroots level. A

---

① Olson, M., *The Rise and Decline of Nations: Economic Growth, Stagflation and Social Rigidities*, New Haven, CT: Yale University Press, 1982.

second suggests that parties are being undermined by the growth of relatively new forms of participation, notably cheque book participation, and consumer and Internet participation. These provide alternative outlets for political action outside traditional forms of participation such as party involvement. There is evidence to support the first of these hypotheses, but not the second.

Keywords: Comparative Political Participation; Multi-level Modeling; Party Regulation; Party Volunteers

比较视野下政党政治与政治发展研究新进展*
——兼评《政党政治与政治发展》

张飞龙**

【内容摘要】 政党政治与政治发展是政治学的重要研究论域,学术研究的深化需要拓展学术视野,从聚焦于西方发达国家转向对后发展国家政治实践和经验的总结,其中东亚地区尤有代表性,通过比较方法的应用,在学术对话的基础上,修正或补充既有理论的不足,《政党政治与政治发展》则在这方面做出了尝试性探索。

【关键词】 政党政治;政治发展;东亚;新加坡;中国

一、比较研究中的"问题与主义"

西方学术界对政党政治与政治发展的研究由来已久,积累了极其丰富的学术成果,为后发展中国家提供了可资借鉴的有益参照。然而,在国内学界,一些学者在开展政党政治和政治发展的研究中,持一种

---

* 本文系江苏省普通高校学术学位研究生科研创新计划项目(KYZZ16_0008);南京大学博士研究生创新创意研究计划项目(2016007)。

** 张飞龙,南京大学政府管理学院博士生。

"拿来主义"的态度,而忽视了我们自身的特质,没有处理好"问题与主义"之间的关系,结果只能为西方的理论做注脚。此外,国内学界的政治研究还存在一些比较普遍的现象,即纯粹的本位主义立场,仅限于对中国政治展开研究,但缺乏比较的视野,或者是在比较的方法上存在误区,导致比较研究的结论在解释力和说服力上都非常不足。

学界通常在比较研究上存在的误区有两种表现。第一种误区是在比较对象位阶上以"优"比"劣"和以"好"比"坏",而不是同位阶比较。譬如把中国和印度进行比较,比较研究得出的结论是,认为中国优于印度,进而推论,民主制度弊病丛生,威权优于民主。这种比较的误区在于,它没有注意到两国在政治发展次序以及发展阶段上的差异,印度属于民主政体中发展不成熟的国家,而中国则属于威权政体中比较成功的国家,把两者放在一起比较是明显的比较对象的错位,是以"好"比"坏",因此,中国的成功不能证明所有威权政体都是优质的,印度的缺陷也不能证明所有的民主政体都是劣质的。无论是威权政体,抑或民主政体,其内部都有优劣和发展程度上的差异,以"好"比"坏"和以"优"比"劣"是明显的方法错误。第二种比较误区是比较时段上的错位。譬如,在经济发展方面,把中国与发达国家放在一起进行比较,进而基于中国当下经济成就优于发达国家,再推论到体制上的优劣。这是最典型的误置发展阶段的比较,每一个国家都有一个经济增长的起飞阶段,而这种高速的增长不可能长久维持,中国过去几十年的经济增长阶段,发达国家在更早之前就已经历过,而在同一发展时段上,美、日等国家的发展速度与时下中国相比毫不逊色,因此,比较应该在同一发展阶段上展开。另外,也不应把经济发展方面的比较结论,推论到政治制度的优劣,这是明显的逻辑混乱,因为,既有的研究已经表明,这两者虽然存在一定的相关性,但并非因果关系。[①] 前述两种比较研究的误区,表面上看似有别,实质上有共通之处,其研究的开展并非是以"问

---

① 对国内学界比较研究中误区的分析,曾得到李路曲教授的赐教。

题"为导向,而是"结论"先行,比较对象和比较角度的选择并非以研究方法为标准,而是服务于先在的"结论"。可以想见,这样的学术研究并不能为中国比较政治的研究提供学术增量,也无助于推动中国的政治发展。

西方的政党政治理论最初是建立在对西方政治现实研究基础上,虽然后来也拓展到对一些后发展国家的研究上,但是它并没有穷尽一切,不能适用于所有国家的政治实际。严谨的学术研究,应当以"问题意识"为优先,而非"主义",否则只能是"削足适履",而根据这些学术研究提出的政治改革建议,也只能得到"橘化为枳"的结果。李路曲教授新著《政党政治与政治发展》在批判性地吸收西方理论成果的基础上,立足于东亚后发展国家的政治发展经验,审视政党政治与政治发展的既有论断。更为可贵的是作者抱有强烈的"中国关怀",在比较的视野下对中国政治发展的有关问题展开论析。在比较对象的选择上,本书的后半部分主要选择以新加坡作为比较对象,这也遇到了比较研究中经常出现的问题,"然而这些案例并不具有真正的可比性"。① 在比较研究中,集中比较的关键是案例选择,其效度取决于案例的选择或设计,案例的选择可以有效控制"伪相关因素"的干扰而提高比较的有效性,"集中比较的特点是使用较少的案例,但它是有目的地而不是随意地选择案例"。② 新加坡与中国同处东亚,在发展阶段、文化、政治模式等方面都具有较高的相似性,国家体量上的差异并不构成比较无法开展的关键因素。比较研究的展开,不可能建立在两个具有极高相似度的对象的基础上,一方面,这样的对象在现实中很难找到,倘按照前述观点,似乎比较政治就无从进行了,另一方面,只要根据比较的目标,设定核心要素,选择好适当的比较对象,一些变量对比较研究的展开并不构成关键影响因素。

---

① Arend Lijphart, "The Comparable Cases Strategy in Comparative Research", *Comparative Political Studies*, Vol. 8, No. 2, 1975, pp. 158 – 177.

② 李路曲:《比较政治学解析》,中央编译出版社 2015 年版,第 19 页。

二、政治发展中的东亚经验

《政党政治与政治发展》一书是作者近年从事政党政治与比较政治研究之结晶,全书结构形散而神聚,全书共七章,从论述主题上大致可分三部分:欧美政党政治研究、东亚政党政治与政治发展、比较视野下的中国政治发展。比较研究是贯彻全书的一个核心研究方法,在研究政党政治与政治发展时,作者始终秉持着宏观的视野,在相互比较中,考察既有理论的正误与适用性,以及东亚国家政治发展的特征,并基于与新加坡政治发展的比较分析,审视中国政治发展中的成就和不足。下面就其中的若干议题做一不失宏旨性的整体梳理与评述。

西方政党政治与政治发展研究新议题

政党虽是一个相当传统的研究议题,但有学者通过对顶级期刊的统计分析,发现政党研究在当下西方学术界不再占据学科研究的中心位置,他把原因归之为研究视野的局限性、缺乏方法论的想象力、理论单薄等。① 不过也有学者认为,尽管政党研究衰落在某种程度上属于事实,但可以通过政党组织化与社会化的适应性策略,再加上政党成功维持两极竞争模式,从而复兴政党政治。② 与理论层面上政党研究衰落相似,在现实层面,对政党的冷漠和不信任逐渐滋生并蔓延开来,甚至政党合法性都受到了质疑。当今政党被视为无效率和恣意妄为的工具,甚至被贴上非法的标签,主要是因为它们日渐脱离社会,并侵蚀国家,尽管政党变得日渐富裕和强大,但是更加失去党员群众的信任。为重建合法

---

① Howard L. Reiter, "The Study of Political Parties, 1906 – 2005: The View from the Journals", *American Political Science Review*, Vol. 100, No. 4, 2006, pp. 613 – 618.

② Zsolt Enyedi, "The Discreet Charm of Political Parties", *Party Politics*, Vol. 20, No. 2, 2014, pp. 194 – 204.

性，政党通过变革赋予党员在政策制定和领导人选举中的话语权，即便如此仍未使其恢复活力，增强他们的印象，政党在权力和不信任之间仍然不均衡，甚至在某种程度上变成了一个强大且不稳固的利维坦。① 对于产生政党冷漠情绪的现象，《政党政治与政治发展》一书认为，更重要的原因是政党发展引发的变迁和冲突以及广泛存在的对政党的过高要求。

政党与民主化之间的关系问题上，作者认为政党在民主化过程中的作用，受到政党组织结构和意识形态以及宪政环境等因素的影响，并且认为政党的制度化需要在竞争与合作之间维持一个相对平衡的关系，这样才有助于政党制度的民主化。一些研究指出，政党的制度化并不构成民主巩固的充分条件，一些制度规则甚至对民主倾向于支持政党制度化的观念形成挑战，党派之争强化了政党制度化，但其加剧了政党间的紧张关系，这可能不利于民主巩固。② 对于政党体制与民主的关系，书中认为政党体制特征对民主发展具有一定影响，不过这种作用需要与一定的政治制度相联系。有的学者把政党体制的制度化视为民主的关键影响影响因素，"不是政党制度化而是政党体制的制度化促进了民主存续的前景，而且有一个体制制度化的门槛，只要达到就可避免民主的崩溃，体制的过度制度化并不对民主存续构成威胁"。③

政治转型研究是政治发展研究的核心议题，奥唐奈等学者对威权统治的转型展开了系统研究，他们特别强调经由协商而非暴力与革命的方式实现政治转型的路径，而这种转型依赖于以协定的方式来确保各自安

---

① Piero Ignazi, "Power and the (il) Legitimacy of Political Parties: An Unavoidable Paradox of Contemporary Democracy?", *Party Politics*, Vol. 20, No. 2, 2014, pp. 160 - 169.

② Sebnem Yardimci-Geyikci, "Party Institutionalization and Democratic Consolidation: Turkey and Southern Europe in Comparative Perspective", *Party Politics*, Vol. 21, No. 4, 2015, pp. 527 - 538.

③ Fernando Casal Bértoa, "Political Parties or Party Systems? Assessing the 'Myth' of Institutionalisation and Democracy", *West European Politics*, Vol. 40, No. 2, 2017, pp. 402 - 429.

全。① 但有研究者指出，尽管以革命来实现民主转型可能要付出巨大代价，甚至影响到新生民主政体的稳定，但非暴力的或渐进性的转型，可能会造成旧体制大量保存下来，对民主的发展形成阻碍。② 福山认为，过去 20 年的民主转型与第三波非常不同，它与第一波民主化浪潮更相似，第三波的转型方式是由精英首先启动，上下共同推动，而第一波则是由民众动员所驱动。他以"阿拉伯之春"和"颜色革命"为例，指出这些国家的除非对重要的社会团体进行政治动员，否则民主转型很难实现，因为它们缺乏民主的经历，和平协商的民主转型方式奏效。③ 戴蒙德对此论断表示质疑，他认为，不仅"颜色革命"和"阿拉伯之春"以民众运动为基础，第三波民主化浪潮中也存在许多民众运动，民众的价值观和态度并非首要因素，有利于强人政治的延迟性民主也可能让事情变得更好。④ 虽然学界在关于民主转型在若干问题上已具有一定共识，但仍在许多方面存在激烈争论。

在探讨政治转型过程中，发现一种新型政体类型，这类国家虽然也发生了转型，但是既没有实现民主化，又与威权政体有别，有学者把这类介于民主与威权之间的政体称为"混合型政体"。这类国家的特征是，主政者既担心不具备一定的民主特征可能削弱自身合法性及追随者的支持，同时又必须保持一定的威权对已浮现政体的关键方面加以控制，以此实现自身的目标和维持其支持者。⑤ 这类政体引起不少学者的关注，

---

① Guillermo O'Donnell, Philippe C. Schmitter, *Transitions from Authoritarian Rule: Prospects for Democracy*, Baltimore: Johns Hopkins University Press, 1986.

② 普拉特纳认为，除非现行世界秩序迅速崩溃，大规模的民主转型在未来十年很难出现，尽管威权国家依然受到民主化的压力，但是让威权统治者接受自由公正的选举仍非易事。Larry Diamond, Francis Fukuyama, et al., "Reconsidering the Transition Paradigm", *Journal of Democracy*, Vol. 25, No. 1, 2014, pp. 86 – 100; Plattner, Marc F., "The End of the Transitions Era?", *Journal of Democracy*, Vol. 25, No. 3, 2014, pp. 5 – 16.

③ Larry Diamond, Francis Fukuyama, et al., "Reconsidering the Transition Paradigm", *Journal of Democracy*, Vol. 25, No. 1, 2014, pp. 86 – 100.

④ Larry Diamond, "Why Wait for Democracy?", *The Wilson Quarterly*, Vol. 37, No. 1, 2013.

⑤ Alfred Stepan and Juan J. Linz, "Islamists and the 'Arab Spring'", *Journal of Democracy*, Vol. 24, No. 2, 2013.

并从不同方面加以分析,但目前分歧比较大。① 列维茨基等学者研究了冷战之后的"混合型政体",指出有三个因素可以对绝大多数政权的前景后果给予解释,即与西方国家联系的紧密程度;当政者的组织能力;西方民主国家的影响。在这三个因素之间存在一种层级模式,可以视为一个决策树。② "混合型政体"也逐渐成为探讨政治转型和比较政治研究的一个重要议题。

如果说在第三波民主化浪潮的刺激下,民主转型成为学界研究的重要议题,然而新兴民主国家并没有达到人们所期望的民主巩固或表现良好,许多国家出现民主质量下降或者向威权政体回归的现象,"民主化在范围上的扩张只是民主转型的处级阶段,更为根本的是,民主化还意味着在深度上的拓展,即如何提升民主的质量"。③ 在此形势下,一些学者围绕当前世界是否出现"民主衰退"问题也展开激烈

---

① 奥唐奈等学者认为由于这种政体缺乏民主的全部属性,因此它是一种"有缺陷的民主";谢德勒等人则把它视为一种有效的威权主义政体,他们更强调这类政体所拥有的而非其缺乏的属性,并进而对威权主义进行细分;伯格德斯等学者把它当作一种单独的政体类型,它与民主政体和威权政体都有重叠之处。Wolfgang Merkel, "Embedded and Defective Democracies", *Democratization*, Vol. 11, No. 5, 2005, pp. 33 – 58; Guillermo O'Donnell, "Delegative Democracy", *Journal of Democracy*, Vol. 5, No. 1, 1994, pp. 55 – 69; Fareed Zakaria, "The Rise of Illiberal Democracy", *Foreign Affairs*, Vol. 76, No. 6, 1997, pp. 22 – 43; Larry Diamond, "Thinking about Hybrid Regimes", *Journal of Democracy*, Vol. 13, No. 13, 2002, pp. 21 – 35; Matthijs Bogaards, "How to Classify Hybrid Regimes?", *Democratization*, Vol. 16, No. 2, 2009, pp. 399 – 423; L. Gilbert, P. Mohseni, "Beyond Authoritarianism", *Studies in Comparative International Development*, Vol. 46, No. 3, 2011, pp. 270 – 297.

② 与西方的联系是最重要的因素,如果联系程度高,无论其他两个因素如何,都能出现一个成功的民主政体;如果联系程度低,政权的产出就会由国内因素所主导,特别是当政者的组织能力。如果组织能力很高,竞争性威权政体就可以保持稳定,并在国内外压力挑战下继续存活;如果组织能力弱,国家就会变得更易受西方民主压力的冲击。如果西方压力很弱,政府就会失败并导向民主化,否则稳定的竞争性威权主义就依然我行我素。参见 Steven Levitsky and Lucan Way, *Competitive Authoritarianism: Hybrid Regimes after the Cold War*, New York: Cambridge University Press, 2010。

③ 陈尧:《民主质量评估:现状与问题》,见《比较政治学研究》(第 4 辑),中央编译出版社 2013 年版,第 143 页。

论辩①，民主质量测量、民主巩固和民主治理能力成为新的研究议题②。

东亚政治发展模式论析

与前述政治发展研究新议题相比，《政党政治与政治发展》一书对政治发展的研究更侧重于对区域经验的总结，通过对东亚政治发展路径的分析，运用比较方法探寻其间的共性，进而提炼出新的政治发展论断。地域分析在比较政治学研究中占有重要的地位，地域反映的不仅仅是地理邻近，它们在许多其他的基本方面具有颇高的相似性，由于地域内的国家具有相同的特征集，而这些特征集又可当做控制变量，因而，地域分析与比较方法具有较高的切合度。可比较性虽非任何地域所固有，但是地域内的比较显然比随机选择的国家存在更高的可比性。③ 赫克舍尔甚至提出，"地域分析是比较政体研究的本质"④。基于前述分析，

---

① 《民主杂志》曾围绕该议题组织学者进行专题性探讨，戴蒙德、福山等学者持民主衰退论，强调提升国家治理的能力的重要性；而列维茨基、施密特等学者则认为民主衰退只是假象，民主体制在当今世界仍具有很强的韧性。MF Plattner, "Is Democracy in Decline?", *Journal of Democracy*, Vol. 26, No. 1, 2015; Francis Fukuyama, "Why Is Democracy Performing So Poorly?", *Journal of Democracy*, Vol. 26, No. 1, 2015; Philippe C. Schmitter, "Crisis and Transition, But Not Decline", *Journal of Democracy*, Vol. 26, No. 1, 2015; Larry Diamond, "Facing Up to the Democratic Recession", *Journal of Democracy*, Vol. 26, No. 1, 2015; Steven Levitsky and Lucan Way, "The Myth of Democratic Recession", *Journal of Democracy*, Vol. 26, No. 1, 2015.

② 许多学者强调民主巩固与民主政体的能力之间的紧密关系。戴蒙德认为民主的存续与其说依赖于经济绩效的表现，不如说更有赖于国家治理能力，调查数据和客观趋势都表明，在短期内，政治因素或许比经济因素更能决定新兴且脆弱的民主政体的命运，倘若不提高治理质量和控制权力滥用，会有更多的民主国家走向失败。福山在研究政治秩序与政治衰败时，也提出要注意国家能力问题，它直接涉及到政治转型的质量。参见〔美〕弗朗西斯·福山：《政治秩序与政治衰败：从工业革命到民主全球化》，毛俊杰译，广西师范大学出版社2015年版；Larry Diamond, "Why Democracies Survive", *Journal of Democracy*, Vol. 24, No. 4, 2013, pp. 5 - 16; Francis Fukuyama, "Democracy and the Quality of the State", *Journal of Democracy*, Vol. 22, No. 1, 2011, pp. 17 - 30。

③ 〔美〕阿伦德·利普哈特：《比较政治学与比较方法》，李陈华译，载《经济社会体制比较》，2006年第3期。

④ Gunnar Heckscher, *The Study of Comparative Government and Politics*, London: Allen and Un-win, 1957, p. 88. 另有学者认为，"地域概念的价值是很大的，因为可以针对一个具有相似特征结构的共同背景，在地域内的单位之间比较某些政治过程"。Roy C. Macridis and Richard Cox, "Research in Comparative Politics", *American Political Science Review*, Vol. 47, No. 3, 1953, pp. 641 - 657.

东亚地区的政治发展的实践经验颇为值得注意,作者把东亚的政治发展模式分为两种类型,即在政治体制内推动民主化的和已经发生了政治体制转型的。① 在对这两种政治发展模式的特征和基本动因展开分析之后,作者提出一个论断,对东亚各国或地区的政治发展而言,"不同模式之间民主的差距并没有想象的那么大,至少不能简单地以政治体制是否转型来划分它们之间民主的差异"。② 这一论断与我们既有认知差异较大,以往我们往往把政体类型以"民主—威权"二分的方法简单地加以区隔,而忽视了两种政体类型内部的差异性。"西方研究者集中关注所谓威权国家内部的相似性,拒绝承认非西方国家的政体形式在时空维度上的多样性,将不符合西方民主标准的政体均纳入威权主义体制的范畴。上述做法不仅将当代国际社会中纷繁复杂的政治变革事实予以简约化,更是将概念误认为事实,沉湎于概念及其想象,忽略了概念与可观察到的政治现象之间的关系。"③ 殊不知在政治发展类型的系谱上,一些属于威权主义类型国家的政治发展程度与民主国家的差距,并不比威权主义政体内部的差距大;同样,即便是同被归为威权主义的政体,其内部的差异和多样性程度也值得我们注意,有些威权主义政体在政治光谱上与专制政体接近,而另一些则与民主政体接近。正如作者所说,在东亚的政治发展历史实践中,一些发生了民主转型的国家或地区,在其转型之后都不同程度上发生了向威权主义的回归,而一些尚未实现民主转型的国家,其体制内的民主发育已经发展到一个相当高的程度,而且还在继续推动民主而不是向威权回归。民主转型的方式已经发生了变化,西方经典意义上的政治转型理论需要修改,从当下世界政治发展趋势看,民

---

① 这种划分方式是否准确值得讨论,有学者把东南亚一些国家早前的政体类型也视为"混合型政体",如马来西亚、菲律宾、泰国,因此,如何对东亚政体类型进行分类,分析其政治发展路径以及对东亚国家进行比较研究,仍有可继续深化研究的空间。Kanishka Jayasuriya, Garry Rodan, "Beyond Hybrid Regimes: More Participation, Less Contestation in Southeast Asia, Democratization", *Democratization*, Vol. 14, No. 5, 2007, pp. 773-794.

② 李路曲:《政党政治与政治发展》,中央编译出版社2016年版,第118页。

③ 陈尧、池建东:《威权主义政体概念与中国政治现实》,载《华东师范大学学报》(哲学社会科学版),2017年第1期。

主转型的方式在逐渐变化，其突出特点就是呈现渐进性，而转型的标志越来越模糊。

新加坡是东亚政治发展模式中在体制内推进民主化的典型案例。现代性是贯穿新加坡国家建构和政治发展的一条核心线索，它在扩展国家权力的同时，并不排斥民主性和现代性，而民主政治的发育也保持对政治参与的适度限制，而且在国家与公民社会之间形成一种良性互动，国家建构实现了理性化与民主化的相对均衡。① 新加坡在威权体制内逐步发展和提升民主的水平，在此过程中积极建设民主制度所必需的政治社会基础，使民主程度以一种稳定有序的状态逐步推进，同时又保持着政府极高的效率。② 在历史已经终结，民主成为"唯一的游戏规则"的环境下，人们对民主所需要的最基本的社会、经济和制度基础这一"前提条件"，已经不再谈论了，但从民主运转的实践来看，那些社会经济和政治发展水平比较低的国家几乎不可能建立起稳定的民主。③ 应当说，新加坡的政治发展路径的确具有特色和代表性，它既不像一些发展中国家那样，过早地建立民主制度，由于民主制所需的政治社会基础不具备，而导致"失败国家"，或向威权主义回归；也不像一些民主国家，过度地屈从民意，出现民粹主义的趋向，以致影响到政府效率，削弱国家治理水平。

比较视野中的中国政治发展

中国的政治发展是国内政治学人关心的一个重要议题，本书主要是在与新加坡的比较中审视中国政治发展。中国与新加坡的政治发展路径既有差异，又有相似之处，差异性主要来自于两国在政权更替方式、执政方

---

① 参见李路曲：《政党政治与政治发展》，中央编译出版社2016年版，第148页。
② 戴蒙德非常乐观地表示，现在新加坡已经进入了一个向民主转型的时期，而且随着建国一代领导人的去世，新加坡的民主转型将更加提速，它已步入"竞争性威权主义"行列，民主转型短时可期。此外，他还认为，下一个民主化浪潮将出现在东亚。Larry Diamond, "China and East Asian Democracy: The Coming Wave", *Journal of Democracy*, Vol. 23, No. 1, 2012, pp. 5–13.
③ 参见〔美〕霍华德·威亚尔达：《新兴国家的政治发展——第三世界还存在吗？》，牛可等译，北京大学出版社2005年版，第112—114页。

式、发展路径、意识形态的变迁四个方面的影响。实际上，这些差异的存在，与两国承继的不同历史遗产有着莫大的关系，这也表明在探讨后发展国家政治发展过程中，历史制度主义是一个极为重要的分析视角。如果说，在政治发展模式上的比较上侧重于"求异"，那么，在两国政治发展路径的比较上则着重于"求同"。中国和新加坡都是后发展国家中比较成功的发展案例，在政治发展路径上，两国都采取优先进行政治理性化建设，然后在此基础上同步推进理性化和民主化。两国寻求的是一种在强国家基础上稳步推进民主化的方式，而既有的经验和研究已经证明，强国家的民主化并不意味着政治不稳定。① 不过，由于两国所继承历史遗产的不同，导致中国的市场化和民主化进程慢于同一时期的新加坡，强烈的路径依赖效应也给中国的政治改革的深入推进构成潜在的阻碍。②

　　福山在分析政治秩序起源时提出，一个治理良好的现代国家由三方面构成，即国家、法治和负责制政府，成功的现代自由民主制，是把这三种制度结合在稳定的平衡中，而政治发展的次序非常重要。③ 可以说，新加坡的政治发展路径与福山所描绘的政治发展次序的"理想类型"(Ideal Type)具有较高的相似度，倘若中国也依循这条政治发展路径，那么，中国在强国家建设上已经取得突出成效，而在后两个方面可能仍有相当长的路要走。④ 尽管在许多学者看来，只要在强国家的基础下，通

---

① 参见〔美〕丹·斯莱特：《马来西亚和新加坡：强国家的民主化》，载《比较政治学研究》（第8辑），中央编译出版社2015年版，第245—263页；〔美〕弗朗西斯·福山：《政治秩序的起源》，毛俊杰译，广西师范大学出版社2012年版，第470页。

② 这里亦当指出的是，虽然中国一直把新加坡视为学习的对象，但两个国家发展路径的差别其实并不小，正如有的学者所指出的那样，中国在保持权威体制的同时又要在实现现代化的努力中走上一条未知道路，而这又是唯一在21世纪保持经济权势的大国认真奉行的战略。Stephan Ortmann, Mark R. Thompson, "China and the 'Singapore Model'", *Journal of Democracy*, Vol. 27, No. 1, 2016, pp. 39–48.

③ 参见〔美〕弗朗西斯·福山：《政治秩序与政治衰败：从工业革命到民主全球化》，毛俊杰译，广西师范大学出版社2015年版，第19—21页。

④ 朱云汉的研究也表示，台湾作为第一个也是唯一一个民主在中华文化得到实现的地区，将对大陆发生重要影响，它不仅表明中华文化与民主可以兼容，而且也提供了一个可供效仿的对象，但他同时指出，中国未来的政治发展仍有不确定性，因为中国共产党正在经受范围更广的压力，这可能把它推向一个完全不同的方向。Yun-han Chu, "China and East Asian Democracy: The Taiwan Factor", *Journal of Democracy*, Vol. 23, No. 1, 2012, pp. 42–56.

过建立稳固的社会秩序来促进经济发展，然后在经济发展的同时培育公民社会等民主制度所需要的政治社会基础，最后就可实现向民主政治的转型，这个推论固然没有问题，但这条逻辑进路并不具有必然性，其间的变数甚大。奥唐奈等学者的研究表明，民主化需要考虑阶段性问题，民主化与自由化不会同时发生，而在威权统治发生民主转型之前，存在一个不稳定的自由化过程，统治者可能通过开放特定领域的权力来释放压力，规避现有制度的风险、向人民负责的义务，还有在公开开放的选举中面对选民的可能性，这样就可能使转型长期停留在自由化阶段，而民主化的步伐迟迟无法迈开，形成"自由化的威权主义"。① 民主转型的问题非常复杂，国内外学界的研究也是众说纷纭，比较研究固然可以为推动民主转型提供有益的经验，但也需要注意比较研究本身的限度，这就需要把比较研究和更为精细化的国别研究结合起来。有学者曾指出，就威权政治本身来讲，它们在一定程度上都是独一无二的，没有任何一个政权，也没有任何一个推动民主化的力量被视为是单一性的。我们在注意民主转型的共同之处时，也要考虑到各种威权政体的独特之处，譬如在到行动者方面，要分析执政者群体中"强硬派"与"温和派"的构成、军人问题、协定的谈判等，也要注意精英行为与选择对新兴民主国家民主前景塑造的影响②。除此之外，初始政体类型也是研究民主转型不可忽视的重要影响因素，"初始非民主政体所具有的特征对可行的转型道路、对不同国家开始努力建立巩固的民主政体时所面临的任务具有深刻的意义"。③

---

① 参见〔美〕吉列尔莫·奥唐奈、〔意〕菲利普·施密特：《威权统治的转型：关于不确定民主的试探性结论》，景威等译，新星出版社2012年版，第9—16页。也有学者认为一个强大的、制度化的政党在维系威权政体长期统治上具有重要作用。这包括三个机制：通过攫取国家资源，建立各种庇护关系，消除反对者和潜在的反对者；通过意识形态和纪律来保持党内精英的团结；通过建立和强化党内制度解决党内精英之间的冲突。Jason Brownlee, *Authoritarianism in an Age of Democratization*, New York: Cambridge University Press, 2007.

② 参见刘瑜：《两种民主模式与第三波民主化的稳固》，载《开放时代》，2016年第3期。

③〔英〕胡安·林茨、〔美〕阿尔弗莱德·斯泰潘：《民主转型与巩固的问题：南欧、南美和后共产主义欧洲》，孙龙译，浙江人民出版社2008年，第56页。

三、讨论与发散思考

高薪养廉抑或法治基石？

《政党政治与政治发展》一书认为新加坡的"廉政"源自于其所推行的高薪政策有关，而这又与其秉持的精英主义的政治文化有关，在笔者看来，新加坡所推行的高薪制并非促成"廉政"的核心因素。在"透明国际"建立的全球清廉指数排行榜中，新加坡一直名列前茅，从现实层面看，新加坡似乎确实达到了高薪养廉的效果，但实际上，这种现象的成因需要进一步分析。新加坡所谓的"高薪"并非全覆盖，而是仅限于高级公务员，一般公务员并不高，新加坡高官的薪水与普通公务员的差距甚大，倘若"高薪"可以解释高级公务人员的"廉洁"，那么，一般公务员的"廉洁"，应当如何解释？这表明在"高薪"背后，还有其他因素在形塑新加坡官僚政治的廉洁程度，而"高薪"的目的应当也并非仅仅出于"养廉"的考虑。在笔者看来，新加坡廉政的关键所在，源自于其完善的法治制度和透明的财政体制[①], "以李光耀为代表的新加坡开国领导人适时引进西方法律制度，发扬法治精神，并结合本国国情对之加以调适和改造，确立依法治国理念，把政治、经济和社会诸领域的事务都纳入到国家法律体系中，完善法律体系并严格执法，以法律塑造社会秩序，其法律之精密和执法之严格较之于西方国家毫无逊色"。[②] 新加坡的法制建设早于其高薪制，所以在二者与"廉政"之间的关系上，应当是法治发挥了更关键的作用，高薪制是在此基础上进一步促进了

[①] 在李光耀回忆录中就专门谈到通过法律和制度的建设，并以铁腕的方式来加强国家的廉政建设。详细可参见〔新加坡〕李光耀：《经济腾飞路——李光耀回忆录（1965—2000）》，外文出版社2001年版，第153—166页。

[②] 张飞龙：《新加坡国家治理浅析》，见《比较政治学研究》（第9辑），中央编译出版社2015年，第195—210页。

"廉政"。新加坡之所以给高级公务员很高的薪水,更多的是出于吸引人才的考虑,李光耀曾表示,在人才难求的情况下,不能只一味要求人才做出贡献,而不给他们公平的待遇。① 因此,可以说,"高薪"并非"养廉"的关键所在,真正发挥核心的是制度设计,如果在制度建设上跟不上,那么即便实行"高薪",也难以得到"养廉"的效果。

政党组织形态与中国政治发展

书中在比较中国与新加坡政治发展模式和路径时,有很多精彩论断,不过对两国执政党组织形态上的巨大差异并未做出深度的比较。政治发展主要受两方面因素的影响,即结构与行动者,书中的比较更多地侧重于结构层面,对行动者方面着墨不多。中国和新加坡虽都为一党长期执政的国家,执政党在国家政治生活中扮演着难以替代的角色,但是,两党在组织形态上仍有不小的差异,而探究执政党的组织形态特质,是理解两国未来政治转型可能路径的重要切入口。从中、新两国建国方式来看,新加坡是政党进入既有体制内,中国则是"以党建国",因此,执政党所面临的环境和约束差别较大;在党军关系上,列宁主义政党强调以党统军,而新加坡是军队国家化,现有的研究已经证明,军人因素是政治转型中一个极为重要的影响变量,亨廷顿等学者对此问题曾进行过专门探讨②,由此可见,党军关系的巨大差别将对两国未来政治发展产生重要影响。以党建国和以党统政的政治模式,使中共已经深深嵌入到国家政治生活之中,在时下中国诸多政治关系中,背后都可发现中共的身影,可以说,同为执政党,人民行动党在国家政治社会中的

---

① 参见〔新〕李光耀:《给人才以公平待遇》,载《联合早报》主编:《李光耀40年政论选》,现代出版社1994年版,第480—487页;〔新〕李光耀:《经济腾飞路——李光耀回忆录(1965—2000)》,外文出版社2001年版,第163—164页。

② 参见〔美〕塞缪尔·亨廷顿:《变化社会中的政治秩序》,王冠华等译,上海世纪出版集团2008年版,第160—179页;〔美〕吉列尔莫·奥唐奈、〔意〕菲利普·施密特:《威权统治的转型:关于不确定民主的试探性结论》,景威等译,新星出版社2012年版,第42—45页;〔美〕詹姆斯·霍利菲尔德、〔美〕加尔文·吉尔森主编:《通往民主之路:民主转型的政治经济学》,何志平译,社会科学文献出版社2012年版,第89—112页。

作用仍无法与中国共产党相并论。依靠庞大的组织系统和基层支部，中国共产党实现了对国家政治、经济和社会生活的全面渗透，中国共产党的组织能力可以说是世界政党中绝无仅有的，而超强的组织能力既是其革命战争时期成功关键之所在，也是新中国成立后诸多政策得以迅速落实的重要组织依托，但政党过强的组织能力，并不全然带来正面效果。①在从革命政党向执政党转型后，中国共产党无论是在组织机构，抑或组织理念上，都要根据政治和社会形势的变化做出调适，以更好地因应时代需求，可以说，中国未来的政治发展，无论是党政关系的实质性调整，还是社会自主空间的拓展和国企的再造，实际上都系于中国共产党的组织变革。然而，问题的要害在于，无论政党的组织如何调试，列宁主义政党的核心原则是很难触动的，这是区别于其他所有政党最为显著的特质，因此，中国政治发展的研究，必须同时建立在深化对中国共产党组织形态研究之上。

四、结语

本文虽就《政党政治与政治发展》一书所呈现的个别问题进行了讨论与发散思考，有些可能过于求全责备，但无疑表明此书已对笔者产生了重要影响，故而才会引起笔者对上述问题的继续思考。这些问题及延伸思考仅是个人研究之体悟，可能无关主旨，属于"愚妄"之论，也可能是在"去熟悉化"后所产生的误解。可以说，这本书是运用比较研究方法探讨政党政治与政治发展的力作，是作者数十年苦心造诣之结晶，特色鲜明，新意迭现，的确值得推荐。正如作者自述的那样，其学术研

---

① 有学者认为，一个社会向民主转型的速度和难易程度受三个因素的影响：转型时公民社会的发展程度，新政体的经济表现，以法治和竞争性选举为基础的公民文化。与新加坡相比，中国在上述三个方面都有很长的路要走，而其间的变数更是难以判定。参见〔美〕詹姆斯·霍利菲尔德、〔美〕加尔文·吉尔森主编：《通往民主之路：民主转型的政治经济学》，何志平等译，社会科学文献出版社2012年版，第14—15页。

究,"走过一条从一国研究到多国比较、再到理论与方法指导国别研究或案例研究的学术道路。"书中所涉及的诸多方向皆为作者所擅长之学术论域,也是其个人学术史演进之综合,期冀能有更多的学人"触摸"它,并从中"汲取"学术滋养。CPS

New Progress in the Study of Party Political and Political Development under the Comparative Perspective—Reviews on the "Party Political and Political Development"

Zhang Feilong

Abstract: Party politics and political development are important fields in political science research. The depth of academic study needs a broader academic horizon. The East Asia is a typical region in the transformation of political study, it's focus have shift from the study of Western developed countries to the conclusions of political practice and experience of post-development countries. Applying the comparative methods and basing on the academic conversations, the book "*Party Political and Political Development*" has revised and fulfilled the existing lacking of theory, it also made a tentative exploration in this aspect.

Keywords: Party Political; Political Development; East Asia; Singapore; China

《比较政治学研究》投稿须知

本刊热诚欢迎海内外作者投寄稿件或推荐优秀作品。为保证学术研究成果的原创性和严谨性，倡导良好的学术风气，推进学术规范建设，请作者赐稿时务必遵照本刊如下规定：

第一，所投稿件须系作者独立研究完成之作品，对他人知识产权有充分尊重，无任何违法、违纪和违反学术道德等内容。按学术研究规范和《比较政治学研究》编辑部的有关规定，认真核对引文、注释和文中使用的其他资料，确保引文、注释和相关资料准确无误。如使用转引资料，应实事求是注明转引出处。本刊采用页下注（脚注）方式，引文出处请遵照《〈比较政治学研究〉投稿格式》关于引文注释的规定。

第二，凡向本刊投稿，须同时承诺该文未一稿两投或多投，包括未局部改动后投寄其他报刊，并保证不会将该文主要观点或基本内容先于《比较政治学研究》在其他公开或内部出版物（包括期刊、报纸、专著、论文集、学生网站等）上发表。如未注明非专有许可，视为专有许可。

第三，所投稿件应遵守国家相关标准和出版物法规，如关于标点符号和数字使用的规范等。

第四，本刊整体版权属《比较政治学研究》编辑部所有，未经许可，不得以任何方式复制、选编。经许可需在其他出版物上发表或转载的，须特别注明"本文首发于《比较政治学研究》"字样。

第五，本刊实施编辑三级审稿与社外专家匿名审稿相结合的审稿制度。

第六，来稿论文要求格式规范、项目齐全，包括：文题（含英译）、作者姓名、工作单位、关键词、正文、专业学位、联系方式（含邮编）、电子信箱；研究论文需要提供200—300字的中、英文摘要和3—5个中、英文关键词。

第七，文稿请参照刊物版式。内容为简体横排，论文为5号宋体通栏，41字 * 40行；文章标题：要求简明、具体、确切，字号为四号黑体，居中，字数不应超过20字为宜，必要时可加副标题。正文：正文应先空两格，字号为五号宋体，行间距为单倍行距；文中小标题前后要空一格，字号为小四黑体。中文摘要：直接摘录文章中核心语句写成，具有独立性和自含性，字数应以150—200字为宜。"内容摘要"字样为黑体小五，冒号之后的部分为宋体小五。英文摘要（Abstract）：与中文摘要基本对应。中文关键词：选取3—8个反映文章最主要内容的术语，"关键词"字样为黑体小五，冒号之后的部分为宋体小五，多个关键词之间用分号隔开。英文关键词（Key Words）与中文关键词完全对应。中、英文摘要与关键词一并放于文后。注释：采用页下注的形式，注号为"①，②，③……"上标的形式，每页单独计算而不采取依次排序的方式，字号为小五宋体。

第八，译稿请附：（1）作者简介；（2）译者简介。

第九，为了进一步促进学术交流，便于和国际出版物接轨，积极推进编辑工作的规范化，本刊决定从2014年第6辑开始采用新的投稿格式，请来稿参考新的规定。

第十，本社有权对来稿做文字修改。

第十一，稿件一经采用，即付稿酬并寄样刊2册。

如违背上述规定，给《比较政治学研究》造成任何不良影响，作者自行承担全部责任，并接受编辑部所采取的相应措施予以警示，如：停发或追回稿费、书面批评、载名通报、禁止其作品在《比较政治学研究》上发表。

投稿联系邮箱：cpshnu@163.com

《比较政治学研究》投稿格式

为了进一步促进学术交流，便于和国际出版物接轨，积极推进编辑工作的规范化，本刊决定从 2014 年第 6 辑开始采用新的投稿格式。在采用通用的人文社会科学学术期刊注释规则的基础上，本刊特制定新的规定。

一、注释体例及标注位置

文献引证方式采用注释体例。

注释放置于当页下（脚注）。注释序号用①，②，③……标识，每页单独排序。正文中的注释序号统一置于包含引文的句子（有时候也可能是词或词组）或段落标点符号之后。

二、注释的标注格式

（一）非连续出版物

1. 著作

标注顺序：责任者与责任方式/文献题名/出版地点/出版社和出版年份/页码。

责任方式为著时，"著"可省略，其他责任方式不可省略。

引用翻译著作时，将译者作为第二责任者置于文献题名之后。

引用《马克思恩格斯全集》《列宁全集》等经典著作应使用最新版本。

示例:

张小劲、景跃进:《比较政治学导论》,中国人民大学出版社 2001 年版,第 84 页。

《马克思恩格斯全集》第 31 卷,人民出版社 1998 年版,第 80 页。

2. 著作、文集的序言、引论、前言、后记

(1) 序言、前言作者与著作、文集责任者相同。

示例:

李鹏程:《当代文化哲学沉思》,人民出版社 1994 年版,"序言",第 1 页。

(2) 序言有单独标题,可作为析出文献来标注。

示例:

黄仁宇:《为什么称为"中国大历史"?——中文版自序》,见《中国大历史》,生活·读书·新知三联书店 1997 年版,第 2 页。

(二) 连续出版物

1. 期刊

标注顺序:责任者/文献题名/期刊名/年期(或卷期,出版年月)。

刊名与其他期刊相同,也可括注出版地点,附于刊名后,以示区别:同一种期刊有两个以上的版别时,引用时须注明版别。

示例:

王沪宁:《新政治功能:体制供给和秩序供给》,载《学术季刊》,1994 年第 2 期。

2. 报纸

标注顺序:责任者/篇名/报纸名称/出版年月日/版次。

示例:

《西南中委反对在宁召开五全会》,载《民国日报》(广州),1933 年 8 月 11 日,第 1 张第 4 版。

(三) 未刊文献:学位论文、会议论文等

标注顺序:责任者/文献标题/地点或学校/论文性质/文献形成时间/页码。

示例：

李乐为：《公民社会与现代国家的建构研究》，华中师范大学硕士学位论文，2007年，第80页。

（四）电子文献：电子文献包括以数码方式记录的所有文献

标注项目与顺序：责任者/电子文献题名/获取和访问路径/访问时间。

示例：

黄宗智：《中国被忽视的非正规经济：现实与理论》，http：//www.politics.fudan.edu.cn/view.php? id = 2490（访问时间：2013年5月5日）。

（五）外文文献

1. 引证外文文献，原则上使用该语种通行的引证标注方式。

2. 本规范仅列举英文文献的标注方式如下：

（1）专著

标注顺序：责任者与责任方式/文献题名/出版地点/出版者/出版时间/页码。文献题名用斜体，出版地点后用英文冒号，其余各标注项目之间，用英文逗点隔开，下同。

示例：

Karen Henderson, Slovakia, *The Escape from Invisibility*, London and New York: Routledge, 2002, p. 81.

（2）译著

标注顺序：责任者/文献题名/译者/出版地点/出版者/出版时间/页码。

示例：

M. Polo, *The Travels of Marco Polo*, trans. by William Marsden, Hertfordshire: Cumberland House, 1997, pp. 55 – 88.

（3）期刊析出文献

标注顺序：责任者/析出文献题名/期刊名/卷册及出版时间/页码。析出文献题名用英文引号标识，期刊名用斜体，下同。

示例：

Heath B. Chamberlain, "On the Search for Civil Society in China", *Modern China*, Vol. 19, No. 2, April 1993, pp. 199–215.

三、其他

（一）再次引证时的项目简化

同一文献再次引证时只需标注责任者、题名、页码，出版信息可以省略。

示例：

赵景深：《文坛忆旧》，第 24 页。

（二）间接引文的标注

间接引文通常以"参见"或"详见"等引领词引导，反映出与正文行文的呼应，标注时应注出具体参考引证的起止页码或章节。标注项目、顺序与格式同直接引文。

示例：

参见〔美〕塞缪尔·亨廷顿：《第三波——20 世纪后期民主化浪潮》，刘军宁译，上海三联书店 1998 年版，第 3 章。

图书在版编目（CIP）数据

比较政治学研究. 2017 年. 第 1 辑：总第 12 辑 / 李路曲主编. —北京：中央编译出版社，2017.6
ISBN 978-7-5117-3345-0

Ⅰ. ①比…
Ⅱ. ①李…
Ⅲ. ①比较政治学－研究
Ⅳ. ①D0

中国版本图书馆 CIP 数据核字（2017）第 134469 号

比较政治学研究. 2017 年第 1 辑（总第 12 辑）

出 版 人	葛海彦
出版统筹	贾宇琰
责任编辑	朱瑞雪
责任印制	刘 慧
出版发行	中央编译出版社
地 址	北京西城区车公庄大街乙 5 号鸿儒大厦 B 座（100044）
电 话	（010）52612345（总编室） （010）52612341（编辑室）
	（010）52612316（发行部） （010）52612346（馆配部）
传 真	（010）66515838
经 销	全国新华书店
印 刷	河北下花园光华印刷有限责任公司
开 本	787 毫米 × 1092 毫米 1/16
字 数	234 千字
印 张	16.25
版 次	2017 年 6 月第 1 版
印 次	2017 年 6 月第 1 次印刷
定 价	65.00 元

网 址	www.cctphome.com 邮 箱：cctp@cctphome.com
新浪微博	@中央编译出版社 微 信：中央编译出版社(ID: cctphome)
淘宝店铺	中央编译出版社直销店(http://shop108367160.taobao.com)
	（010）55626985

本社常年法律顾问：北京市吴栾赵阎律师事务所律师 闫军 梁勤
凡有印装质量问题，本社负责调换，电话：（010）55626985